此书是贵州大学附属中学黄世清老师主持的2021年贵州省教育科学规划课题一般课题《谪居文化里的逆商资源融入高中逆商教育的策略研究》(课题立项编号：2021B288) 的主要研究成果

教育知库

让高逆商助力高中生健康成长
—— 以高中语文教学中的谪居文化为例

黄世清 著

光明日报出版社

图书在版编目（CIP）数据

让高逆商助力高中生健康成长：以高中语文教学中的谪居文化为例 / 黄世清著 . -- 北京：光明日报出版社，2022.8
　ISBN 978-7-5194-6765-4

　Ⅰ.①让… Ⅱ.①黄… Ⅲ.①高中生—素质教育—研究 Ⅳ.①G631

中国版本图书馆 CIP 数据核字（2022）第 159887 号

让高逆商助力高中生健康成长：以高中语文教学中的谪居文化为例
RANG GAONISHANG ZHULI GAOZHONGSHENG JIANKANG CHENGZHANG: YI GAOZHONG YUWEN JIAOXUE ZHONGDE ZHEJU WENHUA WEILI

著　　者：黄世清	
责任编辑：杜春荣	责任校对：郭嘉欣
封面设计：中联华文	责任印制：曹　净

出版发行：光明日报出版社
地　　址：北京市西城区永安路 106 号，100050
电　　话：010-63169890（咨询），010-63131930（邮购）
传　　真：010-63131930
网　　址：http://book.gmw.cn
E - mail：gmrbcbs@gmw.cn
法律顾问：北京市兰台律师事务所龚柳方律师
印　　刷：三河市华东印刷有限公司
装　　订：三河市华东印刷有限公司
本书如有破损、缺页、装订错误，请与本社联系调换，电话：010-63131930

开　　本：170mm×240mm
字　　数：205 千字　　　　　　　　印　　张：15
版　　次：2023 年 5 月第 1 版　　　印　　次：2023 年 5 月第 1 次印刷
书　　号：ISBN 978-7-5194-6765-4
定　　价：58.00 元

版权所有　　翻印必究

前　言

　　人们欣赏苏轼在文学、绘画、书法和哲学等方面的成就，人们更欣赏苏轼身陷困厄却超越苦难的智慧，人们最欣赏的是苏轼在自己的人生陷入谷底时仍旧关心民众疾苦的高逆商担当！摆脱了心心念念而不得的"庙堂"对自己的束缚后，他才找到了让他随遇而安的广阔无比的"大地"里无景不妙的画卷。只要你有足够的智慧，生命里的那些挫折终会变成让你变得更美丽的花环！如果你觉得你的人生还需要增加一点智慧，那就别忘了拥抱我们的"逆商之王"——苏东坡！

——题记

　　人来到人世间走一遭的意义到底在哪里？这是个与人类永远共存的探讨话题，而且永远不可能有唯一的答案。但人类对幸福的追求应该是众多答案中的一个。那什么是幸福呢？怎样才能获得幸福呢？这又是一个人类一直在探索的话题。数据显示，从2006年开始，美国的哈佛大学开设的"幸福"选修课成了最受学生欢迎的课程。这种现象表明，在这个物质文明日益发达的今天，越来越多的人愿意花时间和精力来关注人类自身的精神世界和自我体验。怎样获得幸福是个值得人类一直探讨下去的话题。在众多获得幸福的方法中，正确地去认知逆境和正确地去应对逆境一定是获得幸福的重要途径之一。在日常生活中，我们天生地渴望顺境而不欢迎甚至祈祷不要出现逆境，但竞争越来越激烈的现实一直在提醒我们：顺境不一定随时随地地眷顾着我们，但逆境却一定会如影随形地跟着我们！这就是我们不想面对却需要一直面对的现实，就像人出生了就要面对死亡一样无法避免！人们体验顺境时的情绪都差不多，如喜悦、快乐、高兴、希望满满、自信心增强……而人们在面对逆境时的情绪却有很大的不同，有些人面对逆境时，感觉自己根本无法走出逆境，他们让逆境带来的痛苦、绝望、崩溃等糟糕情绪长期郁积在心里，以至于没有心情、精力再去做这件事，甚至再也没有兴趣和精力去做其他的事，让一件事情上的不顺利带来了接二连三的不顺利，严重的甚至让自己不能好好吃饭和睡觉，最终严重地影响了自己的身心健康，更有甚者，会因为生活中的一次逆境、一个挫折而选择结束自己生命的极端方式；有些人面对逆境时，他们也会痛苦难过，但他们不会让糟糕的情绪在自己的心里郁积很长时间，他们会迅速找到宣泄不良情绪的出口和方式，并积极地寻找改善逆境的方法，把遇到的不顺利控制在当前的事件上，绝不会让它蔓延到生活的其他方面，从而顺利地走出逆境，甚至把逆境转化成了自己实现目标的有利条件，让生命中曾经的逆境为日后的幸福生活奠定了基础，把生命中的那些磨难化成生命中绚丽的财富。

　　有人说，我们应该感谢生命中那些动够了脑筋阻碍我们进步的人，是他们磨砺了我们的意志；有人说，我们要感谢那些设计欺骗了我们、让我们的生活陷入困境的人，是他们增长了我们的智慧；有人说，我们要感谢生命中遗弃了我们的人，是他们教会了我们独立。说这些话的人，的确是心胸宽广、有生活大智慧的人。可我想说的是，在经历了逆境和磨难之后，我们不仅没有被逆境和磨难打倒，反而在经历了磨难和逆境之后遇见了更好的自己。这不是磨难和逆境本身有什么值得感谢的，值得感谢的是在面对磨难和逆境时，我们拥有的那些对磨难和逆境的正确认知和正确的应对方式。如果不是这样，为什么不同的人在遭遇磨难后的境况会大不相同呢？——有的人在逆境中突围成功，有的人在逆境中一蹶不振。司马迁不用感谢汉武帝施加给自己的那场身心俱痛的宫刑，他应该感谢的是自己卓越的写作才华和在遭遇磨难后那颗强韧的心；又如，苏武不用感谢匈奴的单于把自己流放在荒无人烟的北海十九年的决定，他应该感谢的是自己内心那忠于汉朝的百折不挠的信念和自己在逆境中能不被饿死和冻死的生存能力；也如，苏轼不用感谢生命中的那三次贬谪中颠沛流离的劳苦和朝不虑夕的恐惧，他应该感谢的是自己豁达的人生智慧和从庙堂到大地都可以尽力为民的高度责任感；还如，史铁生不用感谢那让自己再也不能正常行走的病痛，他应该感谢的是自己悟到了"死亡是一件你怎么拖延都不会错过的事"的智慧和自己为生命至暗时刻找到的写作这束光；中华儿女更不用感谢日本帝国主义曾经带给我们民族的战争之痛，我们应该感谢的是中华儿女在侵略面前表现出来的勇敢和不屈；同样，我们也不用感谢新冠肺炎疫情带给人类的威胁和侵害，我们应该感谢的是人类抗击疫情的决心和智慧……所以说，人们是否能走出逆境，跟我们遇到了怎样的逆境有关系，跟我们怎样去应对遇到的逆境有更大的关系——应对得当，逆境可以帮助我们成长；应对不得当，逆境就会阻碍我们成长。按照美国保罗·史托兹的逆商理论，高逆商者有可能把逆境转化成天堂，而低逆商者注定要把逆境变成地狱。

世界上抑郁症患者的人数一直在增加，而更让人吃惊的是现在抑郁症患者的平均年龄竟然小于15岁！作为一个有着近30年教龄的教育工作者，我在自己的教育生涯中经常接触到患有抑郁症的学生，他们有的在初中就患上了抑郁症，有的到了高中才患上抑郁症，有的从初中到高中再到大学一直被抑郁症折磨着，甚至很多成年人都深受抑郁症的折磨。这些抑郁症患者的内心很痛苦，精神上很少体会到愉悦和快乐，明明身体的器官上没有任何毛病，可自己就一直生活在焦虑和痛苦当中，他们内心封闭，不愿与外界交流，害怕与外界交流，导致有些同学不能正常地完成基本的学习，治疗后又复发，学校任何一场平常的考试都让他们焦虑不安，只好申请休学治疗，有些同学在三年的学习时间里竟然要多次申请休学才能完成学业。少数抑郁症患者甚至选择了用结束自己生命的方式来解除自己的痛苦。看着这类学生和家长那无助又无奈的眼神，我经常在思考：我能不能为他们做点什么呢？直到有一天，我阅读了美国保罗·史托兹的《逆商》一书后，我从中找到了一些帮助他们的思路。我不是医生，我也不是专业的心理学老师，但我觉得抑郁症患者尤其是高中阶段的抑郁症患者身上有一个共同的特点——不能很好地认知和应对生命中不可能完全避免的逆境，甚至用了错误的方式来应对自己生命中的逆境，让逆境带给自己的负面影响无限扩大直到最后把自己完全吞噬。于是，我希望探究一些符合高中生身心特点的方法来提高高中生的逆商水平，即提高高中生面对挫折、摆脱困境和超越困境的能力，以帮助高中生健康成长，并借此为培养高中生的核心素养探究一些新的角度，为开展预防抑郁症的工作寻找一些新的途径，这就是促使我开始写这本书的初衷。

为了更好地做好这项工作，我主持开发了贵州大学附属中学的人文类的校本课程"中国古典诗词里的逆商资源"并开课，学生反响很好。我和我的课题组老师在2021年4月申报了贵州省省级课题《谪居文化里的逆商资源融入高中逆商教育的策略研究》，该课题于2021年7月获得立项，在我和课题组的老师们正逐步进行课题研究的时候，2021年

10月15日教育部在《关于政协第十三届全国委员会第四次会议第3839号（教育类344号）提案答复的函》里明确答复"对青少年进行预防抑郁症教育是实施素质教育、促进青少年全面发展、保障青少年身心健康的一项重要工作"，看到这个文件，我觉得我和我的课题组老师们目前所做的逆商研究工作恰恰是对青少年进行预防抑郁症教育的素质教育，是开展预防青少年抑郁症工作的重要形式之一，这说明了我们所做的逆商研究工作有着较大的现实意义。

目 录
CONTENTS

第一章 什么是逆商 ………………………………………… 1
 第一节 逆商是什么 ………………………………………… 1
 第二节 让高中生了解一点逆商知识的意义 …………………… 2

第二章 普通高中逆商教育的现状 …………………………… 7
 第一节 逆商教育的意义 …………………………………… 7
 第二节 国内高等教育阶段逆商教育的概述 ………………… 8
 第三节 国内基础教育阶段逆商教育的概述 ………………… 9

第三章 高中生的逆商现状 …………………………………… 12
 第一节 调查问卷的制作说明 ……………………………… 12
 第二节 高中生逆商情况调查问卷
    ——以贵州大学附属中学 2021—2022 学年度第二学期的
    同学为例 ………………………………………… 13
 第三节 逆商测试的数据分析 ……………………………… 19

第四章　提高高中生逆商的方法 ······ 32
第一节　家庭层面 ······ 32
第二节　学校层面 ······ 52
第三节　社会层面 ······ 131

第五章　谪居文化里的逆商资源 ······ 133
第一节　逆商知多少 ······ 135
第二节　苏轼谪居黄州 ······ 142
第三节　苏轼谪居惠州 ······ 154
第四节　苏轼谪居儋州 ······ 163
第五节　苏轼伴我行
——从"庙堂"到"大地"的智慧 ······ 170
第六节　谪居文化里的逆商资源融入高中逆商教育的策略 ······ 180

参考文献 ······ 185
附　录 ······ 188
后　记 ······ 222

第一章　什么是逆商

第一节　逆商是什么

逆商（AQ）来自英文 Adversity Quotient，全称逆境商数，一般被译为挫折商或逆境商。它是20世纪90年代由美国保罗·史托兹提出的概念。它探究的是人们身处逆境时的反应方式，也就是指人们怎样看待自己遇到的挫折，怎样克服自己遇到的困难并成功地走出困境。保罗·史托兹教授在《逆商》一书中将逆商划分为四个组成部分（也称四个维度），即控制感（Control），这个维度检验的是一个人或者一个集体在陷入逆境时是否还能掌控自己的生活的能力；起因和责任归属（Origin & Ownership），这个维度检验的是一个人或者一个集体在面对逆境时是否富有责任感和担当力；影响范围（Reach），这个维度检验的是一个人或者一个集体是否会让逆境蔓延的能力；持续时间（Endurance），这个维度检验的是一个人或者一个集体能否快速缩短逆境持续的时间的能力。[①] 保

---

① 史托兹. 逆商［M］. 石盼盼，译. 北京：中国人民大学出版社，2018：88.

罗·史托兹在自己的逆商培训过程中还提供了实操性很强的提高逆商的工具——LEAD，关于"LEAD"工具的具体内容和使用方法，我将在后面的章节里详细阐述。

第二节　让高中生了解一点逆商知识的意义

一生说短也长，我们无法预见一生中能遇见多少幸福，同样也无法预见我们会遇到多少困难和逆境，成人的世界里需要高逆商来帮我们摆脱困境和超越困境，而即将成人的高中生，因为必须面对求学生涯中最紧张且压力最大的高中生活，而他们的心智相对于成年人来说肯定没有完全成熟起来，所以高中生更需要学习一定的逆商知识，并掌握一些提高逆商水平的方法，以正确应对当下经常遇到的逆境，并为正确应对将来漫长人生中没有办法完全避免的逆境打下基础。当下，儿童和青少年患抑郁症的数字一直呈上升趋势，而且低龄化的趋势也越来越严重，而不能正确应对生命中的逆境是大多数抑郁症患者得病的重要原因之一。另外，国家也越来越重视开展预防青少年抑郁症的教育工作，而对高中生进行逆商教育就是开展预防青少年抑郁症工作的有效途径之一。因此，家庭、学校和社会都应该重视对高中生进行逆商教育，共同努力提高高中生面对挫折、超越困境和摆脱困境的能力，从而让高中生用更好的方式来应对生命中的逆境，这是一件有着重大现实意义而且非常紧迫的事情。

在我多年的教育历程中，我遇见了太多因为不善于应对学习和生活中的逆境而让自己的精神状况越来越不好的同学，有的同学可能因为不能很好地解决与好朋友或者与其他同学之间的矛盾而大打出手，结果不仅没有解决问题，反而因为应对逆境的方式出了问题，最后把原本的小矛盾解决成了大矛盾，甚至因为违纪违规的情节严重而导致自己被学校开除，给自己、家人和他人都带来了不利甚至伤害；有的同学因为手机的问题与老师发生激烈的矛盾，甚至在家长面前寻死觅活；有的同学因为一次考试失利就放声痛哭，从此怀疑自己的学习能力低下，并再也没有兴趣和信心去学习，导致自己的学习成绩一落千丈，最终离自己的目标越来越远；有的同学因为自己喜欢的异性同学不愿意再与自己交往而忧心忡忡、失魂落魄、一蹶不振、无心学习，甚至他们会因为自己喜欢的人不喜欢自己而开始怀疑自我的价值，认为别人不喜欢自己一定是因为自己不够优秀、不够出色，从而对自己丧失了信心，并很长时间甚至终生都生活在这个阴影当中；有的同学在高考来临的时候找到我们，他们说自己醒悟过来了，明白了除了我们自己，任何人也无法定义自己终将成为什么样的人，哪怕那个人是自己一生中最在意的人，但这个时候他们往往已经失去了把控高考这个重要考试的机会；有的同学因为父母关系不好或者父母离异而选择中途退学，走上社会不久就因为违纪违法而走上不归路，实在让人痛心不已。总结这些孩子的特点，他们的自我价值感一般都不高，他们往往需要借助外界对自己的肯定才能找到自信，如果外界不肯定自己，甚至打击自己，他们就会因为找不到自信而陷入情绪的低谷，甚至完全掌控不了自己人生的方向，他们应对逆境的能力非常弱，一遇到逆境他们就觉得天要塌了，他们无力应对逆境的无助感非常强烈，并且持续的时间非常长，他们任凭某一个方面的失利蔓延至生活和学习的其他方面，最后让自己的生活一团糟，甚至陷入了再也好不了的恶性循环之中不可自拔。

每次遇到这类同学，我是看在眼里急在心里，总想做点什么来帮助他们，但又感觉无从下手，找不到足够的帮助他们的方法和途径，有种心有余而力不足的感觉。

当了快30年的语文老师兼班主任和近10年的年级组长，有时候也会禁不住地在想：自己的教育教学工作到底在自己学生的生命中产生过什么样的影响呢？自己教育教学中的什么内容可能对学生的一生都有点帮助呢？当学生已经忘记了语文老师讲的主、谓、宾、定、状、补的语法知识的时候，忘记了数学老师讲的函数、立体几何等答题要点的时候，也忘记了英语老师讲解的定语从句和状语从句的时候，甚至当他们已经完全忘记了高考答题的技巧时，或者当他们已经不再需要高考的时候，我们的教育教学工作还能不能在他们的生命中留下点什么呢？

出于这个初衷，我经常陷入思考，尝试着写一点东西，帮助我现在还在服务的主要对象——高中学生，尝试着在他们的生命历程中留下一点点对他们终身有用的记忆，记忆里的内容不仅对他们的当下有用，还对他们的将来也有点用，哪怕只有一点点，也是值得的吧。

有了一点想法后，我就开始回忆自己几十年来的教育教学历程。时至今日，对当班主任时的每届学生的整体印象都还比较深刻，甚至对有些细节都还记得很清晰，但已经没有办法想起每个学生的名字和相貌。同样，在已经毕业的那些同学中，有些同学可能已经彻底忘掉了曾经出现在他们生命中的我这位老师，有些同学可能已经淡忘了，需要提醒才能勉强想起我这位老师，有些同学可能对曾经出现在他们生命中的我这位老师印象还深刻。对于后者，他们记住的是跟我有关的什么内容呢？他们记住的是我这个语文老师讲解的主、谓、宾、定、状、补的语法知识呢，还是记住了我讲解高考题的答题技巧呢，还是因为怨恨我的处事方法而记住了我呢，还是我在某个时空里给予了一点对他们终身都有用的东西呢？这个问题需要采用调查问卷之类的方法才有可能得到一点答案，但因为有些学生早已没办法联系上，于是我暂且放弃了用这个方法。

在回顾自己的教育教学过程中,我梳理近30年当班主任的经历,早些年带班的时候,发现学生中没有那么多患抑郁症的同学,这种现象的出现,可能是因为学生当中患这种病的同学的确少,也可能是因为早些年我没在意这个问题。随着自己工作的场所由原来的农村中学转到现在的城市中学,我发现班上患抑郁症的同学呈现出逐年上升的趋势。工作之余,我也会和一些在大学里面当老师的朋友们交流这个话题,他们说每到大学新学期开学的时候,常有一两个学生因为各种原因而用结束自己生命的极端方式来解决他们认为无法解决的问题,并说,每年都有这样的事例是常见的现象,哪一年没有才是少有的情况,还说这种情况在国内外的大学校园里时有出现是常见的现象。作为一名高中老师,同时也作为一名母亲,每次听到这些言论时,我心里就特别难受。是的,对于宇宙来说,每个生命个体都是一粒尘埃,可对于每个家庭来说,每个孩子都关系到几代人的幸福。做过父母的人都清楚养育一个孩子的艰辛和不容易。作为多年的高中老师,我也了解中国的高中生在三年高中生活里的紧张和辛苦——千军万马挤过高考这座独木桥。高考结束后,他们好不容易考上了大学。一般情况下,大学阶段的学习节奏没有高中阶段那么辛苦和紧张,那些孩子为什么还要用结束自己生命的方式来应对生命中的逆境呢?每当这个时候,我就禁不住地思考:能不能在与大学生活衔接最紧密的高中阶段就做点什么,来一定程度上减少这种令人痛心的现象的发生呢?我不是医生,不清楚抑郁症的各种成因,我对心理学的知识了解得也极少,但多年的教育经验告诉我,患者患上抑郁症一定和他们应对生活中的压力和困境的能力弱有关,也就是说这些同学的逆商偏低是他们患上抑郁症的重要原因之一,心理学上应该有很多提高学生耐挫力的方法,作为一个语文老师,我在自己的教学过程中阅读了一些谪居文化方面的著作，发现这些封建社会的官员，因为各种各样的原因被贬往远离京城的地方：理想破灭、有志难伸，甚至朝不虑夕！他们难免痛苦，甚至绝望，但他们面对人生逆境时的智慧和行为，不仅让他们没有被逆境困住，反而让他们生命中的困境帮助自己赢得了新生。谪居文化是中华优秀传统文化的重要组成部分，谪居文化里面蕴含着丰富的逆商资源。怎么把谪居文化里丰富的逆商资源融入高中的逆商教育，以提高高中生的逆商即提高他们走出困境、超越困境的能力呢？这是个值得研究的教育问题。在今天这个竞争激烈的时代，困境和挫折会如影随形地跟着每个人，逆境无处不在，既然无处逃遁，何不研究与逆境好好相处，甚至让它来帮助自己增添更多安身立命的智慧呢。中华优秀传统文化里的谪居文化里面就蕴含着这种智慧，而这种智慧，高中的孩子需要，成人也同样需要；当下需要，将来也需要，是人们终身都需要的生活智慧。如果孩子在高中阶段就拥有了哪怕一点点这样的智慧，那这点智慧一定会成为照亮他们人生至暗时刻的那束光！这就是我开始研究把谪居文化里的逆商资源融入高中逆商教育的初衷，这也许还是一个教育工作者留给她的学生们终身有用的一点东西呢，当然这也是一个教育工作者用自己的行动在践行新一轮课改中关于高中教育要提升高中生的核心素养的要求。

　　让高中生了解一些逆商知识，让高中生掌握一些提高自己和他人逆商的方法，让高中生接触一些谪居文化并汲取谪居文化里的生活智慧，以发展高中生的核心素养，努力让高中生成为一个高逆商的人，最终让高中生能更好地应对当下和将来的社会生活中难以避免的逆境，这对高中生的健康成长非常有利。

第二章　普通高中逆商教育的现状

第一节　逆商教育的意义

逆商的概念一经提出，迅速引起了各行各业的广泛关注，教育界对逆商的关注也逐渐增多，习近平总书记在全国教育大会上强调教育要"以凝聚人心、完善人格、开发人力、培育人才、造福人民为工作目标"，其中完善学生的人格已经被提到了教育工作中非常重要的层面上，而对学生进行逆商教育就是完善学生人格的重要举措之一。2017年版和2017版2020年修订的各学科的《普通高中课程标准》都在前言部分明确提出"普通高中的培养目标是进一步提升学生综合素质，着力发展核心素养，使学生具有理想信念和社会责任感，具有科学文化素养和终身学习的能力，具有自主发展能力和沟通合作能力"，其中"着力发展核心素养"中的核心素养主要指高中生应该具备的、能够适应终身发展和社会发展需要的必备知识和关键能力，综合表现为人文底蕴、学会学习、科学精神、健康生活、责任担当、实践创新六大素养，而高中逆商教育跟高中学生的健康生活和责任担当密切相关，高逆商已经日益成为青年学生核心素养的一个重要的组成部分。

第二节　国内高等教育阶段逆商教育的概述

　　国外教育界对逆商教育的关注早于国内，在国外，逆商教育是一个备受关注的领域，国内教育界对逆商教育的关注大约出现在21世纪初期。通过采用关键词精确检索的方法，以"逆商""AQ""逆商教育"等关键词在中国学术期刊网络出版总库、中国知网和万方数据库中对研究结果进行检索发现：国内教育界对逆商教育研究成果颇丰，但研究的分布阶段不均衡，已有的研究成果绝大部分集中在大学阶段。如张瑜凤、黄婷婷、吴海霞在《当代大学生逆商教育培养的路径研究》（《山西青年》，2019年19期）重点论述了大学生逆商存在的问题和原因并提出大学生逆商培养路径的创建实施办法。杨玉仁在《当代大学生逆商教育研究——以兰州市部分高校为例》（兰州财经大学硕士论文，2019年5月）全面论述了大学生的逆商现状、影响大学生逆商水平的原因、提升大学生逆商的策略等问题。吕剑萍在《核心素养背景下"逆商"教育的探究》（《散文百家》，2020年17期）重点论述了逆商教育对培养大学生适应终身发展和社会发展需要的必备品格和关键能力的重要作用。

　　以上研究成果调查了当代大学生的逆商水平，探究了影响大学生逆商水平的因素以及培养大学生逆商的途径，对提高当代大学生的逆商水平有很好的实用价值。但高中生的身心特点、认知水平和逆商水平与大学生有很大的差异，大学阶段的研究成果对提高高中生的逆商指导性不强。

第三节　国内基础教育阶段逆商教育的概述

相对于国内高等教育对逆商教育的关注，基础教育对逆商教育关注的时间晚一些，研究的成果相对也少很多，但就自身而言，学术界对基础教育的逆商教育也越来越重视。例如，何婷婷在《体育教学中实施"逆商"教育对高中生逆境商的影响研究》（华东师范大学硕士论文，2011年5月）中重点论述了在体育教学中实施"逆商教育"对提升高中生逆商的具体帮助；杜金津和陈大超在《浅谈中小学英语教学中逆商教育的渗透》（《教育探索》，2015年第8期）中论述了中小学英语教学中学生逆商培养的主要方法；余露露在《中学语文教学中如何进行逆商教育》（《语文课内外》，2018年21期）中重点论述了语文教师要利用课本等相关资源，从不同途径培养学生应对逆境的能力，提高学生的逆商；胡成亚在《初中生逆商状况调查分析——以南京、苏州两地为例》［《科学大众（科学教育）》，2016年第2期］中论述了当前初中生逆商存在的问题、影响初中生逆商水平的原因以及初中生逆商培养的对策和思考，重点从做好自身心理建设、创设宽松的家庭氛围、丰富学校教育的内涵、完善社会支持系统四个角度来谈培养初中生的逆商途径；吕程在《论高中语文教学中的逆商培养》（闽南师范大学硕士论文，2017年6月）重点比对了现行语文教科书人教版和苏教版两种编制模式呈现出来的逆商培养倾向和高中语文教学中进行逆商培养的教学手段；华东师范大学博士生、黔南民族师范学院讲师张怡、武小鹏在《黔南水族地区高中学生数学逆商水平调查研究》（《数学教育学报》，2019年第3期）中对高中生数学逆商做出了测量，得出"数学逆商具有显著的性别差异和民族差异、数学逆商与数学成绩具有显著的相关性"的结论。

　　以上基础教育在理论上对逆商教育的研究成果涉及中小学生的逆商现状、逆商水平以及中小学各学科教学渗透逆商教育的方法等方面，这些研究成果对发展中小学的逆商教育有很好的应用价值，但这些研究成果多集中在探究在各学科课堂教育教学中渗透逆商教育的方法这个层面上，对课堂外渗透逆商教育的途径和资源探讨得不多，尤其是对谪居文化里丰富的逆商资源挖掘和利用得不够。中华优秀传统文化是中华民族智慧的源头，蕴含着极其丰富的教育资源，谪居文化中，被朝廷贬往偏远之地的官员在面对人生重大的逆境时，有的悲观失望以至一蹶不振，有的乐观以对却在逆境中做出了卓越的成就，后者如苏轼、范仲淹、王阳明等。后者的高逆商是他们超越逆境的重要因素之一，他们在谪居期间的思维方式、价值观念、生活方式、行为规范、艺术文化、科学技术等丰富的逆商资源对提高学生的逆商水平和发展学生的核心素养有着非常积极的影响。文献资料显示，学术界把谪居文化里的逆商资源融入高中逆商教育的研究暂时阙如，这就为把谪居文化里的逆商资源融入高中逆商教育提供了研究的空间，这项研究的重点兼难点就是探究把谪居文化里的逆商资源融入高中逆商教育中的策略。

　　就现有的文献来看，整个基础教育在逆商教育方面的研究成果与高等教育在逆商教育方面的研究成果相比少了很多，而且把基础教育里面为数不多的逆商研究成果应用到普通高中教育中的更少，基础教育最后阶段的普通高中教育承受着高考的压力，普通高中学校更多地注重智力教育，努力提高学生的学业成绩，这种现象很容易理解，而新一轮课程改革明确规定"普通高中的培养目标是进一步提升学生综合素质，着力发展核心素养，使学生具有理想信念和社会责任感……"而在普通高中开展逆商教育的目的就是着力提高高中生的逆商水平，让高中生能正确地认知逆境并很好地应对逆境，这是提升高中生核心素养的一个重要途径。越来越多的事实表明，竞争日趋激烈的现实需要人们正确地认知逆境、主动地去掌握应对逆境的方法，对高中生而言尤其如此，所以在普通高中开展常态的逆商教育是基础教育发展的趋势之一，逆商教育必将日渐成为普通高中教育的重要组成部分。

第三章　高中生的逆商现状

第一节　调查问卷的制作说明

想要提高高中生的逆商水平，就要先对高中生的逆商情况有一个较详细的了解，基于此，我根据高中生的身心特点和学习特点制作了一个测试逆商的调查问卷，并收集了贵州大学附属中学三个年级近 1500 名同学的问卷。我们的调查问卷分年级、性别、重点和普通班级来探究高中生的逆商情况，为了保护学生的隐私，我制作的答题卡上没有设计写姓名的地方，只设计了填涂准考证号码的地方，准考证号是六个数字，从左往右，用准考证上的第一个数字来区别学生所在的年级，如 1 代表高一年级，2 代表高二年级，3 代表高三年级；用准考证号中的第二个和第三个数字合起来区别班级，如 01 代表 1 班，02 代表 2 班，依次类推，10 代表 10 班；用准考证号中的第四个数字来区别男生和女生，1 代表男生，2 代表女生；用准考证号上的第五和第六个数字合起来代表某个班级里男生和女生的序号，如 01 就代表男生或者女生的第一个同学，11 就代表男生或者女生中的第十一个同学。这样准考证号码上的六个数字就把不同年级和不同班级以及男女同学区别出来了，如，101101就表明该同学是高一年级（1）班男生中的第一个同学，202202就表明该同学是高二年级（2）班的第二个女同学，303103就表明该同学是高三年级（3）班的第三个男同学。我们提前根据各班班级的男女同学的人数制作好各个班级的准考证号发给每位班主任，班主任再把准考证号分男女同学分别放置在两个纸盒里，然后请男同学和女同学在对应的纸箱子里随机取一个准考证号作为自己的准考证号并填涂在自己的答题卡上，这样处理后，只有学生自己知道自己的准考证号，极大地保护了学生的隐私，从而可以让学生放心地真实地根据自己的真实情况答题，很大程度上保证了数据的真实可靠。也就是说，收集数据时，我们能知道某个数据是哪个年级的哪个班级的男生或者女生，但不知道这个男生或者这个女生的具体姓名，事实证明这样的方式确实可以让学生真实放心地答题且又很好地保护了学生的隐私。下面是我制作的调查问卷。

第二节　高中生逆商情况调查问卷

——以贵州大学附属中学2021—2022学年度第二学期的同学为例

亲爱的同学：这是一份调查我校同学逆商水平的调查问卷，采用不记名的方式回答，除了你自己以外，没有人会知道你的准考证号，请你本着对自己负责的态度，仔细阅读每一道题，真实而放心地作答。答完交卷之前，请你记下自己的答案，如果你想知道自己目前的逆商处于什么水平，稍后老师会给你答案，你会知道自己的得分情况，这将有利于你了解自己和帮助自己，如果你需要逆商老师的帮助，请你单独联系逆商老师，逆商老师会针对你的情况给予适合你的成长建议。

一、逆商知多少

1. 你听说过"逆商"这个概念吗？（单选）

    A. 完全没听说过

    B. 听说过，但了解得不多

    C. 了解较多

2. 当你因陷入逆境而痛苦时，你目前有快速走出逆境的方法吗？（单选）

    A. 有   B. 没有

3. 你如果暂时没有快速走出逆境的方法，你现在希望获得一些快速走出逆境的方法吗？（单选）

    A. 想   B. 不想

4. 高逆商能帮我们顺利走出逆境，高逆商能帮我们健康成长，高逆商能助力我们一生的幸福，我们终身都需要它。逆商是可以通过学习来提高的，你愿意花一点时间来学习跟逆商相关的知识吗？（单选）

    A. 愿意   B. 不愿意

5. 你在高中阶段经常遇到的逆境有哪些？（多选）

    A. 学习成绩不理想

    B. 处理不好与同性同学之间的关系

    C. 处理不好与异性同学之间的关系

    D. 处理不好与老师之间的关系

    E. 处理不好与父母之间的关系

    F. 父母之间关系不太好

G. 家庭经济条件不太好

二、你想知道自己的逆商有多高吗

如果你真心想对自己的逆商有一个较准确的判断，那你尽量让自己进入到题目设置的情境中，真实地从内心出发去选择。否则，你应重测一次。（答案在测试结束后再公布）

6. 你一直真心以待的知己、从小到大的好朋友突然决定与你断绝往来。该事件给你带来的不良影响会持续多长时间？_____（单选）

    A. 很快过去了　　　B. 会持续一段时间　　　C. 永远存在

7. 你生命中的亲人有意做了让你的人生陷入极大困境的事，该事件给你带来的不良影响会持续多长时间？_____（单选）

    A. 很快过去了　　　B. 会持续一段时间　　　C. 永远存在

8. 你苦苦地劝说父母不要离婚，可他们还是选择了分开。该事件给你带来的不良影响会持续多长时间？_____（单选）

    A. 很快过去了　　　B. 会持续一段时间　　　C. 永远存在

9. 你鼓足了勇气向自己倾慕已久的异性同学表达了自己的爱慕之情，可对方却明确地告诉你：他对你没有一丝一毫的好感。该事件给你带来的不良影响会持续多长时间？_____（单选）

    A. 很快过去了　　　B. 会持续一段时间　　　C. 永远存在

10. 你从小到大一直认认真真地对待自己的学习，可你依然没有被理想的大学录取。该事件给你带来的不良影响会持续多长时间？_____（单选）

    A. 很快过去了　　　B. 会持续一段时间　　　C. 永远存在

11. 你正陷入可能被学校开除的危机，你能否想出办法来改善这种

情况？_____（单选）

  A. 一点也不能 B. 基本能 C. 完全能

12. 你又被老师狠狠地批评了一顿，这已是本周发生的第三次了。你能否想出办法来改善这种情况？_____（单选）

  A. 一点也不能 B. 基本能 C. 完全能

13. 你的课外爱好和学校的学习要求出现严重冲突。你能否想出办法来改善这种情况？_____（单选）

  A. 一点也不能 B. 基本能 C. 完全能

14. 对你提出的最新观点，人们持反对意见。你能否想出办法来改善这种情况？_____（单选）

  A. 一点也不能 B. 基本能 C. 完全能

15. 父母坚决不同意你考虑了很久的选择文科或者选择理科的决定，你能否想出办法来改善这种情况？_____（单选）

  A. 一点也不能 B. 基本能 C. 完全能

16. 一直以来，你和父母的关系很不好。该事件给你带来的不良影响大到什么程度？_____（单选）

  A. 不会影响我继续去做好其他的事

  B. 会影响到我去做好其他的事

  C. 会影响到我终身的幸福

17. 你是学校篮球队的队长，一场意外让你失去了一条腿，该事件给你带来的不良影响大到什么程度？_____（单选）

  A. 不会影响我继续去做好其他的事

  B. 会影响到我去做好其他的事

  C. 会影响到我终身的幸福

18. 十年后，你耗费了五年的心血创建起来的公司在短短几天里被迫

宣布破产。该事件给你带来的不良影响大到什么程度？_____（单选）

  A. 不会影响我继续去做好其他的事

  B. 会影响到我去做好其他的事

  C. 会影响到我终身的幸福

19. 赶赴一场你准备了很久的重要考试，因为你坐的车遇到了交通事故，所以你错过了这场考试。该事件对你的不良影响大到什么程度？_____（单选）

  A. 不会影响我继续去做好其他的事

  B. 会影响到我去做好其他的事

  C. 会影响到我终身的幸福

20. 你的好朋友借走了你从小到大积攒的所有零花钱，而且没有写借条给你，有一天你急需用钱而需要好朋友还钱时，你的好朋友却回答说他从来没有向你借过一分钱！该事件给你带来的不良影响大到什么程度？_____（单选）

  A. 不会影响我继续去做好其他的事

  B. 会影响到我去做好其他的事

  C. 会影响到我终身的幸福

21. 你费尽了很大的力气才完成的一件事被告知完全无用。你认为自己应为这种状况的出现承担多少责任？_____（单选）

  A. 一点责任也没有

  B. 承担部分责任

  C. 负完全责任

22. 你的团队里合作伙伴很不给力。你认为自己应为这种状况的出现承担多少责任？_____（单选）

A. 一点责任也没有

B. 承担部分责任

C. 负完全责任

23. 班上大多数同学都不喜欢你，全寝室的同学也都孤立你。你认为自己应为这种状况的出现承担多少责任？_____（单选）

A. 一点责任也没有

B. 承担部分责任

C. 负完全责任

24. 你正试图实施某个重要的成长计划，你的老师和家长却全盘否定并制止了你的计划。你认为自己应为这种状况的出现承担多少责任？_____（单选）

A. 一点责任也没有

B. 承担部分责任

C. 负完全责任

25. 你与同桌产生了非常激烈的矛盾。你认为自己应为这种状况的出现承担多少责任？_____（单选）

A. 一点责任也没有

B. 承担部分责任

C. 负完全责任

调查问卷的评分标准（6~25题）：

6题~10题：A. 10分　　B. 5分　　C. 0分；

11题~15题：A. 0分　　B. 5分　　C. 10分；

16题~20题：A. 10分　　B. 5分　　C. 0分；

21题~25题：A. 0分　　B. 5分　　C. 10分

第三节 逆商测试的数据分析

一、逆商测试的分数与逆商水平的对应情况

• 低逆商指数：得分在 0~59 分之间，这类人遇到逆境的第一反应是：这可真是糟糕透顶，别人怎么那么厉害呢，我再也没有机会了，再也没有能力重新开始了，别人注定比我优秀，我是一点办法也没有了，我早就知道我不行。于是极力逃避，不敢面对，做事没劲头、没信心，更不会主动想办法去解决问题，任由事情朝着糟糕的方向发展，生活中的一个小困难在他们那里就会变成天大的困难。

• 较低逆商指数：得分在 60~94 分之间。逆境带给这类人的影响往往会持续较长的时间，在一个方面的不顺利很大程度上也会影响到他们生活中的其他方面，他们对生活的掌控感很弱，他们的内心世界经常处于纠结状态，他们想得多做得少，他们的内心经常在想得到和不愿付出之间撕扯，在开始做事情之前，他们就已经感觉到筋疲力尽。

• 中等逆商指数：得分在 95~134 分之间，这类人执行力较强，但这种人做事偶尔会瞻前顾后，不去做呢，内心又有所不甘；做呢，又不太愿意付出，而且经常担心付出后没有回报，不能完全充分调动自己的能力和潜力来应付困难局面，尽管他们大部分时间里相信自己能战胜困难、走出逆境，可他们内心的信念并不是非常坚定，经常觉得花了很大精力而事情并没有朝着自己想要的方向发展，还不时产生无助感或失望的心态，很多时候想的比做的多。

● 较高逆商指数：得分在135～164分之间，这类人基本上不会被生命中的逆境打垮，痛苦过后大部分人还能找到走出逆境的方法，他们绝大部分时候不会让一个方面的不利情绪影响到生活中的其他方面，从跌倒的地方重新站起来的概率很高。

● 高逆商指数：在165～200分之间，这类人能透过事情的表面现象看到事情背后的本质原因，并针对原因主动去寻找尽可能有利或减少负面影响的方案来，他们有能力在逆境中找到新的出口，并努力把生命中的逆境转化成让自己攀登更高峰的精神力量，他们始终让自己成为自己生命旅程的第一负责人。他们会为自己不用负责的事情负责。

说明：制作调查问卷1500份，发出调查问卷1400份，收回有效问卷1177份，测试的具体数据如下。

贵州大学附属中学高中三个年级各班的逆商测试平均分和平均分排名情况

单位	贵州大学附属中学逆商检测成绩		
	统计人数	平均分	名次
班级	1177	110.7	—
高一（1）班	43	111.56	12
高一（2）班	48	108.36	19
高一（3）班	45	116.18	5
高一（4）班	45	110.09	17
高一（5）班	47	111.05	15
高一（6）班	50	110.19	16
高一（7）班	47	104.86	25
高一（8）班	49	117.52	3
高一（9）班	48	111.14	13

续表

单位	贵州大学附属中学逆商检测成绩		
	统计人数	平均分	名次
高二（1）班	26	99.85	27
高二（2）班	39	107.59	22
高二（3）班	33	107.25	23
高二（4）班	17	98.04	29
高二（5）班	40	107.01	24
高二（6）班	21	99.92	26
高二（7）班	42	98.29	28
高二（8）班	42	114.42	7
高二（9）班	48	109.36	18
高二（10）班	39	115.63	6
高三（1）班	49	111.1	14
高三（2）班	47	119.94	2
高三（3）班	47	117.09	4
高三（4）班	44	112.32	9
高三（5）班	31	111.81	1I
高三（6）班	33	120.28	1
高三（7）班	48	108.31	20
高三（8）班	28	114.32	8
高三（9）班	43	112.16	10
高三（10）班	38	108.28	21

二、贵州大学附属中学高中三个年级中男、女生的逆商测试平均分及各等级的情况

问卷调查数据分析					
	年级平均分	年级男生的平均分	年级女生的平均分		
全校	110.7	112.06	108.83		
高一	111.22	112.01	109.8		
高二	105.74	109.76	103.32		
高三	113.56	114.27	112.16		
	低逆商人数	较低逆商人数	中等逆商人数	较高逆商人数	高逆商人数
全校	11	216	775	164	11
高一	3	73	283	59	4
高二	8	49	252	36	2
高三	0	94	240	69	5

三、贵州大学附属中学逆商测试数据总体分析

本次测试我们总共制作了1500份问卷，发出1400份测试问卷，收回1177份有效试卷，原因一是：高三有50人左右在校外参加艺术专业课的培训没能参加测试。原因二是：高二年级有几个班的部分同学没有按规定填涂信息，导致部分答题卡不能扫描入库计算分数。从平均分的角度来看，贵州大学附属中学全校的平均分为110.7分，其中高一年级、高二年级和高三年级的平均分相差不大，其中高三年级的平均分比全校平均分高了近3分，高二年级的平均分比全校平均分低了近6分，高一年级的平均分比全校的平均分高了近1分；从男女生的角度看，全校男生的平均分比全校女生的平均分高了3分多；从不同年级的角度来看，高三年级男生的平均分为第一名，高一年级男生的平均分为第二

名，高二年级的平均分为第三名。三个年级女生的平均分也呈现出同样的情况。

　　从测试的整体成绩来看，全校同学逆商等级的整个数据呈现两端小中间大的特点：全校1177份有效试卷中，三个年级低逆商的人数是11人，高逆商的人数也是11人。全校低逆商人数11人，全校较低逆商的同学有216人，全校中等逆商的同学有775人，这三项的人数共有1002人，占了总人数的85%，而全校同学中较高逆商和高逆商的同学共175人，只占了全校总数的15%。这样一份测试数据表明，我校高中生的逆商水平整体不高，从而推出他们应对逆境的能力不强，被生活中的逆境困扰或者打倒的概率较高，从而说明在我校高中开展逆商教育非常有必要。另一个数据引起了我的注意，三个年级中，高三年级没有出现低逆商的人，而且较高逆商的人数和高逆商的人数是三个年级中最多的，占的比例也是最大的，不知道这是因为高三的同学年龄比高一和高二同学大一些，经历的事比高一、高二的学生多一些而提高了自己的逆商，还是因为这届高三年级里的部分同学在高二时选择了由我主持开发的校本课程"中国古典诗词里的逆商资源"，在课堂上，他们对逆境有较正确的认知，也学会了一些正确应对逆境的方法，从而提高了自己的逆商。这还要通过后期的访谈才能知道真正的原因。

四、小题答题情况分析

1. 第1题到第5题的答题情况

	1	2	3	4	5
A	756	665	1020	1035	1061
B	300	452	97	82	411
C	61				307

续表

	1	2	3	4	5
D					220
E					464
F					527
G					128

我们的调查问卷一共设计了25道题，其中1到5题是检测同学们对逆商知识的一般性了解。

在第1题的测试中，测试的问题是"你听说过逆商这个概念吗"。测试的数据显示：完全没有听说过逆商这个概念的有756人，约占了总人数的64%；听说过但了解不多的有300人，约占了总人数的25%；听说过且了解较多的有61人，约占了总人数的5%。这组数据表明我校高中生对逆商知识的了解很不够，更谈不上对逆境有正确的认知和正确应对逆境的技巧，与之对应的是我校高中生的逆商整体偏低，从而可以推出在普通高中阶段开展逆商教育是当下普通高中教育中很有必要而且是很紧迫的一件事。

在第2题的测试中，测试的问题是"当你因陷入逆境而痛苦时，你目前有快速走出逆境的方法吗"。测试的数据显示：当学生遇到逆境时，有快速走出逆境的方法的人是665人，约占了总人数的60%；有452人目前没有快速走出逆境的方法，约占了总人数的40%。这组测试的数据说明我们的学生在遇到逆境时还有为数不少的人很需要得到别人的帮助，开展逆商教育能帮助到身处逆境而找不到走出逆境的方法的同学，最终促进高中生的健康成长。

在第3题的测试中，测试的问题是"你希望获得一些快速走出逆境的方法吗"。测试的数据显示：有1020人希望获得一些快速走出逆境的方法，约占了总人数的91%；不希望获得快速走出逆境的有97人，约占了总数的9%。这组测试的数据表明，我们提倡开展的逆商教育是我校绝大多数同学需要的，他们之中有一部分人虽然已经拥有了一些走出困境的方法，可绝大部分同学还是希望拥有更多更好地走出逆境的方法，而在普通高中开展逆商教育的目的之一就是让高中生掌握一些正确应对逆境的方法。

在第4题的测试中，测试的问题是"你愿意花一点时间来学习逆商知识以提高自己的逆商吗"。测试的数据显示：有1035人愿意花一点时间来学习逆商的知识以提高自己的逆商，约占了总人数的93%；有82人不愿意花时间来学习逆商的知识，约占了总人数的7%。这组测试的数据表明，我校绝大多数同学不仅需要而且愿意花时间来学习与逆商相关的知识以提高自己的逆商水平。

在第5题的测试中，测试的问题是"你目前经常遇到的逆境有哪些"。我们设置了高中生可能经常会遇到的7个逆境，在7个选项中，1061个同学选择了"学习成绩不理想"，约占了总人数的95%，这跟当下高中教育中社会、家长和学校都比较注重学生的学业成绩有关，也和我校是一个市级普通高中有关——我校绝大多数同学的中考成绩位于贵阳市中等偏下的水平，所以大多数同学对自己的学业成绩不太满意。

在7个选项中，选择了"处理不好与同性同学之间的关系"的有411人，约占了总人数的37%。

在7个选项中，选择了"处理不好与异性同学之间的关系"的有307人，约占了总人数的27%。

在7个选项中，选择了"处理不好与老师之间的关系"的有220人，约占了总人数的20%。

在7个选项中，选择了"父母之间关系不太好"的有527人，约占了总人数的47%，这是7个选项中选择率位于第二的选项，这提醒高中生家长要注意在孩子面前的相处模式，尽量减少父母之间不好的相处模式带给孩子的负面影响。

在7个选项中，选择了"家庭经济条件不太好"的同学有128人，约占了总人数的15%，这是7个选项中选择率最低的一个选项，这在一定程度上表明，在高中生的世界里，物质生活带来的暂时困难并没有带给高中生太多的困扰，他们遇到的逆境更多地来自精神层面。

测试的总体数据表明，我校高中生面临的逆境主要是学业成绩不理想，学生面临的第二大逆境是处理不好与父母之间的关系，而家庭经济条件暂时不太好的情况只给少数同学带来了困扰。

在7个选项中，很多同学都选择了两个及以上的选项，只选择一个选项的同学不多，其中只选择了A选项"学习成绩不理想"的同学有295人，只选择了B选项"处理不好与同性同学之间的关系"的同学有18人，只选择了C选项"处理不好与异性同学之间的关系"的同学有12人，只选择了D选项"处理不好与老师之间的关系"的同学有5人，只选择了E选项"处理不好与父母之间的关系"的同学有26人，只选择F选项"父母之间关系不太好"的同学只有7人。整个测试的数据表明，我校绝大部分高中生遭遇逆境的原因是多方面的，换句话说，就是高中生遭遇逆境的概率是很高的，也就是说他们在生活的方方面面都有可能遇到逆境，这也再次表明在普通高中开展逆商教育很有必要，高中生需要了解一些逆商知识，需要掌握一些正确应对逆境的技巧以顺利走出随时有可能遇到的逆境。

1到5题的测试数据显示：①当下我校高中生的整体逆商水平不高，绝大多数同学的逆商处于较低和中等水平，较高和高逆商水平的人数占的比例非常小，整体偏低的逆商水平和他们对逆商知识的了解较少形成了正比。②完全没有听说过逆商概念的人数超过了被测试总人数的3/5，有1/4的同学没有快速走出逆商的方法，有超过90%的同学希望获得快速走出逆境的方法，有高达93%的同学愿意花一点时间来学习逆商知识以提高自己的逆商水平。这些数据表明，我们开展的逆商教育顺应了我校高中生的发展需求，是我校高中生当下需要的人文关怀，也是发展我校高中生核心素养的重要途径之一。1到5题的测试数据为我们后期组织和开展逆商社团等逆商教育活动奠定了基础，也让我们开展逆商教育的老师们找到了自己花时间和精力正在做的研究工作的现实意义。

美国的保罗·史托兹教授将逆商划分为四个部分，即 Control：控制感，Origin & Ownership：起因和责任归属，Reach：影响范围，Endurance：持续时间。① 第6题到第25题共20道题，每5道题考察一个维度。

2. 第6题到第10题的答题情况

第6题到第10题调查的是学生遭遇逆境时，糟糕的情绪在他们心中持续的时间的长短情况。遇到逆境时，糟糕的情绪在心中积累的时间越长，表明逆商越低。反之，遇到逆境时，糟糕的情绪郁积在心里的时间越短，就表明逆商越高。

第6题到第10题的答题情况：第6题到第10题，我们主要考察的是逆商的维度之一：持续性。测试的数据显示：第6题的总得分是5095，第7题的总得分是5220，第8题的总得分是3655，第9题的总得分是7390，第10题的总得分是7375，第6题到第10题的满分是88275分，第6题到第10题的总得分是28735，持续性这个维度的得分率只有

---

① 史托兹. 逆商［M］. 石盼盼, 译. 北京：中国人民大学出版社，2018：88.

33%。这表明，我校高中生遇到逆境时，失望、难过、郁闷、沮丧等糟糕情绪在他们心中停留的时间很长，他们化解糟糕情绪的能力较弱，糟糕的情绪在心中停留的时间越长越会削弱人的意志力。这有些像人跌倒后，有些人迅速爬起来接着奔跑；有些人跌倒后半天爬不起来，好不容易爬起来后还慢吞吞地走；有些人跌倒后就再也没爬起来过。糟糕情绪持续的时间越长表明逆商越低。

3. 第 11 题到第 15 题的答题情况

第 11 题到第 15 题调查的是学生在逆商的掌控感这个维度的情况，也就是学生遇到逆境时，是否会静下心来做出一些行动以改善逆境并最终重新掌控自己的生活。这有点像在生活中开车，在平坦的大路上，很多人都能把车开得顺顺利利的，但到了高低不平的路面上，就只有技术高超的人才能继续掌控好前进的方向，而技术不好的人不是在车里埋怨就是得停下车滞留原地，很难掌控自己的车继续向前直到到达预定的目的地。

第 11 题到第 15 题的答题情况：第 11 题到第 15 题，我们考察的是逆商的维度之一：掌控感，其中第 11 题的得分是 5190，第 12 题的得分是 7640，第 13 题的得分是 7185，第 14 题的得分是 6275，第 15 题的得分是 7820，第 11 题到第 15 题的满分是 88275 分，第 11 题到第 15 题全校的总得分是 34110，得分率是 39%。这个很低的得分率表明我校绝大多数高中生在遭遇逆境时，容易陷在逆境里，没有信心、没有干劲、没有办法重新掌控自己的生活。

4. 第 16 题到第 20 题的答题情况

第 16 题到第 20 题的答题情况：第 16 题到第 20 题，我们考察的是逆商的影响度这个维度，也就是影响范围，即调查一个方面不顺利的事情对学生的其他方面有多大的负面影响。其中，第 16 题全校的得分是

5865，第17题全校的得分是6015，第18题全校的得分是8910，第19题全校的得分是7870，第20题全校的得分是7370，第16题到第20题的满分是88275分，全校的总得分是36030分，得分率为41%。这个维度的得分率不高，表明心智还没有完全成熟起来的高中生很容易因为处理不好生活中遇到的一件不顺利的事情，而引发出接二连三的不顺利，最后导致生活一团糟，啥也干不好，甚至因为生命中一件糟糕的事而影响了自己一生的幸福。在日常的教育教学过程中，我校高中生因为处理不好同学之间的矛盾而打架，打架后又因为医药费等问题处理不好而导致对方家长非得要处分这个同学，最后导致肇事方被开除的事例也时有发生。

　　实际上，不光是我校高中生在逆商的影响度这个维度的得分率低，很多成年人在这个维度的得分率也很低。我记得，多年前，我隔壁班一名同学的家长，因为卖车的事情，买车的一方差这位家长500元钱，这位家长到对方家要了好几次，对方就是不给，不但不给，对方还没给这位家长好脸色，甚至言语当中还说不是差钱就是不想给，这位家长每次没要到钱回到家里时，他的妻子不仅没有安慰他或者想办法去要回钱，还火上浇油地数落他。在近半年的时间里，这位家长既没有想到用法律武器来解决问题，也没有放下这500元钱的事。要钱对方不给，把车要回来，对方也不给，回到家里，等待他的照样是妻子的数落。时间一长，这位家长受不了了，在一个傍晚，他把一把杀猪刀藏在一把长柄伞里，再次到买他车的人家里要钱，等他到达对方家里时，对方不在家，只有对方的两个孩子和几个伙伴在房子旁边的竹林里玩。也许是压抑太久，这位家长竟然拿出了雨伞里的刀对着正在玩耍的孩子们一通乱砍，几个大点的孩子吓得拔腿就跑，3个小一点的孩子来不及跑，两个小孩被砍死，一个小孩被砍伤，两死一伤的刑事案成了当时震惊全县的大案！这位家长被判处死刑立即执行，这位家长的妻子受不了这个打击，精神失常住进了精神病院，最后在精神病院病逝。这位家长是个典型的低逆商的人，如果测试他的逆商，他在影响度这个维度的得分应该特别低，他因为遇到了要不回 500 元这件不顺利的事情，而连带出这么大的刑事案件，给自己和他人带来了巨大的伤害。这说明低逆商有时候是多么可怕的一件事，也说明提高人们的逆商有着非常重要的意义，而开展高中逆商教育以提高高中生的逆商，在他们即将成人之前接受一些逆商教育的意义更大，这是不言而喻的事。

5. 第 20 题到第 25 题的答题情况

第 21 题到第 25 题的答题情况：第 21 题到第 25 题，我们考察的是逆商的维度：担当力，即调查学生认为自己对逆境的发生该负多少责任的情况，越是认清了自己对逆境的发生该负的责任，就越会主动去寻找走出逆境的方法，也就越有可能找到走出逆境的方法，那改善逆境的可能性就越大。其中，第 21 题的得分是 6740，第 22 题的得分是 5040，第 23 题的得分是 7970，第 24 题的得分是 5230，第 25 题的得分是 5980，第 21 题到第 25 题的满分是 88275 分，第 21 题到第 25 题全校的总得分是 30960 分，得分率是 35%。这个维度的得分率偏低说明当下我校高中生的责任感还有待加强，只有他们意识到自己对逆境的发生负有一定的责任后，他们才会积极地想办法走出逆境，甚至让生命中的逆境转化成遇见更好的自己的机会。第 21 题到第 25 题调查的是学生在逆商的担当力这个维度的情况，即调查的是学生在逆境到来时的归因情况，也就是调查学生在逆境发生时，是怨天尤人把逆境发生的责任完全推给别人，还是从中找准属于自己的原因，并针对原因作出改进直到顺利走出逆境。

测试的数据显示，贵州大学附属中学 2022 年在校的绝大部分同学在逆商的四个维度的得分都不高，其中在持续性这个维度的得分最低，也就是说他们在遇到逆境的时候，因逆境带来的低落情绪维持的时间较长，他们让糟糕的情绪在自己心中郁积的时间太久，他们缺乏释放糟糕情绪的正确方法，他们没有意识到持续时间较长的糟糕的情绪不仅不利于解决眼前的逆境，还对自己的身心健康非常不利。测试数据显示，得分第二低的是逆商的担当力这个维度，这说明贵州大学附属中学2022年在校的绝大部分同学因为身心特点等原因，他们的担当力还亟待提高，在新一轮课程改革中，普通高中教育的任务之一就是要培养高中生的责任感，要让学生学会对自己、对家庭和对社会、对国家乃至对人类负责，主动担负起自己该担负的责任，而不是一旦生活出现逆境就怨天尤人，把自己的责任推得一干二净。得分第三低的是逆商的掌控感这个维度，这部分得分低表明被测试的同学在遇到逆境时，他们的无力感特别强，他们不容易找到积极的办法来改善眼前的逆境，对掌控自己的生活缺乏信心和方法。相对其他三个维度来说，逆商的影响度这个维度的得分较高，这方面得分低的同学的共同特点是他们如果在一件事情上遇到了不顺利，他们容易把这件事上的负面因素迁移到其他事情上去，从而由一件不顺利的事引发出好几件不顺利的事情，甚至因为一件不顺利的事而影响自己一生的幸福。

  以上数据表明，对贵州大学附属中学的学生乃至对高中生进行逆商教育是一件非常必要而且非常紧迫的事，而做好高中生的逆商教育需要家庭、学校和社会全力配合。

第四章 提高高中生逆商的方法

第一节 家庭层面

一、家长要有正确的育儿观

在当下的现实生活里，因为高考的存在，中国绝大多数高中生的家长都很在意孩子的高考成绩，因为高考成绩直接决定着孩子能上什么样的大学，叫家长不在乎还真做不到。很多家长很关注孩子跟高考相关的学科成绩，这很容易理解，也没有特别不对的地方，但相当一部分家长对孩子的心理健康和精神层面的情况关注得不够，或者说很多家长不知道怎样去关注孩子的心理健康，或者说很多家长缺乏引导孩子心理健康成长的方法。可喜的是，中国的高考正在进行新一轮的改革，最新的《普通高中课程标准》明确规定普通高中教育的最终目的是培养全面发展的人，新一轮课程改革也越来越注重培养和发展高中生的核心素养，而高逆商已经成为当下高中生必备的核心素养之一，对高中生进行的逆商教育也必将日渐成为高中教育的必要组成部分。

我们的家长也一定要转变观念，在关心孩子学科成绩的同时，也一定要有培养和提高孩子应对坏事件的能力的意识，即要教会孩子应对逆境的正确方法。身为父母，我们本能地希望孩子少吃苦，祈祷他们不遇到或者少遇到挫折，甚至千方百计地为孩子扫清前进道路上的一切障碍。可我们的家长一定要明白，逆商教育是家庭教育中不可或缺的内容，它不仅是有益于孩子当下成长的教育，更是对孩子的终身发展都有用的教育，高逆商是孩子必须具备的核心素养之一。

二、家长要告诉孩子：逆境无处不在

家长应该有意识地告诉孩子，人生遇到逆境就像生活中会遇到下雨或者下雪的天气一样，是生活中再正常不过的事情。每个人遇到困难、挫折时，难免情绪低落、伤心难过，甚至会绝望和崩溃。这个时候，我们一定要明白糟糕的情绪不仅不能改善眼前的逆境，而且会让我们陷在逆境中而看不见生活中的美好，严重的还会损害我们的身心健康，更不要说找到走出逆境的方法了。我们要像扔掉生活中的垃圾一样迅速地想办法找到合适的方式来宣泄自己的不良情绪，千万不要让自己长时间地沉浸在负面的情绪中，更不要因为不能好好处理一件糟心的事而带来新的挫折和困难，要学会把某件事上的不利因素控制在这件事上，不能让它再蔓延到其他的方面或者其他的事情上去。父母要告诉自己的孩子，人生不可能不遇到挫折，遇到挫折不可怕，可怕的是不懂得用正确的方式来应对挫折，要有把挫折视为历练的习惯。如果我们用正确的方式来应对逆境，逆境就有可能是人生的财富，逆境有可能会让我们成为更好的自己。

三、适当地给孩子创设逆境

明智的家长在孩子小的时候就要有意识地让孩子遭遇一些逆境。例如，当孩子小的时候，走路摔跤是常事，走路摔倒时，孩子总是希望家长第一时间把自己抱起来，并安慰自己，而有智慧的家长则不会在孩子摔倒的第一时间冲到孩子身边，而是鼓励孩子自己爬起来，当孩子努力爬起来时，父母要表扬孩子，当孩子靠自己的力量的确爬不起时，家长再出手帮忙。有一种育儿理论是，越早对孩子说"不"越有助于孩子的成长，其中的道理其实就是让孩子在很小的时候就开始接触逆境，让孩子在很小的时候就体验并接受因愿望得不到满足时而产生的低落情绪，并要学会及时控制和调整自己的情绪，而孩子小的时候遇到逆境了，他们的反应更多的是赌气不吃饭，或者是哭闹不止，或者是满地打滚，绝大多数时候不会产生更为严重的后果。如果家长在孩子小的时候对孩子百依百顺，总是想尽办法让孩子少遇到或者不遇到逆境，等到孩子长大时，再能干的父母就算使出浑身解数也不能为孩子挡尽所有的逆境了，而这个时候再让从没遇到过逆境的孩子去面对无法逃遁的逆境时，孩子会很不习惯，会因为受不了而崩溃，这类孩子很多时候还是指望父母为自己搞定一切，或者就用极端的方法来解决遇到的困难，这两种方法都不是解决困难走出逆境的正确方法。有些孩子一路走来，在求学的路上过五关斩六将，走得非常顺利，在这些令人羡慕的学霸中，有一部分人往往因为求职路上的一次被拒绝或者婚恋上的一次不顺利就走上绝路，这样的悲剧绝不是个别现象，实在让人痛心，其中蕴含的教育道理也值得所有人深思。当下，有些高中生甚至初中生往往会因为一个手机而在家长面前寻死觅活，有些极端的案例中还会出现因为家长不允许自己过度玩手机而伤害家长的现象，其中的原因可能是多方面的，但毫不例外，这样的悲剧一定和孩子不能很好地应对自己遇到的逆境有关，即跟孩子的低逆商有关。如果家庭教育里缺失了逆商教育，这些家庭里长大的孩子进入学校后，基本上也极容易不能接受老师的批评和惩戒，这个时候如果家长还不清醒，还没有意识到自己对孩子教育的缺失，而是继续在老师批评孩子或者惩戒孩子时偏袒自己的孩子，这将会是这类家长让他们的孩子第二次失去接受逆商教育的机会。等到他们的孩子进入社会以后，生活中的逆境是无处不在的，而这些孩子还没有一点正确应对逆境的方法，这可能是这类孩子的灾难。有人说"世界上最大的糟糕就是你从来没有遇到过糟糕的事情"，又说"世界上最可怕的失败是自己从来没有遇到过任何失败"。这两句话是什么意思呢？是呀，这些话乍一听起来很奇怪，好像很不符合常见的生活逻辑，人人都不想遇到糟心的事情，没遇到糟心的事情为什么不是好事呢？也没有人会祈祷自己一定要遇到失败，没有遇到过失败为什么也不是好事呢？从提高孩子的逆商的角度来说，这句话给我们的父母和老师带来了很多启示——现实生活中，有些人在成长的过程中，一路绿灯、顺风顺水，结果在遇到一件不如意的小事时，他们就做出极端的事情，甚至整个人生都崩溃了，有越来越多这样的例子已经给身为父母的人们敲响了警钟。从逆商教育的角度来看，"世界上最大的糟糕就是你从来没有遇到过糟糕的事情""世界上最可怕的失败是自己从来没有遇到过任何失败"这两句话还真有道理。

四、父母要做孩子应对逆境的榜样

俗话说："龙生龙，凤生凤，老鼠的儿子会打洞。"俗语前面的两句话更多地在强调生物基因的强大，后面的一句话更多地在强调非生物基因的强大。我的工作中会接触很多家长，有句话说："每个问题孩子的背后都有一对有问题的父母和一个有问题的家庭。"我个人不完全赞同这句话，可事实一再告诉我们，父母的言行是对孩子成长影响最大的因素，每个问题孩子背后一定有一对不会教育孩子的父母，这话大概错不到哪里去。有人说："父母和家庭的教育是在上游植树造林，学校教育是在下游抗洪抢险。"这话很有道理。父母是孩子的启蒙老师也是孩子终身的老师，身为父母的人一定要明白，自己的一言一行对孩子有着巨大的影响，如果后天不加强学习，原生家庭给孩子带去的不利影响甚至是终身的。大量的数据表明，很多人一生都没有摆脱原生家庭给自己带来的不利影响。显而易见，父母应对逆境的方式更是直接影响了孩子应对逆境的方式。从事教育30年来，我对家长非生物基因强大的力量是深有体会的，也就是说父母的价值观和人生观，甚至小到对人对事的方法都对孩子有着深刻的影响。在下面这些个案中，孩子们在生活中经常上演着父母应对逆境的或消极或积极的模式。

罗同学

有一次，我发现班上一名平时学习成绩不错的同学利用课外活动的时间躲在学校的寝室里吸烟，根据平日里对这位同学的了解，他是不抽烟的，怎么今天竟然一反常态呢？经过近一个小时的了解，原来他是因为昨天的数学检测成绩不理想，心里觉得非常郁闷才第一次抽烟。他说数学一直是他投入时间最多的学科，也是他引以为豪的学科，昨天的成绩出来后他的排名在班级10名开外，他的情绪沮丧到了极点，昨天晚上就没睡好觉，可一直找不到排解糟糕情绪的方法。苦恼之余，他想起爸爸在家里遇到麻烦事或者困难时，就一根接一根地抽烟，他就想是不是抽烟就能消除自己心中的痛苦呢？于是他也尝试着用抽烟的方式来化解考试失利带来的痛苦。明白了事情的来龙去脉后，我没有马上跟他讲吸烟的各种危害，也没有跟他大讲特讲学校关于吸烟的各种惩戒，我只是笑着问他:"一支烟都快吸完了,你心中的痛苦消除了没有?"他见我并没有声色俱厉地批评他,他也笑着说:"心里还是不好受,倒是嗓子被烟呛得难受。"

我顺势告诉他:"是呀。古人早就说了'抽刀断水水更流,举杯消愁愁更愁'。歌词里也早就唱道:'吃一根烟,喝一杯酒,能醉多久?'人生遇到挫折和困难是大人和小孩都难以完全避免的事情,而应对困难最好的方式是迎难而上,这有些像治病的过程,如果我们找不到得病的真正原因,就算吃再多不对症的药也无济于事。只有我们选择迎难而上把遇到的困难解决了,我们因困难而产生的痛苦、沮丧、难过甚至崩溃的情绪才能真正得到缓解,直到最后消除。而不是停留在困难的旋涡里,用抽烟、喝酒等各种外在的形式来企图消除自己遇到的困难和排解内心糟糕的情绪。遇到困难和逆境时,谁都会产生一些负面的情绪,而排解苦闷情绪的方法有很多,有些是积极的,有些是消极的,我们要多选择积极的方法来驱赶内心糟糕的情绪。例如,你可以选择跟老师和朋友沟通,倾诉你内心的苦闷;也可以选择去跑步;或者选择听自己喜欢的音乐;或者选择写日记和随笔的方式把内心的情绪转化成文字。这些都是帮我们消除因遭遇逆境而产生的负面情绪的好方法。你眼下的糟糕情绪的真正原因是数学成绩不理想,那你就要正视这个困难,想办法把数学成绩提上来,而躲在这里抽烟根本不可能真正消除掉你心中的糟糕情绪,不仅如此,你还会因为抽烟而背上学校的处分,从而让你遭受更多糟糕的事情。处分的事暂时不讨论,你想不想现在就去打一场球试试看?"看着我一脸认真的表情,罗同学立马换上了运动鞋。看着他抱着篮球走向运动场的背影,我期待他顺利地克服本次困难并走出逆境,至少他不会再用他爸爸应对逆境的方式来应对自己生命中的逆境了。后来,罗同学主动找到自己的数学老师帮自己分析那份数学试卷,总结自己学习方面的不足，并按照数学老师的建议调整了自己学习数学的方法，在数学老师的帮助下，罗同学的数学成绩一直位于年级前列，就算偶尔一次成绩不理想，他也能很快地从沮丧的情绪中走出来，并且能较快地找到解决问题的方法。更让人高兴的是，罗同学把这次成功应对逆境的方式迁移到了其他学科的学习中，甚至由学习层面迁移到了自己生活的其他方面，他面对的学习环境和生活环境都没有发生太大的改变，但他整个人的精神面貌和生活状态都已经与之前的那个一遇到困难就要沉默寡言好几天的形象判若两人了。罗同学正确处理逆境的过程就是他的逆商提高的过程。

王同学

有一个晚自习快结束的晚上，我正在教室隔壁的办公室里面批改作业，突然听到哐的一声，然后是玻璃碎裂的声音，紧接着班长冲进了我的办公室："老师，王同学把班上的玻璃砸碎了！"我一听这话，赶紧扔掉手中的笔和班长一起赶往教室，还没进教室，我一眼就发现教室紧挨着前门的窗户的玻璃上有一个大洞，王同学正站在窗户旁边，窗户下面的地上是碎了的玻璃，玻璃碎片上还有鲜红的血迹，我心里一惊，再抬头看王同学，只见他的右手上有一个约3厘米长的伤口正在往外冒血，看来伤口不浅，他左边的衣袖上也沾满了血迹，脸上一副痛苦不堪的表情。我的第一反应是马上上医院。我叫上班上几个身强力壮的男同学陪着王同学上了我的车，等我把车停在医院门口的时候，已经是晚上11点多了，马上挂急诊，等医生清洗完伤口，接着是缝针、包扎和买药，等到王同学从急诊室出来时已经是凌晨1点，我们又开车回到学校，从医院到学校大约半个小时的路程，一路上王同学一直低头不语。等我把王同学送回到寝室时，我看着他喝完药，本想接着问问他砸玻璃的原因，可想到明天一大早我和他都要上早读课，我压下了心头的疑问,只对王同学说:"你今晚好好休息,如果有什么话想对我说,明天早上你就到办公室等我。"王同学一改往日对老师不够尊重的态度,低着头小声对我说:"老师,我给你添麻烦了。"我马上抓住这个机会对他说:"我相信你肯定是遇到了什么事,明天我们再好好沟通哈。"看着王同学的情绪完全平复了,我才离开学生寝室。

第二天一大早,王同学就到办公室来找我,还没有等我问他,他就向我说起了昨天的事。他说:"不知道从什么时候起,我发现自己喜欢上了班上那位名叫宏的女同学,每次下课的时候,我总喜欢找各种理由主动地接近她,她之前跟我关系也挺好,有时候我们还会在学校食堂一起吃吃饭,或者一起在操场散散步。老师,我们之间并没有其他过分的行为,真的没有过分的行为,真的没有。"他怕我不相信他,还准备举起那只受伤的手向我发誓。看着他着急的样子,我说:"我相信你,你慢慢接着讲。"王同学这才好像松了一口气,接着说:"最近不知道怎么了,宏同学不爱搭理我,我问她原因她也不说,昨天晚上我看到她和另外一个男同学在操场一边散步一边有说有笑。我内心特别痛苦,我特别想打人。可是我上学期已经因为和别的同学打架而被学校记了一个大过,我怕再打人会被学校开除,可我实在难过到了极点,我只好用砸玻璃的方式来让自己好受点。"听完他的自述,我没有立马关注昨晚的事,我问道:"你爸爸在家里遇到不顺心的事情的时候,他会有什么样的表现?"他想了一会,竟然皱起了眉头,他说:"我爸爸一遇到不顺心的事,就开始喝酒,等酒喝多了,就开始骂我妈妈,说不顺心的事情都是我妈妈带来的,如果我妈妈稍微辩解几句,我爸爸就动手打我妈妈。"王同学说到这里停下了,他看着我不再说话,眼神里充满了疑惑,好像在说:"老师,你为什么要问这些?"我看出了他想知道什么,我仍然不紧不慢地说:"你喜欢你爸爸处理困难的方式吗?"王同学毫不犹豫地说:"我和我妹妹很害怕我爸爸这个时候的样子,我们想保护妈妈,可我们又怕我爸爸连着我和妹妹一起打,每当这个时候,我心里都很恨我爸爸!"听着王同学含着愤怒情绪的话语,我顺势引导说:"你不喜欢你爸爸处理逆境的方式,你觉得你自己应对逆境的方式好不好?"王同学听完我的话,好像有点明白了我要说起他爸爸的原因,他低着头说:"我处理逆境的方式也不好。"我看到王同学已经知道自己错在哪里了,为了调节谈话的气氛,我故意调侃道:"昨天你把玻璃砸碎了,把自己的手也弄伤了,你心里喜欢的女孩有没有过来安慰你呀?你心里的痛苦有没有随着玻璃的碎片落到地上而消失呀?"这几句话让王同学明白了我跟他沟通的本意,他沉默了一会,说:"老师,我明白了,我用错误的方式来解决自己遇到的问题,结果问题没有得到解决,反而产生了新的问题,既破坏了班级物品,还给你和其他同学添了麻烦,还有,还有……"说到这里,这个比我高半个头的大男生眼里竟然有了泪花,情绪激动到竟然说不出话来。我一看他的样子,心里还有点慌了,我赶紧拍了拍他的肩膀说:"不着急,只要你愿意说,我保证愿意帮你。"过了好一会儿,王同学才稳定了情绪说:"昨天,我的手受伤后,宏同学不仅没过来安慰我,还跟其他同学说,我的脾气怎么这么暴躁,还说她幸亏没有跟我再来往。"我明白了王同学心里最解不开的疙瘩还是他和宏同学的感情纠葛,怎么帮助他走出情绪的低谷呢?我这个自认为带班经验比较丰富的老班主任也一时间没了主意,正在词穷的时刻,我一眼瞥见了办公桌上昨天才买来的一盆粉红色的菊花,我灵机一动,笑着对王同学说:"你看看我这盆菊花美不美?你看到它的时候你的心情怎么样?"王同学又是一脸的狐疑,他迟疑着说:"美呀,昨天你拿着走过教室门口的时候,全班同学都说很好看。我也很喜欢,看到它就觉得心情愉悦。"我说:"我们都很喜欢这盆花,我现在有个事情需要你去做，你一定要替我完成哟！"王同学毫不犹豫地说："可以呀，我保证完成任务。"我故意卖关子说："你确定你能完成？"聪明的王同学从我的话里听出了完成任务的难度，马上改口说："我会尽最大努力去做。"我看到他着急的样子，我就笑着说："我的任务是，我们这么喜欢这盆花，我请你想个办法，让这盆菊花也喜欢我！"王同学一听是这个任务，马上就傻眼了，他说："这怎么行呢？我哪有办法让花喜欢人呢？"王同学一边说一边挠头，看着他的窘态，我笑了，并说："是呀，我们出于自己的喜好，自然地去喜欢我们喜欢的对象，可我们谁也没有办法保证我们喜欢的对象也一定喜欢我们呀，我们可以捆住一个人的手脚，我们可以限制一个人的自由，但我们却没有办法强迫一个人或者一个物来喜欢自己，你明白我想说的话啦？"王同学豁然开朗的表情告诉我，他明白了我给他布置这个特殊任务的含义，我顺势说："如果有一个人非要你去喜欢她，你会有什么样的感觉？"王同学说："我会有被强迫的感觉，心里会很不舒服。"我见他开始醒悟了，就赶紧趁热打铁："是呀，你喜欢宏同学没有错，宏同学选择不再和你交往也没有错，而如果因为宏同学不和你交往你就做出伤人伤己的行为，这样处理逆境的方式既达不到让宏同学喜欢你的目的，也达不到解除你心中痛苦的目的，反而会带来许多新的痛苦，是不是这么个道理？"王同学听完我的话后连连点头，但他又问我："老师，你说的道理我都懂，下次遇到不顺心的事情时，我再也不会采用昨晚那样愚蠢的方法来解决了，可我现在心里还是有些难过，我该怎么办才能消除这件事带给我的痛苦呢？"看来王同学把我当成万能的"膏药"了，该怎么帮助眼前的孩子走出这次逆境呢？我感觉自己一时之间也没有什么好办法，我只好跟他说："我不能保证我说的方法一定能帮你消除这件事带给你的情绪困扰，但我可以帮你分析分析你的痛苦产生的真正原因，你喜欢宏同学，你在和她交往的过程中，体验到了开心和快乐，她不再跟你交往时，你觉得你失去了让自己获得高兴和愉悦情绪的来源，这说明你太依赖她带给你的快乐了，你把让自己快乐和高兴的来源锁定在了她对你的态度上，你让她对你的态度掌控了你生命中的快乐，她对你好你就开心，她不愿再和你交往，你就伤心难过，甚至崩溃。是这样吗？"王同学听完我的话后瞪大了眼睛，好像觉得我钻进他的心里去看过一样。我接着又说："你这么聪明的一个孩子，你怎么竟然傻到把让自己获得快乐和幸福的掌控权交给别人呢？你应该把让自己开心和快乐的决定权交给谁才最可靠呢？你爸爸？你妈妈？还是你爱的其他人？"王同学边挠头边说："我好像明白了。"眼见这次沟通马上就要有效果了，我接着穷追不舍："你明白了什么？说来我听听。"王同学平日虽然有些顽劣，但他的脑子转得特别快，他稍微停顿了一会就说："我应该把让自己开心和快乐的决定权放在我自己的身上，而不是放在任何其他人的身上，我要自己掌控自己的快乐，而不是让任何其他人来掌控我的快乐，谢谢老师。"我一听完王同学的回答，马上就对他竖起了大拇指："厉害哈，你总算领悟了我对你讲了半天的真经！"王同学也被我高兴的情绪感染了，竟然调侃我说："感谢师傅的教诲！徒儿告退了！"我也被他的话逗笑了，王同学说完转身就走出了我的办公室，看着他走出办公室的背影和缠着纱布的右手，我心中涌起了一丝欣慰，我知道他以后还会遇到各种各样的逆境，我期待随着他年龄的增长，他爸爸应对逆境的方式对他的负面影响越来越少，他会用更好的方式来应对他生命中的逆境，他会有更多的智慧来帮助自己甚至帮助他人走出生命中难以完全避免的那些逆境。正这样想着，下课的铃声响起了，我抬头望着从窗外走过的叽叽喳喳的孩子们，我感觉需要我们老师去做的事还很多很多。

梅同学

还很清楚地记得三年前那个名叫梅的小姑娘走进我办公室里的情景：平日里扎着高高的马尾、走路一蹦一跳、一脸甜甜笑容的她此刻竟然披散着头发、满脸不开心，人还没有到我跟前就抑制不住地流下了眼泪。我吓了一大跳，赶紧请她坐下，没等我开口询问，她就一边抹眼泪一边说："老黄，这次你可得帮我，我真的受不了。"看见她急于跟我倾诉的神情，我初步断定问题不太严重，根据我多年当班主任的经验，情绪真正严重的孩子，往往不爱沟通交流，喜欢把一切都闷在心里，愿意倾诉、愿意沟通的孩子往往不存在严重的心理问题。我没有打断她，只是示意她说下去，只听见她说："我也不瞒着你了，我和隔壁班的浩同学关系一直挺好，他是我从小学到初中再到高中的同学，大概是从高一起，我们就开始谈恋爱，我们说好要一起考到上海读大学，可最近也不知怎么了，他对我爱搭不理的，有时候还故意躲着我。我请和他在一个班的我初中的女同学帮我留意他的情况，那个女同学告诉我，他最近和他们班的语文科代表走得挺近。上个周末，我约他到我们经常去玩的广场走一走，可他不但没答应，还拉黑了我的微信，我……我想问问他为什么要把我拉黑，可我又觉得这样做太丢人，毕竟人家都不理我了，我还死乞白赖地去找他，可不找他问问这件事，我心里实在难受得要命，这两个星期以来，我都没心思听课，每天我都无数次地告诉自己不要再想这件事，可每时每刻我又都在猜测他不再跟我交往的原因——或许我做错了什么，或者我不够优秀，或者我没有那个女孩好看，甚至我想他是不是嫌弃我是单亲家庭的孩子，一边知道自己这样的状态很影响学习，一边又情不自禁，实在没办法时，我就用小刀割自己的手臂，你看我已经割了三道口子。"说着她撸起袖子把手臂给我看，看着那些还没有结痂的伤口，我着实吓了一跳，我意识到这孩子太需要帮助了，我还没想好怎么安慰她，她又接着说："我想请假回家，我需要调整一个星期，请你给我一张假条，我要回家。"还没等我说一句话，她忍不住又开始抹眼泪，看着这个平日里爱说爱笑的姑娘一下子蔫了，我一时之间也找不到很好的话来安慰她，我只是用手轻轻拍着她的后背，静静地听着她在那里哭泣。作为班主任，我多次在专门针对女孩子的班会课上反复嘱咐过她们，不要过早地迈入恋爱者的行列，我知道她们没有能力一边应对着学习任务非常繁重的高中学习生活，一边应对着情感都还很不稳定的青涩的恋爱，我还经常把《诗经·氓》里面的句子拿来做例子："于嗟鸠兮，无食桑葚！于嗟女兮，无与士耽！士之耽兮，犹可说也。女之耽兮，不可说也！"

可无论老师怎么引导，都无法完全避免正处于青春期的孩子渴望与异性亲密交往的行为，尤其在这个自媒体时代，影视剧等多种因素带给年轻孩子的影响是没办法完全杜绝的。在梅同学小学一年级的时候，她的父亲和母亲就因为各种原因离了婚，梅同学判给了母亲，而梅的母亲应对逆境的能力非常弱，她离了婚后完全找不到自己生活的方向，整天不是自责自己不够优秀，就是埋怨梅的父亲不讲良心，虽然离婚已经快10年了，可梅的母亲还没有走出离婚带来的阴影，更谈不上去创造自己新的生活。梅同学从小就生活在这样的环境中，由于缺失父爱，她内心深处非常渴望来自异性的关爱，从高一起，我就发现她和隔壁班的浩同学关系不一般，多次询问她，她都说只是普通的同学关系，并强调俩人的行为没有分寸不当的地方。如果不是俩人的关系破裂带给她自己无法消除的痛苦，她怕是到高三毕业都不会和我说实话。看到眼前哭成泪人儿的梅同学，暂且不说她休息一个星期会耽误很多课程，就算是不考虑耽误课程的问题，就算是让她回家一个月，靠她自己再加上我平日对她妈妈的了解，她根本不能很好地走出这次失恋的逆境，甚至她会选择放弃高考也不一定。该怎么劝她呢？我一边用手轻轻地拍着她的后背，让她把内心的难过宣泄出来，一边想着如何劝慰她。

  大约过去了20分钟，梅同学终于不再哭了，她用企盼的眼神看着我，好像我是万能的菩萨。我没有对她说跟她当下的失恋有关的大道理，只是微笑着对她说："聪明的梅同学，我给你设置两个场景。场景一是：你身无分文，已经沦落街头靠乞讨为生很久了，你又饿又冷，原本答应说可以借给你100元钱的那个人突然反悔，不再借钱给你，这个时候你的感受如何？是不是特别难过？甚至崩溃？"梅同学说："那肯定是的。"看着梅同学已经开始走进了我创设的情境里，我知道这证明梅同学开始从自己的情绪中走出来了，我接着说："场景二是：你自己很能干，有能力挣到够自己花的钱，此刻你的衣兜里就有1000元钱呢，还是刚才那个答应说借给你100元钱的人同样反悔了，不再借给你之前答应借给你的100元钱，这个时候你的感受会和之前的感受有不同吗？"梅同学看着我没有回答，也许她觉得我问的问题太简单，也许她是想从我的脸上得到答案，我笑着对她说："不用看我，你认真进入我设置的情景中，然后告诉我答案就行了。"梅同学沉思了一会说："我自己能挣钱了，而且兜里还有1000元钱，感受肯定跟第一个情景不同呀，这个时候他借不借给我100元钱对我来说已经不重要了，他不借给我100元钱已经丝毫影响不了我的生活。所以他的反悔行动不会让我难过，更不会让我崩溃。"我见梅同学完全进入了我设置的情景中，我趁热打铁地开导她说："不错！不错！任何人在这两种情景中的感受都会有很大的不同。下面我们一起来思考：为什么同样的一件事，在不同人的身上引发的反应会有这么大的不同呢？"梅同学再次用疑惑的眼神看着我，搞不懂我葫芦里卖的到底是啥药，她接着自言自语地重复着我的话："为什么同样的一件事，在不同人的身上引发的反应会有这么大的不同呢？"看着梅同学那认真的样子，我不觉笑了起来，并把她拉到我的办公桌前，对她说："假设你现在是一个无法站立的人，你必须依赖着我的办公桌才能勉强站稳，你的反应一定是会死死地抓着我的办公桌，如果我这个时候突然把这个桌子从你面前拿走，你一定会摔倒在地甚至摔得鼻青脸肿，是不是这样？"梅同学看着我，慢慢点了点头，似乎有点明白我想对她说什么了。我见劝说的火候已经到了，我又请她坐在我前面，拉着她的手对她说："物质世界和精神世界是一样的，失恋后产生痛苦的情绪是正常的，可你知道你失恋后为什么如此难过甚至差点崩溃了吗？"梅同学眨巴着眼睛摇了摇头，眼睛里又满是泪水。我不忍心再看到她难过，于是直接说："物质的世界和精神的世界是一样的，如果你让自己快乐的能力很强，你就不会把让自己快乐的希望寄托在别人身上。如果你让自己快乐的能力很弱，你就会过于看重让你快乐的任何其他人，今天你看重的是浩同学，明天可能就是强同学，后天可能就是涛同学，即使你成年后有了自己的丈夫，你的表现都不会例外，你同样会想方设法地死死地抓住他们，而被你想死死抓住的人一定非常有压力，因为他们身上可能始终要背负着让你快乐的压力，这容易让他们感觉特别累，甚至想从你身边逃离，你知道吗？我说句可能冒犯你妈妈的话，你目前让你自己快乐的能力很弱，你身上有着你妈妈的影子，你和你妈妈都习惯把让自己快乐的希望寄托在别人的身上，让自己快乐的能力越弱的人越容易把希望寄托在别人身上，如同越没有挣钱能力的人越容易依赖别人给自己钱一样。一旦别人因为各种原因不能满足你们这类人的精神需求时，别人的离开就有可能成为你们这类人的灾难。"梅同学一脸认真地看着我，并慢慢地说："老师，你是说我痛苦的根源在我自己身上，并不是浩同学的错，是吗？"我说："当然不是他的错。你想想，如果人们一大脚踩在一朵小花身上，小花有可能就没命了。如果人们一大脚踩在大树身上，最多是把大树震落几片叶子。我觉得你不仅不能怪罪他，你还要感谢他带给你的痛苦让你及早地明白了这么有用的道理，不是吗？这就是我经常跟你们提起的高逆商的人责任感非常强，这种责任感首先是对自己的一切负责，包括精神和物质。你，还想去找浩同学吗？"梅同学说："不用了，我去找他，他也不一定理我呀，而且还自找没趣，更重要的是找谁也不如找自己可靠，不是吗？"看着梅同学扬起的脸，我给了她一个大大的拥抱，我拉着被她划伤的手说："你说说你有多傻，遇到了难题不知道及时找方法解决，而是沉溺在逆境中折磨自己。今天过后，不会再伤害自己了吧？你还需要回家休整一个星期吗？"梅同学说："不会了，假条也不要了。"望着梅同学坚定的表情，我刚才悬着的心这才放了下来，我再次拥抱着梅同学说："相信没有把你打倒的东西一定会让你更强大，去做自己该做的事情吧。"梅同学频频点头并转身离开我的办公室，看着梅同学离去的背影，我知道她要真正走出这件事带给她的负面影响，还需要一些时间，但我相信，她将来应对逆境的能力一定会远远地超过她的妈妈，她一定会从失恋的痛苦中走出来，而且还会因为这件事带给她的启示而变得更好，甚至她还会把她妈妈也影响成一个高逆商的人呢。我顺手拿起水杯喝了几口水，为自己的口干舌燥有可能让一个孩子成为更好的自己而感到高兴，再看看窗外刚从教室里走出来的嘻嘻哈哈的孩子们，我再次感觉我这个兼职的逆商老师要做的事还有很多很多。

霞同学

霞同学是班上个头不高、常年梳着短发的姑娘，她的成长经历有些特别，在她很小的时候，她的父亲就不幸去世，她妈妈没有固定的工作，带着霞同学独自生活了好几年，其中的艰辛外人自然不能感同身受，后来她的母亲带着她改嫁到了另一个家庭，不久，新的家庭又增添了个小弟弟，霞同学和她的妈妈以为新的生活又重新起锚了，没想到没过几年，霞同学的继父又因为生病医治无效而离世，而霞同学继父的父亲，也就是霞同学同母异父的弟弟的爷爷传统观念非常强，他没有感恩霞的母亲为自己留下了一个孙子，相反他认为自己儿子的去世是霞的母亲命太硬，是霞的母亲给这个家庭带来的灾祸，于是对霞和霞的母亲从来没有好脸色，家里的好事只有弟弟的份，而霞同学只能靠边站。霞的母亲仍然没有固定的工作，可如今要带着两个孩子生活，其中的艰难又翻了好几倍。霞说她的母亲曾经跟她讲过一件让她难忘的事：霞同学的母亲在霞同学的继父去世的那一年，因为继父生病，家里不仅已经花光了所有的积蓄，还向亲戚朋友借了不少钱，那段日子特别漫长、难熬，最艰难的时刻，每个月都需要借钱维持家里的日常生活，然后霞同学的母亲再挣钱还给别人。那一年过春节的前一天，霞同学的母亲需要把自己刚领到的工资还给别人。在还钱的头天晚上，霞同学的母亲把第二天即将还给别人的2000元钱放在自己的被窝里暖了一夜。第二天一大早，霞同学的母亲就把自己暖了一夜的钱给曾经帮过自己的人送了过去。我听到这个故事时觉得鼻子酸酸的，母子三人生活的艰难可见一斑。霞同学和母亲的日子虽然艰难，但由于霞同学的母亲乐观、勤劳和诚信，在那些很艰难的日子里，周围的好心人也总是愿意帮助他们一家人。照常理，霞同学在这样的家庭里长大，有很大的概率，要么性格沉默寡言、自卑敏感，要么自暴自弃、性格乖张，可现实中的霞同学却是一个性格开朗、爱说爱笑的姑娘，平日在班上，只是两套校服换着穿，几乎不再添置其他的衣服，除了平时生活比较节俭外，其他方面根本看不出与其他同学的不同，也根本没有同学知道她特殊的家庭环境，要不是学校因为贫困助学金的工作需要排查各班家庭经济困难同学的具体情况，连我这个班主任都不知道霞同学家庭里的详细情况。有一次班上开家长会，家长会后，我特意请霞同学的家长留了下来，在单独跟霞同学的母亲沟通的过程中，我发现霞同学的母亲的生活虽然很艰难，但霞同学的母亲却依然乐观和开朗，她在和我交流的过程中一直面带微笑，并高兴地告诉我，虽然自己目前的生活还是经常遇到困难，但已经比以前好了很多，她说她相信日子一定会越来越好！见过霞同学的母亲后，我明白了霞同学的开朗和乐观来自哪里了——霞同学的母亲应对人生逆境的方式深深地影响了霞同学。这再次证明了家庭里父母的非生物基因有多么强大了，孩子应对逆境的方式就是父母应对逆境的镜子！

笑笑同学

让我印象最深刻的是一个名叫笑笑的同学，她的本名叫宏，因为宏同学脸上总是洋溢着甜甜的笑容，一笑起来脸上就有两个大大的酒窝，时间长了，同学们就戏称她为"笑笑"。笑笑同学左边脸上三分之二的地方都是人们常见的紫红色的胎记，一直延伸到颈部。还记得高一开学的那天，第一个来班上报到的就是笑笑同学，笑笑同学没有像其他同学一样让家长陪着来报名，她独自办完报名的手续后，大大方方地走到我跟前说："老师，我可以申请当班上的班长吗？"我正在诧异着这个女孩子的大胆和直白时，笑笑同学接着说："老师，你不要不相信我，我可是已经有了9年班长经验的人！"看着宏同学一脸认真的劲，我笑着说："这么厉害呀！班上的每个同学都有申请当班长的机会，可谁真正能当班长，那可是要经过实践检验能胜任的才行！"笑笑同学说："那就好，我相信你最后会让我当你的助手的！"当了近30年的班主任，我第一次碰见这么有自信的孩子，心里不禁有几分喜欢她了。接下来的一整天，笑笑同学还真的主动帮了我不少忙，她一会带着其他同学的家长找寝室，一会儿带着新同学办理饭卡，中间还时不时帮新同学搬运行李。看着这个上天给了她特殊标志的女孩不停地忙这忙那，我心里对她的好感又多了几分。

新学期工作开始，报到工作结束后的第一件事就是要消除同学们心中的陌生感，尽快让大家融入这个新的班集体。因为绝大部分同学之前彼此之间都不了解，所以新班级的第一节晚自习的内容就是让同学们自我介绍，以促进大家的了解。自我介绍开始了，同学们一个接一个地介绍了自己的长处和短处，有的同学介绍得平实简单，有的同学介绍得诙谐风趣，有些同学因紧张而有些语无伦次。轮到笑笑同学介绍自己了，只见她不慌不忙地走上讲台，一字一顿地说："我可能是这个班上最受上帝宠爱的孩子，因为上帝把他最喜欢的颜色涂在了我的脸上！"笑笑同学的话一出口，同学们回应的就是一阵热烈的掌声。笑笑同学接着说："自从我会照镜子开始，我就知道我的与众不同，也曾经有人因此不喜欢我，甚至歧视我，但那有什么关系呢？我妈妈和上帝都很喜欢我，比她们喜欢我更重要的是我自己很喜欢我自己！"说到这里笑笑同学还用双手在左胸前比了一个心的形状，教室里再一次响起了雷鸣般的掌声。接下来笑笑同学把自我介绍的机会发挥成了个人演讲会，她逐一介绍了自己从小学一年级就开始当班长的经历和因此而获得的种种荣誉，笑笑同学在快结束的时刻说："我想在今天这个时刻向老师和全班同学申请当这个班的班长！大家一定要支持我呀，不然你们会后悔你们失去了一个多么好的班长！"笑笑同学的话音一落，全班同学异口同声地说："我同意，我同意！"笑笑同学看着班上的气氛，马上把目光转向了我，我知道大家都在等我表态，我实在是被这个自信又能干的姑娘感动了，在我的心里，这个自信和乐观的小姑娘已经是我的老师了，我丝毫没有犹豫地说："我同意笑笑同学当这个班的班长，试用期为一个月！"笑笑同学就用这样的方式锁定了自己班长的身份！

接下来的时间，笑笑同学抽空帮着我组建了班委会，在班长的职责范围内，班里的大事小事她都安排得妥妥的，以身作则就是她做好班级工作的第一要务。没过多久，不仅是整个年级组知道了我的班级里有个能干的班长，其他年级的老师也都知道了这个名叫笑笑的小姑娘。笑笑同学的口头禅是："因为我是上帝最疼爱的孩子，所以上帝才给了我这样一个特别的标志，上帝怕把我丢了，有了这个胎记，我就没那么容易被弄丢了！"作为笑笑同学的老师，我在自己的生活和工作中也经常遇到很多逆境，遇到逆境时自然也难免沮丧、痛苦，笑笑同学在很多时候却成了帮我走出逆境的老师，看着她的乐观，我一直在思考她身上的这股精气神来自哪里呢？很多次都想和孩子谈谈这个问题，又担心孩子不愿意和我谈。直到我开完班级的第一个家长会时，我才找到了答案。记得那次，我在开完家长会后准备离开办公室时，听到有人敲门，我一拉开门就看到门口站着一个人，我还没说话，但我想我的眼神还是表现出了我的诧异，因为站在我面前的是一位梳着整齐的短发、穿着白色上衣和黑色短裙的家长，她的左腿竟然是类似不锈钢材质的假肢！刚才我在家长会上留意到了这位家长，但当时家长们都是坐着的，我没有发现这位家长的特殊情况。我赶紧把这位家长请进了办公室，经过交谈，我知道这位家长就是笑笑同学的母亲。汶川地震发生前，她正在汶川开个小餐馆以维持家里的生计，地震发生后她失去了左腿。哭过，也怨过，可生活得继续呀，腿好后，笑笑的母亲又回到家乡开起了小餐馆，虽然早起晚睡很辛苦，但收入还是够一家人生活的。我和笑笑的母亲聊了将近一个小时，我跟她说了宏同学在学校的优秀表现，并笑着说："家长，你的孩子太优秀了，笑笑同学身上的乐观跟你面对逆境时的性格有很大关系吧？"笑笑的母亲笑着说："可能吧，我经常对闺女说，汶川地震中那么多人都失去了生命，我侥幸地活了下来，还有什么不开心的呢？你看，我的腿因受伤而被截肢是事实，我自己一开始也觉得不好意思出去见人，可转念一想，就算我整天躺在床上不去见任何人，我那失去的腿也不可能回来了，而且我还要生活呀，既然逃避不掉，为什么不开心地去面对呢？于是每到夏天，我就开始穿短裙，没想到这一开始，我就感觉自己只不过是一个美得有些不一样的人而已。"笑笑母亲的话让我打消了之前心里的顾虑，说实话，刚和笑笑的母亲开始交谈时，我的语速很慢，我尽量选择绕开她的腿受伤的话题来说，生怕自己的语言让她有不舒服的感受，可见到她真的已经能坦然面对这件事时，我也就放松了，我一语双关地对她说："家长，你知道吗？你站起来的样子比坐在座位上的样子要好看100倍！"笑笑同学的母亲显然听出了我话里的双关意，刚才还侃侃而谈的她竟然不好意思地笑了起来。我和笑笑的母亲聊了一个多小时，当我把笑笑同学的母亲送出办公室时，当我看着笑笑同学母亲脸上那因微笑而露出的两个大大的酒窝时，我相信笑笑同学在她母亲乐观精神的影响下一定会过好自己的一生！

　　有人说孩子是家长为人处世的镜子，甚至还有人说孩子是家长的复印件，我不完全认同这些观点。但这些言论都表明家长的非生物基因对孩子的影响非常大。我从事教育事业近30年来，接触的很多教育事例也无不证明着这个观点：家长应对逆境的方式也直接影响着孩子应对逆境的方式。所以我再次强调我们的父母要做孩子应对逆境的榜样。

第二节　学校层面

　　学校是对学生进行逆商教育的主阵地，老师是对学生进行逆商教育的中坚力量，学校层面应该重视对学生进行逆商教育。

一、学校提高认识　老师认真落实

当下，中国的普通高中教育无一例外都要承担着无法避免的高考压力，在现实的各种评价和指标的面前，每所普通高中都没办法无视这些事实。为了升学率，每所高中的大部分教学时间都是在教授跟高考科目相关的考试内容，对高中学生的人文关怀关注得不够，真正把逆商教育作为普通高中教育的重要组成部分的意识不强，自然对逆商教育的重视程度也不高。可新一轮课程改革明确地指出了普通高中教育的最终目的是培养全面发展的人，所有教育教学的落脚点都是要大力提升高中生的核心素养。普通高中生的核心素养包含的主要内容如下。

发展中国学生核心素养，以科学性、时代性和民族性为基本原则，以培养"全面发展的人"为核心，分为文化基础、自主发展、社会参与三个方面。综合表现为人文底蕴、科学精神、学会学习、健康生活、责任担当、实践创新六大素养。其中自主发展的内容之一就是高中生要学会健康生活，健康生活包括以下具体内容。

（1）珍爱生命，重点是：理解生命意义和人生价值；具有安全意识与自我保护能力；掌握适合自身的运动方法和技能，养成健康文明的行为习惯和生活方式等。

（2）健全人格，重点是：具有积极的心理品质，自信自爱，坚韧乐观；有自制力，能调节和管理自己的情绪，具有抗挫折能力等。

（3）自我管理，重点是：能正确认识与评估自我；依据自身个性和潜质选择适合的发展方向；合理分配和使用时间与精力；具有达成目标的持续行动力等。

其中第二点里面具体谈到了高中生要"坚韧乐观；有自制力，能调节和管理自己的情绪，具有抗挫折能力"。抗挫折能力跟本书中论述的逆商教育密切相关，所以高中教育在培养学生各学科的关键能力和发展各学科的学科素养的同时，也要把培养高中生的抗挫折能力和提高高中生的逆商水平纳入普通高中学校教育教学工作中来，并让逆商教育成为普通高中教育工作中不可或缺的一部分，普通高中要认识到培养高中生的抗挫折能力和提高高中生的逆商水平是落实普通高中教育的根本目的"培养全面发展的人"的重要途径之一。

在现实生活中，青少年患抑郁症的人数呈现较快的上升趋势，且低龄化的倾向越来越明显，高中老师在教育教学过程中接触到的患抑郁症的同学，他们轻则不能完成学业，重则自暴自弃甚至自杀。抑郁症的形成跟社会生活节奏、个人的生活环境和患者个人的心理特质都有关系。单从患者的心理角度看，抑郁症患者的低逆商是他们得病的重要原因之一，即抑郁症患者大多不能很好地应对生命中的坏事件。根据我们课题组对贵州大学附属中学全体同学逆商的调查数据，全校60%的同学没有听说过"逆商"这个概念，90%的同学逆商指数处于较低水平，93%的同学愿意花一些时间来学习逆商知识以提高自己的逆商水平。同时，教育部在2021年10月15日的《关于政协第十三届全国委员会第四次会议第3839号（教育类344号）提案答复的函》里明确要求全社会尤其是各级各类学校要"开展多形式的青少年预防抑郁症教育"，而对高中生进行逆商教育就是开展有效预防抑郁症的教育的重要途径。

鉴于现实和理论的需要，普通高中教育从提高高中生的逆商入手，以发展高中生核心素养为目的，积极开展逆商教育已经成了一件重要而紧迫的事情。作为普通高中的教育者，我们期待逆商教育能为开展有效防治抑郁症工作探索一些方法。

学校认识到对学生进行逆商教育的重要性后，还需要一线老师也要认识到在普通高中阶段开展逆商教育的重要意义，并从不同层面主动把培养普通高中学生的抗挫折能力和提高高中生的逆商水平落实到自己日常的教育教学工作中去，具体可以从以下几个方面入手。

（一）在学校各学科的日常教学中渗透逆商教育

高中的各个学科里都蕴含着丰富的逆商教育的资源，老师们要有主动发掘本学科里面逆商资源的意识，并选择合适的教学内容进行逆商教育。例如，因为语文学科是工具性和人文性相统一的学科，所以语文学科承担着更多的人文关怀的功能，语文教学内容中的逆商资源较为丰富。如当老师们在教学《苏武传》时，可以安排一定的教学时间和同学们一起在文中找出苏武在北海生活的句子，并反复诵读，师生一起在文本中已有的文字的基础上进行合理的想象，把苏武在北海艰难生存的情景具体化，努力让学生对苏武物质上的匮乏和精神上的孤独有切身的体会，老师接着用文字再次创设情境，让学生在情境中去体验：如果自己是苏武，哪些情况是自己也可以克服的，哪些情况是自己目前无论如何也克服不了的，从而去理解苏武的高逆商是其突破物质上和精神上的双重逆境的有力武器。

又如，语文老师在教授《鸿门宴》时，作者司马迁的经历也是培养学生逆商的好资源。司马迁遭受宫刑给他带来的身心的痛苦是一般人无法体会的，在那个特定的时代，司马迁选择活下来比选择结束生命要难太多，更不用说要忍受着奇耻大辱去完成彪炳史册的历史巨著，如果司马迁没有正确地去应对自己遇到的逆境，逆境就会把他击毁，司马迁自然也就没有机会实现自己的人生价值，后人也不可能有机会看到有着"史家之绝唱，无韵之离骚"美誉的《史记》了。

再如，老师在教授苏轼的《定风波》时，在理解苏轼在词中表现的反常之处时就可以引导学生体会苏轼的高逆商，苏轼创作这首词的背景正值苏轼因为著名的"乌台诗案"而被贬到黄州的时期,当名满京师的苏轼被贬到黄州做没有俸禄的团练副使时,在精神上,他要面对自己政治上巨大的失意;在物质上,他要面对现实生活中拮据不堪的困顿,这时的苏轼也曾难过和迷茫,难过和迷茫之后,苏轼凭借着自己的高逆商在黄州成功突围,他作品中表现出来的旷达就是高逆商的表现,在遭遇逆境的日子里,苏轼在黄州创造出了文学史上的前、后《赤壁赋》和《念奴娇·赤壁怀古》等名篇佳作,这更是他高逆商的证明,比苏轼面对逆境时表现的旷达和在逆境中创造出流传后世的文学作品更可贵的是,苏轼在被贬黄州、惠州和儋州的过程中,不仅成功地化解了一次比一次更严峻的逆境带给他的苦难,还在被贬的每个地方,尽力为当地的百姓解决一些实际困难,身为贬官,苏轼完全可以置身事外,何况朝廷还明文规定苏轼不得参与公事,可苏轼依然凭借自己的影响和私人的关系积极为当地百姓解决一些实际困难。例如,他在自己的物质生活本就很艰难的情况下,却毫不犹豫地拿出钱财以资助黄州当地溺死女婴的家庭,并积极和当地官员一起革除当地溺死女婴的陋习。这证明他在自顾不暇的情况下也没有忘记一个真正的读书人最大的担当就是为百姓排忧解难,这种高度的责任感是高逆商最大的特点。

  再如,老师们在教授《老人与海》的时候,通常都会分析主人公桑迪亚哥的硬汉形象,而桑迪亚哥就是高逆商的典型,即拥有永远不向命运低头的乐观主义人生态度。现在大多数孩子都怕吃苦,他们觉得每天的学习就是一件很苦的事,学习中稍微遇到一点困难,他们就想逃避。例如,老师们在教授宋濂的《送东阳马生序》时,老师就可以把宋濂求学的艰难和同学们现在求学遇到的困难做一个比较,从中学习宋濂深陷逆境却不被逆境所困的高逆商行为。

  又如,老师在教授《愚公移山》时,可以给学生创设辩论的情境:

"愚公是真的愚蠢吗？智叟是真的聪明吗？"在同学中展开辩论的基础上，老师引导学生明白：愚公不愚蠢，因为他明白生命中遇到大山挡路就逃避，用搬家的方式是可以逃过大山的阻隔，生命中还有可能会遇到大河，躲过了大河后还有可能会遇到沙漠，躲过了沙漠后还有可能遇上蝗灾，躲过蝗灾后还有可能遇上地震……老师引导学生明白，文本是在用寓言的方式讲述深刻的道理：生命中的困难无处不在，人生的困难就像我们的影子一样跟随着我们，如果一遇到困难和逆境就逃避，最后我们将无处可逃——因为困难无处不在！而解决困难最好的办法就是迎难而上，直到战胜它，甚至让它帮助我们变得更强大！

又如，历史老师在讲解中华民族抵御日寇的过程中，中华儿女战胜千难万险、浴血奋战的例子举不胜举，在争取抗日战争胜利的过程中，中华儿女不怕困难、想尽办法解决困难并最终战胜困难取得胜利的事迹是对学生进行逆商教育的最好素材。

又如，音乐老师在教授贝多芬的《命运交响曲》的过程中，老师对贝多芬的生平进行介绍的时候重点把贝多芬失聪后仍然坚强地与命运抗争的事例作为对学生进行逆商教育的素材，告诉学生：人的一生中会遇见多少困难，谁也说不准，解决困难最好的方法是迎难而上，这样才能不被困难打倒，才能让困难化成成长的垫脚石。

又如，在体育教学中，体育老师更是可以利用自己学科的特点培养学生的逆商，当学生进行长跑或者是其他需要耐力和坚持的体育活动时，老师鼓励学生想办法克服身体和心理上的困难，完成了自己以为不能完成的任务，这也是在培养学生的逆商。首先，每个学科的教学内容中都蕴含着丰富的对学生进行逆商教育的资源，各学科老师首先要有对学生进行逆商教育的意识。其次，认识到对学生进行逆商教育是发展学生核心素养的重要途径之一，因为应对逆境的能力不仅是高中生当下需要的能力，更是学生一辈子都需要的能力。最后才是各学科老师根据本学科教学内容的特点寻找渗透逆商教育的方法，并为发展学生的核心素养探索新的路径。

（二）把提升学生的逆商水平作为开展心理健康工作的重要内容之一

随着国家对青少年心理健康的关注，大多数学校都配有专职的心理健康的老师，近几年不少学校还开设了专门的心理健康课。这些举措对促进学生健康成长都起到了很重要的作用。但现实的数据还在告诉我们，在我国青少年中，患抑郁症的人数一直在呈上升趋势，而且患病的年龄近年来呈现出低龄化的倾向。这说明学校的心理健康教育仍然任重而道远。相关数据表明，抑郁症患者得病的一个很重要的原因是他们应对生活中坏事件的能力非常弱，即他们不能很好地应对他们生命中出现的各种逆境，也就是他们的逆商指数很低。学校的心理健康教育不能等到学生出现心理障碍时才去对学生进行心理干预，而应该在学生患病之前就想办法提高学生应对逆境的能力，教给他们应对逆境的方法，努力提高他们的逆商指数，从而有效预防抑郁症的发生。预防应该早于干预，这就像预防火灾的教育应该早于火灾发生后的逃生教育一样。社会、家庭和学校要采取各种措施来预防青少年的抑郁症的发生，而开展逆商教育以提高学生的逆商指数是落实国家开展预防抑郁症教育的具体措施，而学校的心理健康教育更应该把对学生进行逆商教育纳入学校心理健康的日常工作中去，让逆商教育成为学校心理健康教育的常规工作之一。

（三）教给学生一些操作性很强的提高自己逆商水平的科学的方法

我是贵州大学附属中学关注逆商教育的老师，我探索了一些具体的方法来提高我的学生的逆商水平。

1. LEAD 工具在高中逆商教育中的运用

美国保罗·史托兹的 LEAD 工具就是一个对提高学生逆商非常有帮助的实操性很强的方法，"LEAD"对应"L = Listen（倾听自己的逆境反应）、E = Explore（探究自己对结果的担当）、A = Analyze（分析证据）、D = Do（做点事情）"①。下面是我运用这个方法来帮助学生提高逆商的一些具体案例。

L = Listen，静下心来倾听自己的逆境反应，察觉自己对逆境的应对方式。

● 不同的人遭遇逆境时会有不同的反应，当遭遇逆境时，我们要习惯性地静下心来倾听并分辨自己的反应是高逆商反应还是低逆商反应，并分析自己在哪个维度的得分最高，在哪个维度的得分最低。

要想提高自己的逆商，我们就要对自己的逆商反应有所觉察，也就是说提高自己逆商的第一步是要先静下心来倾听自己的逆境反应，也就是逆境出现时，如果我们体验到了这些情绪：或者我们难过了一个星期甚至更长的时间，或者这件事让我们再也没有动力去做其他的事情，或者这件事让我们觉得自己做出任何行动都不能改善眼前的困境，或者我们觉得自己只是这件事情的受害者……这些情绪体验就是发觉我们逆商低的特殊镜子，表明我们的逆商较低，提醒我们应对逆商的方式需要改进，我们需要质疑对自己、当前形势和未来的消极看法。一个人只有了解并看清了自己的不足和错误，才有可能改掉这些不足和错误，如果我们都没有意识到自己的不足和错误，或者意识到了却不想和不敢去面对，那我们改正不足和错误的可能性就非常小。同样的道理，我们如果

---

① 史托兹. 逆商 [M]. 石盼盼, 译. 北京: 中国人民大学出版社, 2018: 107.

不对自己在逆境中的反应进行觉察和判别，我们提高自己逆商的可能性就很小。这有些像日常生活中，如果我们不借助各种镜子或者其他人的眼睛，我们就无法知道自己脸上是否有脏污的东西，不知道自己脸上是否有脏污的东西，我们洗掉脸上脏污的东西的可能性就极小或者根本没有。所以，要想提高自己或者他人的逆商，第一步就是要对自己和他人的逆商进行了解，并判别自己或者他人在逆商的掌控感、担当力、影响范围和持续性四个维度中，哪个维度的应对方式较好，哪个维度的应对方式较糟糕，然后针对具体情况做出改进，从而提高自己或者他人的逆商。这也有些像中医经过望、闻、问、切以了解病人的身体状况，然后对症下药以期达到药到病除一样。

对自己在逆境到来时的反应和应对方式保持高度的警惕非常重要。如果我们在逆境出现的第一时间就能意识到自己的逆商偏低，意识到这种低逆商会给我们带来极大的不利影响，意识到自己应对逆境的方式存在极大的问题而且需要马上改进，我们就不会让逆境带来的负面影响把我们击垮，自然就会迅速调整自己应对逆境的方式来降低逆境带给我们的伤害。日常生活中，一个人的安全意识肯定比他的救火技能更重要。例如，在一间屋子里，开始只是燃起了一张纸，一般人可能不太在意，也可能是慢吞吞地去踩灭这张纸，而一个安全意识非常强的、经验丰富的消防员，他在这张纸刚燃着的时候就已经比任何人都更清楚一张燃烧的纸可能引起的大火蔓延会带来哪些可怕的后果和难以估计的损失，所以这个消防员一定会在纸燃着的第一时间踩灭那张纸，他绝不会等到这张燃起的纸把周围的书籍或者衣服或者电视等其他的物品甚至整个屋子都燃起来时再出手救火，并最终把火情带来的损失控制在最小的范围来保证财产和生命的安全。反之，如果是一个对火灾带来的伤害认识不足或者完全不知道的人，那片刚燃起来的纸一定不会引起他足够的重视，他完全有可能慢腾腾地站起来去灭火，甚至他根本就不采取任何行动来控制火势，等到火势大到无法控制时，他才意识到问题的严重性，结果只能是根本救不了或者虽然扑灭了火势但带来的损失已经非常严重了。一个高逆商的人就像那个经验丰富的消防员，他绝不允许逆境带来的伤害把自己击垮，也不允许因为一件不顺利的事而带来接二连三的不顺利的事甚至毁掉自己的一生，如果我们把自己应对逆境的方式的警觉性提高到等同于应对火灾的警觉性同等重要的层面上来，逆境带给我们的不利影响就会降低、降低再降低，甚至我们会从逆境中寻找到让我们变得更好的机会和资源。

所以，提高自己和他人逆商的第一步就是倾听自己和他人的逆商反应，当我们察觉到自己应对逆境的方式属于低逆商反应时，第一步是对自己的低逆商反应保持警惕，第二步是质疑自己的低逆商反应，第三步是构建新的高逆商的应对模式，最终走出逆境。

E = Explore，探究自己对结果的担当

●当逆境已经出现在我们的生命中的时候，我们应该理性地分析，自己应该对结果的哪些部分担起责任，不该对哪些部分担责。

提高自己和他人逆商的第二步是探究担当力，即不利的事情发生了之后，我们要冷静地分析自己对这个已经发生的困境的哪些部分不该承担责任，哪些部分该承担起我们的责任，既然我们找出了自己对逆境的发生该负的责任后，我们就要要求自己对这次逆境的出现负该承担的责任，一旦我们觉得自己应该对某人某事负责的时候，我们就会主动拿出自己的行动来改善眼前的困境。反之，如果我们认为自己只是逆境的受害者，逆境的出现跟我自己毫无关系，自己不应该对这件事负任何责任的时候，我们就不会采取任何行动来改善逆境，我们只是干等着这次逆境造成的不利因素越来越多，逆境带来的不利因素越来越多又势必会削

弱我们的掌控感，从而让我们更没有力量和行动来改善眼前的逆境，从而让自己陷入恶性循环之中：因为我不用负任何责任——所以我也不用采取任何行动来改善逆境——不采取任何行动会进一步削弱我们的掌控感——我们的掌控感被削弱后我们就更没有力量来改善逆境，直到最后被逆境带入深渊而不能自拔。只有在我们理性分析后，认为自己该对逆境出现的某一部分负责的时候，我们才有可能拿出行动来改善逆境。这就像我们是先确认自己对养育子女或者赡养父母负有不可推卸的责任后，我们才开始拿出行动来对孩子进行教育和照顾父母一样；医生先确认自己该对病人的病情负责任的时候，他才会去研究病人的病情并非常慎重地给病人进行治疗；值日生先确认自己该对教室的卫生负责任的时候，他才会想到要去拿劳动工具来打扫卫生；学生先要认识到自己应该对自己不理想的成绩负责任的时候，他才会想到必须要找到一些提高成绩的方法并坚持下去；朝廷明文规定苏轼在被贬之地不得参与公事，可有着强烈济世救民思想的苏轼正是自己认为自己对改善百姓的生活负有责任，所以他才不顾及朝廷给自己的限制而尽己所能地为百姓解决实际生活中的困难。世间大大小小的事情莫不如此。

A = Analyze，分析证据

• 我们在陷入逆境的时候，同时常伴有沮丧、难过和失望等情绪体验，这个时候，我们不能被自己的负面情绪带跑，我们要有意识地质疑自己的负面感受：有什么证据可以表明我根本无法掌控眼前或者未来的生活？有什么证据可以表明此次困境一定会蔓延到自己生活的其他方面？有什么证据可以表明此次困境必然会持续过长时间？

在确定该拿出行动为自己担责之后，我们接着就该考虑拿出什么样的行动才是最有效的行动了，也就是我们要对面临的逆境进行分析，找出逆境中哪些内容是不受我们控制的，哪些内容是我们可以控制的；哪些内容的影响会永远存在，哪些内容的影响只是暂时存在；哪些内容一定会影响生活的其他方面，哪些内容可以不影响生活的其他方面。为什么要在采取行动之前对逆境做分析呢？因为很多逆商低的人陷入逆境时，容易把一件不利的事实和自己由不利的这件事想象出来的十件甚至百件不利的事情混在一起，从而让自己背上沉重的心理负担和精神压力，更不要说有力量和行动去解决眼下自己遇到的困难并走出逆境了。如谈恋爱时，如果对方拒绝了自己，逆商低的人就会因为这件事而想象出诸多打垮自己自信心的事情来："自己的能力差""自己没有价值""自己不优秀""自己长得不好看""自己有很多做得不好的地方""自己没有吸引力""肯定是对方瞧不起自己"……甚至有人认为自己这一生再也不可能找到快乐和幸福了，像这样由一件不顺利的事情而接连引发出十件、百件不好的事情来，这是低逆商的人具有的典型特征之一。再举一个高中生司空见惯的案例：有一天我正在办公室改作业，芳同学低着头走到我面前，说："老师，最近理科综合考试中，我的生物成绩一直上不来，尤其是选修的那道题得分一直非常低，为了提高这道题的得分，老师安排的背诵任务我也积极完成了，可自己的分数就是上不去。我心里很难受，感觉自己怎么那么笨，感觉自己不仅学不好生物，其他学科也学不好了，我感觉我的一本大学肯定是上不了了。"我觉察到芳同学对自己生物这个学科成绩不理想的逆境的反应明显是低逆商的反应。其实，事实只有一个——她的生物成绩不理想，而她却根据这一个不理想的事件想象出了"自己笨""自己连其他学科也学不好""自己想上一本大学的梦想肯定不能实现"这三个逆境，从而把自己的信心完全击垮了。我没有急着和她讲道理，我让她在我的办公桌对面坐下来，并让她在10分钟内把自己"一定学不好生物""自己确实很笨""自己肯定学不好其他学科""自己肯定考不上一本"的证据写在我给她的本子上。芳同学接过笔和纸，写了又画掉，画掉了又写。10分钟过去了，当我告诉她10分钟已经到了的时候，芳同学看着被自己画得满满的稿纸，却没有写出一条能确凿证明一定会出现上述情况的理由，她有点不好意思地说："刚开始，我觉得好像有很多理由证明自己上面的想法，可你叫我写出来的时候，我发现经过理性分析，竟然找不出来有什么理由能证明我一定会遇到上述所说情况。这有点奇怪呢！"看着芳同学的脸上露出了笑容，我知道开导她的时候到了，我帮她分析了哪些是她遇到的真实逆境，哪些是她想象出来的逆境，并引导她："既然你遇到的逆境只有生物成绩不理想这一件事，而且又找不到自己一定学不好的理由，那你是不是可以找一找自己可以学好生物的理由和方法呢？"芳同学听完我的话后，脸上的表情比刚进办公室时放松了很多。于是我乘胜追击，再请她在稿纸上写出自己可以做点什么事来帮自己学好生物，一条可以，十条也可以，越多越好，并需要在自己列出的行动中标上先后顺序，以表明哪件事第一步做，哪件事放在第二步做，哪件事放在最后做。这次我没有给她限定时间，并鼓励她写得越多越好。大概过了30分钟，芳同学走到我跟前说："老师，我写好了，你帮我看看。"我接过稿纸一看，好家伙，一页纸快被她写满了。我逐一地看着她写的内容：一、先把自己每次考试的错题写在一个专门的本子上，一有空就拿出来看看。二、挤时间提前完成生物老师布置的背诵任务，并把背诵内容中不理解的地方用红线标出来，利用课下时间去问生物老师和生物成绩好的同学，让自己在理解的基础上记忆，肯定可以记得更牢固。三、把自己的错题本随时带在身边，排队买饭或者中午上床睡觉的前10分钟经常看一看。四、找时间向生物成绩好的同学请教学习生物的方法……看完芳同学写的内容，我对她竖起了大拇指，并拍着她的肩膀说："赶紧去行动吧，希望你下次走进我的办公室时，是来和我分享你生物成绩进步后的喜悦!"芳同学这才完全展开了自己的笑容,我知道开导她的又一个时机到了,我笑着对她说:"你知道吗?如果我把你刚进办公室时的糟糕情绪比作一辆车的话,那时候这辆车是失控的,背负了低落情绪的你就像坐在那辆失控的车里,你已经完全不能掌控那辆车的方向了,如果不想办法让这辆车停下来,这辆车就有可能把你带入深渊,后果不堪设想。而此刻,你的情绪稳定了,你还理性地分析了自己遇到的逆境,更重要的是你已经准备开始行动了,这如同你已经把这辆车的方向盘掌握在了自己手中,这个时候,车子跑多快、往哪个方向跑,完全由你决定啦!开心吗?"芳同学听完我的话,连连点头,脸上的笑容更灿烂了,她没有等我说太多,就拿起自己刚才写好的稿纸,迅速地离开了我的办公室。看着芳同学走出办公室的背影,我陷入了深思,我不能断定芳同学的生物成绩到底能进步多少,但我相信,此刻芳同学心中的掌控感肯定代替了她刚走进我的办公室时内心的无助感。我想,比这个更有意义的是,芳同学下次再遇到逆境时,她极有可能不是像现在这样一难受就到办公室来找我,而是依照我今天教给她的方法自己去处理逆境。这样,芳同学顺利地由应对逆境的第三个步骤"分析证据"过渡到了应对逆境的第四个步骤"做点什么"。

如果我们在遭遇逆境的时候的情绪体验是"我要学好这个学科真的很难,但我还是要克服困难找到一些让自己进步的方法。""这个困难实在不小,但我总能找到一些解决的方法。""我知道这很难,但我一定想办法去完成。""这次我失败了,但这绝不会影响我再次站起来。""这让我遭受了很大损失但不会击垮我。""这件事让我很难受,但它一定会让我变得更好!""我是失恋了,但我相信我最终一定能找到自己的幸福和快乐。"……恭喜你,这些情绪体验表明你的逆商较高,你应该在心里肯定自己高逆商的应对方式,并对自己说:"还不错，你可以的！"这样做是在强化自己的优点，对提高自己的逆商很有帮助，从而让自己有力量去解决问题并最终走出困境。现实生活中，高逆商的人在面对人生重大逆境时的应对方式总是会带给我们很多启迪。如，四川绵竹的舞蹈老师廖智，她在2008年的汶川大地震中失去了女儿，自己在废墟中被困了20多个小时后获救，但为了保命而不得不双腿截肢，并且她在2008年的春节与自己的丈夫离了婚。短短的时间内，一个舞蹈老师遭遇双腿截肢、一位年轻的妈妈失去了自己年幼的孩子、一段付出真心的情感以离婚收场，这些生活中不可测的困难齐刷刷地砸向廖智老师。廖智老师在失去双腿的最初一段时间自然也是痛苦和绝望的，但高逆商的她在哭过痛过之后，她的应对方式是："我可以终身坐在轮椅上，这样我就不用忍受安装假肢的痛苦。但我再也享受不了行动自如的自由。我必须站起来，我相信我一定能站起来，而且我还要重新回到跳舞的舞台上。"决心是有了，可要真正站起来却非常不容易，更不要说重新回到舞台上跳舞了。只说一个细节，大家就能明了廖老师经历的痛苦，也更佩服廖智老师的乐观和坚强：刚安上假肢的廖老师只要站起来一次，她身上的衣服就因痛到出汗而全湿透了！但廖智老师没有放弃，一次又一次地摔倒并爬起来之后，她不仅站了起来，戴着假肢奔赴在救援雅安地震的路上，还重新回到了自己心爱的舞台跳舞，还重新找到了自己心爱的人、组建了自己幸福的家庭，并走进了复旦大学的校园进行演讲，还走进了中央电视台的《开讲啦》栏目。我们不知道廖老师还会为自己创造怎样的奇迹，但我们可以肯定，生活中的困难是压不垮她的，甚至她能把生命中的逆境转化成美丽无比的彩霞！廖智老师的高逆商不仅帮助自己走出了困境，而且还鼓舞了许多身陷逆境的其他人。

再举一个例子：河南省的无腿女孩王娟，在六岁时被拖拉机碾断了双腿，她的母亲因为不堪重负而抑郁自杀，她的父亲离家后再也没有回来。双腿高位截肢、母亲去世、父亲离家不再返回，命运之神硬生生地把这些致命的灾难一股脑儿砸在了这个只有六岁的小姑娘的身上！可喜的是高逆商的王娟并没有被这些苦难吞噬，她在爷爷奶奶的呵护下一天天长大，她把手放在鞋子里，学会了用手代替脚来走路！更难能可贵的是，小小的王娟裹着爷爷用麻袋做成的垫子，风雨无阻地去上学，并以高出一本线十几分的好成绩考上了河南商丘师范学院！我们身体健全的人很难完全体会到坚强的王娟同学在风雪交加的天气里满身泥泞地用手走进学校时的压力和艰难！身体上和精神上的痛苦没有击垮王娟，在大学学习期间，她和同学们一起在操场上奔跑、打羽毛球……别人能做到的事，她丝毫没有落下，她还经常到福利院和养老院等场所去做志愿者，她用自己的精神鼓舞着那些需要鼓励的人们！这两个高逆商的故事有一个共同的特点：故事的主人公对灾难的发生来说没有任何过错，她们完全是这两场灾难的真正受害者，她们完全可以以受害者的角色去怨天尤人，从而一蹶不振和自暴自弃。可现实是，她们没有这样做。她们在伤心欲绝之后，对自己没有任何过错的这场灾难承担起了全部责任！她们没有沉溺在苦难之中，她们用自己坚强如钢铁的决心和百折不挠的毅力让自己走出逆境、战胜逆境，在灾难降临到自己头上后，她们有一百个理由去怨恨老天和他人，并为自己不用承担任何责任找到开脱的理由，可是她们的高逆商却让她们用不同的形式为自己的人生负责到底！正是这种担当力抗住了命运无情的抽打，并让那些无法抗拒的苦难化成了生命中别样的绚烂！我们对她们的情感不是同情，而是深深地敬佩！

在提高我们逆商的过程中，如果我们经常想到一个词，那么这对提高我们的逆商非常不利，这个词是"如果"。下面的这些句子是不是我们非常熟悉的呢？"如果当初我拒绝了借钱给他们，后来我就不会遭受这么大的经济损失！""如果地震发生的前一天我就离开了那里，我就不会失去双腿。""如果我当初没有在路边玩,我就不会被拖拉机碾断双腿!""如果当初我不选择嫁给他,可能我现在的生活会幸福很多!""如果我当初多照顾一点孩子,孩子今天也不会遭这样的罪!""如果我从高一就开始认真学习,我的成绩一定不是这个样子!""如果我们中途不更换老师,我的这科成绩一定会超过其他人!""如果当初我不搭理他,我后来就不会犯这种错误!"这样的语言我们随时都能听到,经常说这种话的人的逆商不高,这些话语表明他们身上可能存在下面这几种情况:也许他们不能很好地掌控眼前的情况,也许他们不想对眼前的糟糕局面担起责任,他们要么是自责,要么他们想把责任推脱给别人,也许他们根本不想或者不能拿出什么行动来改善眼前的不利的情况,所以他们总是幻想着如果没有出现什么情况就好了。可他们不知道的是,生活中的困难就像我们的影子一样随时跟着我们,在做决定之前,我们慎重、慎重、再慎重是有好处的,可不管我们再怎么小心谨慎也不可能完全避开生命中的所有困难,这一点孩子和大人都要明白。就像《愚公移山》中的那个愚公,他遇到了影响自己出行的大山,他可以搬家以躲开大山,那他还有可能遇见大河,他当然还可以用搬家的方式躲开大河,那他仍然有可能遇见沙漠,他仍然可以用搬家的方式躲开沙漠……到最后,不管他躲到哪里,他生命中根本不存在没有任何困难的地方。事实告诉我们,如果遇到困难就用逃避的方式来对待,那活在逃避中的人不仅不能真正躲过困难,反而会遇见更多的困难!只有养成迎难而上的品质才能应对无处不在的困难,也就是说我们不要期待生活中不存在任何困难,我们唯有提高自己的逆商才能应对当今逆境无处不在的生活。经常把"如果当初……"的句子挂在嘴边的人,背后传递的是低逆商的反应模式,这句话表面看没有什么,实际上非常削弱我们内心的掌控感,不仅让我们变得没有力量去改变眼前的逆境,而且还容易让我们以受害者的姿态出现在众人面前,从而为自己不去承担责任找到心安理得的借口,更不要说勇敢地去直面困难和想尽一切办法来克服困难。

D = Do,做点事情

"做点什么"是 LEAD 工具应对逆境的四个步骤中最后的一步,也是最重要的一步。在我们准备开始拿出行动来控制逆境之前,我们要问自己以下几个问题。

• 我还需要什么信息?我可以做点什么来限制困境的影响范围?我可以做点什么来获得对形势的一点点掌控感?我可以做点什么来限制当前困境的持续时间?

为什么我们在决定做点什么之前还需要问自己这几个问题呢?而不是在遭遇了逆境之后马上就做出行动呢?我举个日常生活中的例子,大家可能就明白其中的道理了:某个晚上,我们大家都在一个光线充足的房子里做事,如果这时候房间里一下子停电了,大家眼前肯定都是伸手不见五指,如果这时候我们当中有人急匆匆地站起来走向某个地方,我们十有八九要撞到桌子或者椅子上,如果用力过猛、动作过快,我们甚至会被撞得鼻青脸肿,结果只能让自己又遭遇了更大的逆境。其中的原因是我们在黑暗中待的时间不长,我们的眼睛还没有适应眼前的黑暗。如果我们在黑暗中待的时间再长一点,眼睛适应黑暗后,我们就会发现房间外面的一些光正从房间的门口或者窗户处射进来,这个时候,我们再站起来去找门或者其他需要的东西,往往不容易摔倒或者撞到桌椅上。我们遇到逆境后的情景就像突然遭遇了停电,在采取行动之前之所以要问问自己这几个问题,其实是给一些时间让自己的心里接纳遇到的逆境,也是留一点时间让自己在逆境面前保持冷静,从而让自己找出有针对性和实效性的措施来应对逆境并最终走出逆境。在高中阶段,经常有男同学之间因为不善于处理生活中的矛盾而闹别扭，甚至大打出手。受人欺负的那一方如果不及时地请求老师和家长帮助自己正确处理问题，恰好这时候又有人劝他赶紧行动，那这个男生十有八九要用极端的方式来解决自己遭遇的逆境，解决的结果让双方的矛盾越来越大的概率相当高。如果这样，那他一定会遭遇更大的逆境，甚至会给自己和他人带来灾难。同样的道理，作为一个学生，如果看到自己的成绩下滑了太多，他不是静下心来思考自己的成绩下滑到底是哪里出了问题，而是在弄清楚成绩下滑的原因、制定出切实可行的方法之前，就着急忙慌地进入下一个阶段的学习，那他的学习成绩提高的可能性极小，还极有可能遇到越想学越学不进去的情况。其实，成年人中的世界也一样。例如，有的人在自己的婚姻一出现问题后就选择匆忙离婚，离婚后还没来得及思考上一段婚姻走向失败的原因，更没有去思考和学习一些成功经营婚姻的方法，就急匆匆地进入另一段婚姻。这样，第二段婚姻又会以失败告终的概率相当高。又如，作为一个教育者或者家长，在看到同学们或者孩子的成绩不理想时，如果一看到不理想的成绩就开始行动，最有可能的就是把学生或者孩子狠狠地数落一番，说他们如何如何不认真，如何如何没有认真听课，如何如何没有按时完成作业……这样做的老师和家长，自己的担心和焦急的情绪倒是一股脑儿宣泄了，但对提高学生的成绩不仅没有好处，而且还极容易挫伤学生学习的积极性。又如，如果在某方面的投资让自己蒙受了很大的损失，为了弥补自己的损失，我们不是理性地去评估第二轮投资的风险，而是急匆匆地开始第二轮的投资，这时候的投资十有八九又是不成功的。再如，一次失恋后，失恋者不去反思和总结得失的原因，又匆匆忙忙地接着开始第二段恋情，那么这段恋情维持的时间在很大程度上也不会长久。又如，上文提到的在地震中失去双腿的廖智老师和6岁时就失去双腿的王娟同学，如果她们在刚遭遇天大的逆境时就急着去行动，那么她们接着收获挫败感的概率就极高。不管对象是未成年的孩子还是成年人，如果接二连三地遭遇逆境，这对他们最终走出逆境肯定是很不利的。这就是我们在采取行动之前要问清楚自己三个问题的原因。

　　当然，这三个问题弄清楚后，就要及时采取行动，如果只是停留在想法上，或者想了很多很久却没有行动，这样的应对模式也是非常没有力量的，有些抑郁症患者就是因为想得太多导致思虑过度，思虑过度自然就更没有力量去行动，没有行动又导致自己的思虑更重，最后陷入恶性循环的圈子，这种应对模式恰恰是削弱我们内心力量的第一杀手，正是从这个角度出发，我们才说"做点什么"是成功应对逆境最重要的一个步骤。

　　LEAD工具基于这样一种观点：人们可以通过改变思维习惯来改变成功率。这种改变是通过质疑以前消极的模式并有意识地构建新的积极的模式来实现的。这就是LEAD工具的每个步骤都用问句的方式来质疑自己以前低逆商的应对模式的原因，然后积极地去构建高逆商的应对模式以帮助自己快速走出逆境。

　　2. 养成写逆境反应日记的习惯

　　每次遇到逆境的时候，我们可以通过写逆境反应日记的方式来提高自己的逆商。在日记中，我们可以毫无顾忌地把自己在遇到逆境时的难受、伤心、恐惧、绝望等负面情绪表达出来，表达的过程其实就是释放自己负面情绪的过程，也是接纳逆境的过程。写完后，我们需要用一点时间静静地看着我们自己写的文字，条件允许的情况下，可以读出来，甚至可以一边读一边哭出来，这种做法其实就是在承认并接纳自己的负面情绪，这种做法比强行劝自己不要难过的效果要好很多。哭过之后，你的情绪会平和许多，这个时候你就可以开始和自己对话，和另一个自己谈心，把你内心最想说的话用文字写出来，尤其是要有意识地运用逆商的四个维度来检查自己在每个维度的表现并如实地记下来，如"难过情绪持续的时间长不长？""这件事带来的糟糕情绪有没有影响你积极地去做其他的事情？""自己该对此次事件负哪些责任？""有哪些证据证明了自己可以重新获得对生活的掌控感？""自己有没有思考了很久却没有任何行动？"……经过这样的梳理，对自己表现欠佳的那一部分，你也是同样先要承认并接纳自己不好的表现，然后告诉自己这样的应对方式不是最好的方式，自己完全可以有更好的应对模式和状态。对自己表现较好的那个维度，一定要真心地认真地把表扬自己的话——详细地写下来，写得越多越好，这样做不是在自欺欺人，而是在强化自己的优点，这一点非常重要。有科学表明，人是可以接受暗示的动物，你在不断强化自己的优点并鼓励自己坚持做下去的时候，就会接受来自自己的积极的暗示，你内心的力量才会回来，哪怕开始的力量感很弱，你也要坚持这样去做，时间一长，当你再翻开前面的日记来看时，你看到的多是自己鼓励自己和自己肯定自己的话，这些话会给你很大的心理暗示：在逆境面前我是可以有很好的应对模式的，我应对逆境的方式已经越来越好了！这样积极的心理暗示会让你在逆境来袭的时候，难过的时间越来越短，即逆境的持续时间不会太久；也会让你不因为一个方面的不顺利而带来接二连三的不顺利，即逆境的影响范围会大大缩小；同样会让你认清自己该对逆境中的哪些部分担起自己的责任，当你明白自己对改变逆境负有责任时，你就会去思考自己该做点什么来积极地应对眼前的逆境，即使你现在想不出什么好的方法和措施，至少你可以掌控自己面对逆境时的态度，可以不让自己沉溺在糟糕的情绪中；前面三个环节都做好了，如前文所述，你一定要把自己用来改善这个逆境的行动列一个清单，并标明采取行动的先后顺序，然后督促自己一项一项地去落实。在落实的过程中，随时用文字在日记中肯定自己做得好的地方，这样你心中的掌控感就会越来越强，直到最终走出逆境，这样做的更大意义是用文字记下来的心路历程可以长时间存在，当你下次又遇到逆境时，可以先看看上次写下的日记，你会发现前面应对逆境的成功经验对应对眼下的逆境有非常大的帮助，于是你会发现你应对逆境的技巧越来越娴熟，逆境对你造成的负面影响自然也会越来越小，甚至你会发现自己已经练就了从逆境中发现机会的本领，这个时候生命中的逆境只会让你越来越强大。从这个角度出发，有些人说应该感谢生命中的那些磨难，是有道理的。我记得曾经看过一本名为《感谢折磨你的人》的书，这本书的作者在书中反复强调要用积极的心态来看待生命中出现的磨难，要学会利用生命中的磨难来让自己成长，而不是让生命中的磨难把自己击垮。我自认为自己是一个逆商较高的人，但在看这本书的过程中，我还是时时被作者积极的心态和生活的智慧打动，是的，面对生命中相同的磨难，用不同的态度来对待它，极有可能收获截然不同的人生，这是多大的生活智慧呀。其实，不用看书里面的内容，只看这本书的名字，就知道作者是一位高逆商的人。

我在学校组织"逆风飞扬"的社团活动时，为了提高学生的逆商，也经常鼓励逆商较低的同学坚持写逆商反应日记。从社团的活动记录来看，有些同学坚持写了一个月，有些同学坚持写了半年，有的同学坚持写了近两年。我印象最深刻的是玉同学，她是在我组织全校学生进行逆商测试中分数最低的一个同学，她在四个维度的分数都是最低的，总分自然也是最低的。我记得玉同学刚进社团时，她最大的特点是，一遇到不开心或者挫折的时候，即使没有任何人责怪她，她自己在开口叙述之前就已经泣不成声。我没有告诉玉同学，她的测试分数是最低的，她也不知道自己的分数是最低的，但她的表现的确和测试的结果保持了一致。例如，在学校的一次月考中成绩下滑了，她都要难过上三个星期以上，还没等她完全缓过来，下一次月考又开始了，如果这次成绩比较理想还好，如果还是不理想，她又要难受三个星期以上，她曾经因为连续三次考试成绩不理想而导致整个学期都反复遭受糟糕情绪的折磨，她刚进社团时告诉我，她感觉自己都快要撑不住了，她甚至做好了休学的准备。正在这时候，我开设了逆商的校本课程，并组织和成立了"逆风飞扬"的社团，她是第一个到社团报名的同学。怎么帮她提高逆商呢？一开始，我用打比方的方法和她讲了很多道理：这个世界上没有谁不会受伤，也没有谁能不遭遇挫折，就像没有人从来不会摔跤一样，遇到了挫折并不可怕，可怕的是面对挫折时的自暴自弃和一蹶不振。生活中，有人摔倒后能忍着疼痛迅速地站起来，并快速地往前走；有的人需要很长时间才能爬起来，然后继续向前；有的人虽然爬起来了却再也没有了前进的勇气，有的人摔了一跤就再也爬不起来。前者就是高逆商人的表现，后者就是低逆商人的表现，我们要努力做一个高逆商的人。我也举了很多高逆商的例子给她听，我还把2008年汶川地震发生后的半年，我的几个朋友到汶川的经历告诉了她。我的几个朋友在前往汶川之前就约定："汶川人们遭遇了那么大的地震，地震中，很多人失去了自己的亲人，我们到达那里时，说话做事要小心，千万不要触痛了他们心底刚刚复原的伤疤，尤其是我们不要大声地说笑。"等到我的朋友们到达实地一看，汶川当地灾民脸上并没有我朋友们之前想象的那种愁云惨淡，当我的朋友和一部分灾后重生的人谈心时，我的朋友直言自己没有想到灾后人们的脸上还能露出这么开心的笑容，谁知那些灾后重生的人们对我的朋友说："想起在地震中失去的亲人，我们心底当然有着无尽的悲痛，可一味地悲痛有什么用呢？悲痛不能解决任何问题，悲痛既不能把死去的亲人唤回来，也不能让我们被截肢的部位复原，更不能帮我们重建家园，那我们还要悲伤干什么呢？我们唯有放下悲伤，才有力量重建我们的家园，既让我们活着的人有栖息之地，也让我们亲人的在天之灵因为我们重获幸福而开心。"听了他们的话，我的朋友在深受启发的同时对灾后人们直面挫折、超越挫折的高逆商的行为表示了极大的敬佩。

  时间一天天过去了，可我发现这些方法对玉同学都不太管用，谈话的头几天，我发现她的精神面貌要好不少，可一遇到不顺利的事，玉同学的坏情绪就像一辆失控的车，一路乱冲乱撞又把她的心情拉向低谷，于是她又重新回到自责、难过和无精打采的状态，我又一次找她沟通和谈心，她的情绪稍微好一点，过不了几天，她又继续走在难过更自责的老路上。我知道，对于玉同学来说，别人的高逆商只能帮她调整一段时间的情绪，不能彻底让她的逆商高起来。这有点像，一个人如果自己没有造血功能，只依靠外界的输血来活命，终究不是长久之计。我决定用其他的方法试试看。根据我对玉同学的了解，她的写作素养还不错。于是我决定先引导她开始写逆商反应日记，我对她的日记内容做了一个大致的要求：首先要真实地记下自己每次经历逆境时的负面感受，其次要承认并接纳自己的低逆商，再次是用文字记录下自己在逆商的四个维度中的具体表现，对好的处理和应对方式要及时强化，对不好的处理和应对方式要质疑并改进。最后，每篇日记的结束部分一定要有鼓励自己的话，一定要找出自己应对逆境时做得好的地方。我告诉她说："我目前对你只有一个要求，那就是当你遇到不顺利的事想开始掉眼泪的时候，先忍住眼泪，然后开始把自己难受的心情写下来，你想怎么写就怎么写，完全不用担心写得不好或者别人会看到你的日记而对你有不好的印象，一难受你就写，而且写得越多越好。"玉同学半信半疑地开始写起了逆商反应日记，在大概坚持写了两个月的时候，有一天下午，我正在准备下个星期开展社团活动的方案时，玉同学拿着她的日记本笑着冲进了我的办公室，并用右手把她的日记本举过头顶说："黄老师，你愿意看看我写的日记吗？我这个本子都快写完啦！"这是玉同学进社团来第一次这么开心主动地跟我说话，我从她的语气中已经感受到了她内心的喜悦，我故意对她说："你平时不是把你的日记本看管得跟命一样金贵吗？今天怎么这么慷慨啦？"玉同学一本正经地说："今非昔比啦，我现在是要和你一起分享我走出低逆商的历程。"看着玉同学一脸认真的样子，我赶紧放下手中的活和她一起欣赏起她的日记，因为我知道这正是强化她面对逆境时高逆商应对方式的好时机，不能错过。看完玉同学的日记，我感觉玉同学的成长经历值得分享，于是在征得玉同学的同意后，我把她的几篇有代表性的日记打印出来，供社团里其他同学学习。同样在征得玉同学的同意后，我在这里与大家分享几篇玉同学的日记，以期待能带给更多需要提高逆商的同学们一些帮助。

第一篇：昨晚的物理测试成绩出来了，老师没有公布每个人的成绩，当我看到自己只得了16分的试卷时，我感觉我的心一直在往下掉，我都怀疑我是天下第一笨，爷爷之前说我一辈子也做不好任何事，看来爷爷的话没有错，我就是什么事也做不好的人。我突然明白了爷爷之前不喜欢我的原因了，因为我就是一个不值得被喜欢的人。教室里同学们都去食堂吃饭了，可我却没有想要去吃饭的欲望，尽管我早上就只喝了一杯豆浆。看着试卷上那少得可怜的几个红钩钩，我的眼泪不由自主地流了下来，我任凭眼泪滴在试卷上也不去理会。我突然很讨厌这样的自己，学不好物理而且还动不动流眼泪，好像眼泪能拯救自己一样，我就这样一边哭一遍责备自己，也不知道过了多少分钟，直到值班老师吹着口哨在各楼层催促同学们抓紧时间回宿舍休息的时候，我才背着书包慢慢地走回宿舍，我照例洗了手和脸上床休息，可哪里睡得着呢？一闭上眼睛，满脑子都是那16分的物理试卷，我感觉自己不仅学不好物理，就连自己最喜欢的英语恐怕也学不好了,越想我越睡不着,一个中午就这样在胡思乱想中过去了。下午回到教室,我整个人都晕晕忽忽,自己告诉自己一定要认真听课,可就是不能集中注意力,完了,我不知道这样的状态又要持续几天。我该怎么办啊?我的逆商老师还要求我分析自己在逆商的四个维度的具体情况,我看我一遇到不顺利的事情就要难过很长时间,这肯定说明我在逆商的持续性方面应对得就很不好,老师还要求我质疑自己不好的应对方式,是的,我难过这么长时间对提高物理成绩只有害没有利,明明知道难过没有好处,为什么还要难过呢?道理我都懂,可思想就是不听自己大脑的安排。我在桌面上胡乱地翻着书,我突然想起我的语文老师在给我们上《奥斯维辛没有什么新闻》这篇课文时的一个环节,老师在课堂上请大家讨论了一个问题:"课文里写了参观者在奥斯维辛的墙上看到一张犹太人在集中营的集体照片,照片上绝大多数犹太人脸上的表情都是了无生机,而其中一位姑娘的脸上却挂着笑容。在奥斯维辛这个极端可怕的环境里,照片上的那个姑娘的脸上为什么还挂着微笑呢?"同学们七嘴八舌地讨论了起来,有的同学说:"也许是姑娘在照相的那一刻想起了她生命中某个美好的过往。"有的同学说:"也许是姑娘不知道自己的处境有多危险。"有的同学说:"也许姑娘不明白自己随时有可能失去生命。"有的同学说:"也许姑娘根本不害怕死亡。"……老师在肯定了同学们的答案的同时,总结了一段让我印象深刻的一段话:"同学们的回答都有一定的道理,我也和同学们一样,不能确定姑娘到底为什么而笑,但吸引我的不是姑娘笑容满面的原因,而是姑娘的笑容本身。通过前面的学习,大家都知道奥斯维辛集中营对犹太人意味着什么,在这样极端的环境里,集中营里的犹太人完全不能掌控自己的生活,他们的身体只能交给纳粹分子任意宰割,可这个姑娘在这种完全不能掌控的灾难面前却掌控了自己面对灾难的态度，这带给我的触动特别大。这位姑娘真是一个高逆商的人，这位姑娘的行为说明了一个道理：只要我们愿意，我们永远都可以是自己生活的掌控者！"想到这里，我觉得自己和这位姑娘相比，我的逆商真的是太低了，是的，没有谁能决定我一定学不好物理，更没有证据证明我因为学不好物理就一定学不好其他学科，就算我真的学不好物理，大不了分科时我学文科好了，这不会影响我上大学，更阻挡不了我追求幸福的决心。说也奇怪，心中的想法一变，我顿时感觉自己心头的重担轻了不少，内心的掌控感又回来了，因为物理成绩下滑带来的沮丧感也减轻了不少。这个时候，我感觉我应对逆境的方式比以前好了很多，要知道，在这以前，一场考试失利最短我也要难过一个星期以上。而此刻，我感觉内心的力量又回来了，我是不是该表扬我自己呢？按照逆商老师的要求，我一定要在每篇日记的最后对自己应对逆境的进步进行表扬，好吧，我这一次在逆商的持续性方面做得非常好，难过的时间较以前缩短了很多，我相信我会做得越来越好！

　　第二篇：今天下午因为打扫卫生的事情，我与班上的一位同学发生了矛盾，明明是对方不按照学校规定的要求去做，她反而说我吹毛求疵、小题大做，大家还争论了几句，最后自然是不欢而散。一回想起她那些贬低我的话，我的情绪又开始低落了，马上不开心起来了，这一次我迅速觉察到了自己这时候的逆境反应模式又不对了，我得努力找个人倾诉倾诉，想赶紧化解掉内心的糟糕情绪。找谁呢？我想了一会，于是决定去找平日里特别关心我的上一个年级的大姐姐，她是我参加的"逆风飞扬"逆商社团的社长。一走进社团办公室，我就发现社长正低头在笔记本上写着什么，听见我进门的声音，社长停下了手中的笔，笑着对我说："玉同学，给你看看我写的日记，有兴趣吗？"我瞪大了眼睛："你也需要写逆商反应日记？你可是我们大家的社长呀，成天笑容满面的大社长呢！"社长听了我的话大笑了起来，她放下手中的笔，一脸自豪地说："你哪知道我的苦呀，我是久病成良医！"我张大了的嘴巴半天没合上："你？久病成良医？"社长又被我的表情逗笑了："你不知道我原来的逆商有多低！我是一个因为抑郁症而休学一年后才返校的学生，严重的时候我竟然三个月没出过家门，我妈妈因为怕我一个人长期待在家会出事而把工作都辞了。如果不休学，我现在应该是在大学校园里啦！不过，这一切都是最好的安排，我觉得现在这样的自己才是最好的自己！你刚才惊讶我也需要写逆境应对日记，其实我从进社团的第一天就在逆商老师的指导下开始写啦，到今天已经坚持写了快两年了！"说着社长的嘴角又开始上扬，"跟以前相比，我的逆商高了很多，可生活中的逆境无处不在，我们的现在和将来都需要高逆商来帮我们走得更好和更远，用逆商老师的话来说，地球都是一个村了，高逆商已经成为我们必须拥有的核心素养了！"看着侃侃而谈的社长，我觉得我都不好意思说刚才的那点小事了，我只好试探着说："你刚才说我可以看你的日记，我真的能看吗？我特别想向你学习！"社长摊开双手说："完全可以呀，我是你们的社长，有帮助你们成长的义务呢！"社长说着就把自己的日记本递给了我，好家伙，大概有两百多页的日记本都快写完了，我随手翻开一篇日记看了起来：昨天我和自己最好的朋友兰闹翻了，原因是我没有在周末的上午陪她去买衣服，她就说我不够朋友。开始，我没在意，以为她和往日一样过了几天就会和我重归于好。可没想到这次不一样，三天过去了，她依然对我不理不睬，接着，我就逐渐听到了同学们在我背后对我指指点点，她们说出来的事都是之前我对兰一个人说过的事。我明白一定是兰同学告诉大家的。我顿时觉得自己就是天下第一傻瓜，我想找兰同学谈谈，可看着她冷若冰霜的样子，看着她故意在我面前和她的新朋友有说有笑的样子，我刚到嘴边的话又咽了下去。我一想到这份从小学就开始的友谊注定要失去的时候，我心里有着说不出的难过，我就这样难过了将近一个星期。就在这时候，我遇到了我的逆商老师，她也是我们的语文老师，她在给我们上《在马克思墓前的讲话》这篇课文，她梳理了文章的结构后有一个教学环节是请同学们各自从文章中找出一句或者几句自己印象非常深刻的句子，然后与大家分享。大家分享完自己找到的句子后，语文老师也分享了一些她找到的句子，她说她印象最深刻的句子是："有人诅咒他，有人驱逐他，可他把这一切当作蛛丝一样轻轻拂去。"我们的语文老师说她特别欣赏马克思的生活智慧，马克思前进的步伐从不会因为别人的赞誉或者阻挠而停下来，他是一个高逆商的有智慧的人，他知道自己该做什么，他绝不会把自己的精力浪费在那些没有意义的事情上面。例如，去和诅咒自己的人辩论？或者无休无止地跟他们打口水仗？他才没有那么傻！反观我们有些同学，或者因为生活中有人多看了他一眼而大出打手，或者因为在意别人对自己的评价不好而郁郁寡欢，或者遇到一点困难就想着逃避甚至放弃！我曾经也是一个对别人的评价特别在意的人，读到这个句子后，我才知道自己多么缺乏生活的智慧呀！老师的这番分享让我受益匪浅，我不就是那个特别在意别人眼光和评价的人吗？外界对自己的评价较好时，我就觉得自己比较好，心情也会跟着开心很多；如果外界对自己的评价较低时，我就觉得自己的确是差劲得很，心情自然要低落很长时间，我把让自己开心的决定权和对生活的掌控感交给了不确定性非常大的外界因素，这让我对自己没有一个正确的认识，也不能在外界情况发生变化的情况下始终相信自己并坚定不移地朝着自己认定的目标前进，这让我倍感痛苦，幸好我有机会接触了逆商教育的课程，我相信我的逆商会越来越高，我应对和处理逆境的方式会越来越好。看完社长的日记，我感觉我的烦恼没刚才那么严重了，我的心情好了很多；我感觉过去的社长就是现在的我的另一个版本,此刻我已经从社长的日记中找到了解决自己问题的"灵丹妙药",我抬起头,笑着对还在另一个本子上写着什么的社长说:"社长,走,我请你吃牛肉粉加大鸡腿!"社长停下笔,有点不相信地说:"你确定?"我没再多说什么,拉着社长朝着学校食堂跑去!我要感谢社长对自己的帮助,更要奖励自己找到了好的应对逆境的方式!

后来经过详细的了解,作为玉同学的逆商老师的我才知道玉同学的成长经历。小时候,爸爸妈妈迫于生计常年在不同的省份打工,她也随着爸爸妈妈打工地点的变化而经常更换居住场所,一起玩耍的小伙伴更是刚熟悉起来又要分开,她性格有些孤僻,和同龄的孩子相比,她的笑脸也少很多。随着弟弟的出生,三岁的她被爸爸妈妈送回老家跟着爷爷奶奶生活,爷爷是一个有着严重重男轻女思想的老人,三岁的玉在奶奶身边还比较放松,可一旦爷爷出现在身边,她就开始紧张,生怕自己做错了什么从而被爷爷责骂,自己随时要观察爷爷的脸色,一旦爷爷的脸色阴沉下来,不管事情跟自己有没有关系,她都要被爷爷呵斥一通。到了上学的年龄,玉同学非常努力,她希望用自己勤奋换回来的奖状能让爷爷多喜欢自己一点,可爷爷总是不冷不热地对奶奶说:"女孩子,将来都是别人家的人,读几天书认得自己的名字就行了,读那么多的书有什么用?"每次听见爷爷的话,玉同学都要蒙上被子哭一次,还不敢大声哭,如果被爷爷听见了,还要被爷爷再骂一顿。但凡玉同学在生活中有什么做得不好的地方,爷爷数落她的话永远是:"怎么这么笨?这点小事都做不好,我不知道你将来能干什么!""你看,这件事我都跟你说过多少次了,我看你是永远学不会了!""你总是这个样子,我看你这一辈子都只能是这个样子!"从小生活在这种环境中的玉同学内心的安全感非常低,自卑而敏感,爷爷经常在她耳边说的那些否定她的话内化成了她对自己的评价,她内心已经认同了爷爷对自己的评价,她认为自己就是一个很差劲的人,她的自卑感很强,她的自我价值很低,她的价值感主要依赖外界对她的评价,外界对自己的评价较高时,她的自我感觉就较好,心情也跟着好起来,脸上的笑容也会多一些;如果外界对自己的评价较低时,她就难受很长时间,而且情绪特别低落,做什么都提不起精神。严重的时候,外界的任何变化都会引起她情绪的波动。例如,别人考试考好了,她就感觉自己压力山大,内心就开始焦虑;如果自己考好了,她又担心下一次自己如果考不好怎么办,内心还是很焦虑。在她加入我的社团之前的两个星期里,她整个人整天都处于迷迷糊糊的状态,知道自己要去努力学习,可就是静不下心来,勉强自己去学,效果也非常不好,不学自己又更加焦虑。了解了她的情况后,凭我多年当班主任的经验,我知道我必须赶紧想办法让她掌握正确地应对逆境的方法,否则她患上抑郁症的可能性非常大。幸好我从她的日记中已经感觉到了她应对逆境的方法越来越好了。我相信不久的将来,玉同学一定会成为一个高逆商的人,并且还能成为一个帮助别人提高逆商的人。

　　第三篇:今天,我在社团活动教室里的"逆风飞扬"读书角中值班,这个书架上摆的书都是跟逆商相关的书籍,数量不多,但每到课外活动的时间,都会被社团的值班同学摆得整整齐齐,到社团读书角值班是我很愿意做的一件事,因为在这里会遇到一些需要帮助的同学。如果自己学到的逆商知识能帮到有需要的人,我就特别有成就感。我正认真地摆放着书,突然听见身后有脚步声,我回头一看,是一位文文静静甚至有些腼腆的女同学。她见我看着她,更加有些不自在,她红着脸说:"这里的书可以外借吗?"我没说可以外借或者不可以外借,我只是笑着对她说:"你对逆商教育感兴趣?"一边说,我一边把这个同学拉到读书角旁边的凳子上坐下来:"你既然来了,就不要急着走,虽然这里的书暂时不能外借，但你可以在这里看，一直看到上晚自习的时间，而且我们还可以就书里面的内容进行沟通交流呢，这比你一个人看书还要好呢！"同学好像被我的宣传吸引了，她主动坐到了离我很近的座位上。"你遇到什么困难了吗？"我看到女同学欲言又止的样子忍不住问道。"也没什么，你是逆商社团的副社长吗？你们的黄老师今天会不会来？"女同学像是鼓起了很大勇气地问。"是的，我是副社长。再过几个月，我们的社长就到高三了，高三学习紧张，她就不再担任社长职务了，到时候我就是社长啦！怎么？你看我不像社长吗？我可是货真价实的哈！通常黄老师会在这个时候来的。"我看到女同学还是有些拘谨，说完这番话我还故意吐了吐舌头并耸了耸肩膀。估计女同学被我的搞怪感染了，她也忍不住笑了起来，她一笑起来，我就知道她已经卸下了对我的戒备之心，我顺势对她说："你遇到逆境啦？说说看，也许我能帮到你呢？"女同学看了看四周，确定没有人走过来时，她才压低声音说："副社长，你这里有没有来过这样的女同学？她们反映特别害怕和男生接近。"根据我在社团工作的经历，这个女同学问的问题其实就是她自己内心的困惑，于是我就顺着她的话说："有呀，还不止一个两个呢！"女同学听完我的话后好像放松了不少。我继续说："你也有同样的困惑吗？"女同学听完一直点头："我已经被这个问题困惑好久了，我一直不知道怎么解决，只是感觉很难受。"说着，她眼里已经满是泪水，一看这样子，我感觉情况有些严重，还没等我再开口问，女同学又说："你愿意听我说说吗？""可以呀，只要你愿意。"我赶紧接过她的话。"我叫雯静（化名），小的时候，我遇到了一件让我非常不愉快的事，这件事跟一个我比较熟悉的男性有关。从此，我对男性就有了非常不好的印象，甚至对男性产生了恐惧心理。在我六七岁的时候，我爸爸和我妈妈离了婚，在离婚的过程中，爸爸想了很多办法转移家里的财产，我在非户口地读高中时，需要把户口从外省转到本地，可我爸爸却推三阻四迟迟不肯把我的户口转过来，还是我跑到他面前苦苦求他，他才答应。他和我妈离婚十多年了，这期间他从来也没有打电话关心过我，好像我和他没有任何关系。于是我对男性从没有好感到有些讨厌，再到现在有些恐惧，如果有些男同学有意无意地接近我，我就开始紧张，浑身不自在，感觉他们总是在不怀好意甚至是要伤害我。有人说我可能有臆想症，可我也说服不了自己，甚至我会想，你看，我母亲的婚姻也不是很幸福，我将来的婚姻肯定也不幸福。"雯静同学一口气跟我说了以上的内容。一时间我没想好怎么开导她，我正着急呢，一抬头，不知什么时候，我们逆商校本课程的黄老师已经站在了我俩身后，我像遇到了救命稻草一般赶紧把我们的黄老师拉到了雯静同学面前，并对雯静说："这是我们的逆商老师，她一定可以帮到你！"雯静同学见到黄老师后，反而没有了先前的拘谨，她笑着对黄老师说："老师好，我听了黄老师的三节逆商课，才下定决心在你们的活动日来跟你们沟通。"黄老师也笑着回应说："我对你的印象很深刻，每次逆商课上，你总会坐在最前面的中间位子，跟别的听课同学不一样的是你还会记笔记。你刚才的话，大部分我都听到了。你之前遇见了让你很不愉快的事情，这件事情的发生你不用负任何责任。可事情发生后，你选择用什么样的方式来对待这件事，你就有责任了。一种应对方式是：你可以选择一直活在这个阴影之中，用自己完全是受害者的身份去指责别人不应该做让你不愉快的事情，还经常想如果这件事情没有发生那该多好，从此不再相信自己有让自己重新快乐起来的能力，最终任由这件事带来的阴影吞噬你一生的快乐和幸福。另一种应对方式是：你也可以选择从阴影中走出来，确信自己一定能重新快乐起来，积极地去寻找让自己重新快乐起来的方法，并坚信自己一定能找到，你今天走进我们社团活动中心寻求帮助就是方法之一。你只要坚持寻找下去，最终就一定能找到让自己重新获得快乐和幸福的方法，之前让你极为不愉快的那件事反而帮助你找到了比之前更好的自己。相同的逆境，不同的应对方式会给你带来完全不同的人生。"黄老师像背台词一样地一口气说完上面的内容，看着还有些似懂非懂的那位女同学，黄老师稍微停顿了片刻，好像是在思索用什么更简便的方法让她明白选择应对方式的重要性，大约30秒钟后，黄老师摸着自己的脑门满怀期待地看着那位女同学问道："你看过我在逆商课上播放的中国台湾画家谢坤山老师的视频没有？"女同学点了点头："不仅看了，而且印象非常深刻！"黄老师接着有些兴奋地说："是呀，这个视频我放了好多次，每次重看，我都还是很受感染。工地上的一场意外让年少的谢坤山同时失去了两只手臂、一条腿和一只眼睛。如果是一般的人，就算失去其中的一样东西，也会让人感觉人生已经注定是一场悲剧。而谢坤山老师呢，面对这样巨大的不幸，他同样至少有两种应对逆境的方式。一种是让自己以受害者的身份，以一种完全无辜的可怜模样，活在这种不幸中，永远自怨自艾地呻吟，自暴自弃，然后做一个可以用自己受伤的身体博取无数人同情的乞丐或者类似这种角色的人，如果真的是这样，他来到这个世界上的意义顶多也就是让这个世界的某个角落多一个缩在街角、蓬头垢面、伸手向他人乞讨的人，他最终注定只能成为一个没有尊严且孤独老去的人。这样应对逆境的方式带来的这种选择，开始看上去走的一条是轻松的、没有困难的、也不会遭受别人指责的路，如果谢坤山老师真的做出这样的选择，那他也一定要承受这种选择带来的必然糟糕的结果，因为每个人都要为自己的选择负责。现实中的谢坤山老师没有选择这条容易走的路，他选择了一条需要付出巨大努力的自立自强的路——用嘴巴咬着画笔画画！常人的生活里轻而易举就能完成的起床、穿衣、刷牙、洗脸，谢坤山老师却要付出千百次的练习才能完成，他克服了常人难以克服的种种困难解决了自己吃喝拉撒的基本问题已经是完成了非常了不起的挑战了，可生性坚强乐观的他坚持要去学画画，仅仅为了咬稳画笔，他都要付出无数次的练习，代价是他嘴里的口腔溃疡从来没有好过，少的时候嘴里有五六个水泡，多的时候嘴里竟然有十几个水泡！为了跟随老师学习画画，他基本是十二个小时不喝水，中途也不上厕所，并一直憋着尿，有的时候甚至憋出血尿来。我们不是谢坤山老师，我们无法知道在克服这些困难的过程中他具体经历了什么样的磨难。我们只知道他凭着心中不灭的信念挺过了一切困难。最终他不仅能像正常人一样生活，还收获了属于自己的爱情和家庭，一家四口幸福温馨，不仅如此，谢坤山老师的高逆商和坚持更让自己成了中国台湾乃至世界知名的画家。谢坤山老师的高逆商让他选择了一条难走的自强自立的路，最终他也收获了让常人都羡慕不已的幸福人生。如今的谢坤山老师在一家人其乐融融之外，每个月总要抽出一天的时间到医院做义工，用自己的坚强和乐观来帮助身边同样遭遇不幸的人走出逆境！面对同样的逆境，选择不同的方式去应对，结果会收获云泥之别的人生！逆境本身不是最重要的，比逆境更重要的是你用什么样的方式去应对逆境！你是不是有点明白自己该怎样去面对之前不愉快的经历了？"黄老师说完后满怀期待地看着雯静同学。黄老师一口气说了半天，可能是她感觉自己有些口渴了，她拿起身边的水杯喝了好几大口。"谢谢老师，我只要坚定地去寻找让自己重新快乐起来的方法，我就一定能找到，是吗？"雯静同学有些恍然大悟地说。"是的，只要你坚定地去找，你一定能找到！"黄老师用百分之百肯定的态度对雯静同学竖起了大拇指。

这时，上晚自习的预备铃响起来了，雯静同学的脸上露出了笑容并准备去上晚自习。"黄老师，我下次也可以在你们的活动日来这里帮忙吗?"雯静同学准备转身离开的时候又回头问道。"可以,随时欢迎!"这次没有等黄老师表态,我就回应了这位后来成为"逆风飞扬"社团副社长的雯静同学。雯静同学听了我的回答,笑得更开心了,我这才发现雯静同学笑起来的样子特别好看。黄老师可能也是被雯静同学的笑容感染了,她看着雯静接着说:"我还想再嘱咐你几句。你刚才说因为你妈妈的婚姻不太幸福,所以你将来的婚姻也一定不幸福。你这是什么逻辑?用我们语文课上的专业术语说就是强加因果,把事实上没有因果关系的两个事情说成有因果关系。你能找出你将来的婚姻一定不会幸福的证据吗?"黄老师一边看着雯静同学的眼睛一边微笑着说。"这倒是也找不出来。"雯静同学一边摸着自己的头,一边有点不好意思地说。"你找不出证据来,就说明你说的你将来的婚姻一定不幸福的事情是你自己想象出来的。你这种思维可是典型的低逆商行为哟,你根据一件不顺利的事,想象出十件甚至百件不顺利的事情来吓唬自己并打击自己的信心,说到底,你这也是在为自己将来有可能不幸福的婚姻找借口、找理由、找退路,而不是为自己将来想拥有的幸福去学习、去思考、去寻找方法。按照你现有的思维逻辑,农民的孩子注定还是农民,乞丐的后代注定还是乞丐,世界上也就没有'创新'和'改变'这两个概念了。我们都知道原生家庭给每个人带来的影响是非常大的,尤其是原生家庭给孩子带来的负面影响可能会影响孩子一生的幸福。可喜的是,更多的人通过学习、反思和自我改变,把原生家庭里不好的一面转化成让自己成长的资源。举个例子,如果一个家庭里有高血压遗传史,医学资料显示,这个家庭的成员得高血压的概率相对没有遗传史的家庭成员要高很多。但没有数据显示这个家庭的成员一定会得高血压。应对家庭有高血压遗传史这个逆境,有人的应对方式是根本不顾及自己的健康胡吃海喝,结果高血压肯定找上他,低逆商的人患了高血压后通常会说:'这不怪我，我家族有高血压遗传史，我又不能选择自己的家庭，我能有什么办法？'然后照样胡吃海喝，照样说自己是没有办法不得高血压的，一副完全无辜和受害者的心态，最终自然是让自己的血压越来越高，直到高血压开始危及自己的生命安全时，仍然没有意识到自己对患上高血压这件事负有很大责任，正是自己没有对自己负起该负的责任，所以也只有自己去承受患上高血压的所有不好的结果。同样是家庭里有高血压遗传史，有些人却采用完全不同的应对方式，他会说：'正是因为我的家庭有高血压遗传史，所以我要特别注意饮食习惯和作息规律，这样不得高血压的概率才会增大。'于是，平时他就特别关注自己的饮食习惯和作息规律，尽量远离有可能增加患上高血压风险的生活习惯，在每次的体检中特别关注自己的血压状况，一旦发现自己的血压有偏高的迹象，他就严格遵照医嘱并发挥自律让自己的血压保持在正常范围内，直到有些没有高血压遗传史的人都患上了高血压之后，他这个有极大概率患上高血压的人的血压仍在正常范围之内。所以说，雯静同学，你妈妈不太幸福的婚姻绝对不能决定你将来的婚姻也必然是不幸福的，你将来的婚姻是否幸福的决定对象是你自己，你正确对待婚姻的观念和对婚姻合理的期待以及你愿意为自己将来的幸福婚姻做出的努力，这些才是你获得幸福婚姻乃至幸福人生的决定因素，你明白了没有？"黄老师一边说还一边用手轻拍着雯静同学的后背，好像这样她会领会得更好一些一样。可能是第一次有人跟雯静同学聊类似的话题，第一次有人帮她拨开心头的迷雾，雯静同学的眼中竟然有泪花，她红着眼睛说："老师，我妈妈从来不会跟我这样沟通，我要是早些遇见你就好了！""现在遇见刚刚好！"黄老师拍着雯静同学的肩膀笑了。"老师，我可以加入你们的社团吗？"雯静同学满脸期待地看着我们的黄老师。"可以呀，为什么不可以呢？不仅你可以，我们还希望你把更多需要提高自己逆商的同学吸引到我们社团呢！"黄老师看了看手表后笑着对雯静同学说。

这时候，正式上晚自习的铃声响了起来，黄老师催我们赶紧回教室，她说她自己来收拾社团教室。回到教室，我感觉自己今天值班的意义特别大，跟着黄老师帮助了一个需要帮助的人，这不仅提高了我自己的逆商，而且还让我收获了满满的成就感，我知道帮助别人提高逆商的过程也是提高自己逆商的过程。我要把今天的内容记下来，留给自己和其他需要帮助的同学看！

第四篇：因为进入高三了，学习节奏一下子紧张了很多，我就要辞去社团社长的职务了，今天是我在"逆风飞扬"社团担任社长的最后一天了。想想第一次接触到逆商教育，到做社团副社长，到做社团社长，再到今天就要离开社团，一共有两年的时间，一路走来，我已经由一个逆商极低的人成长为一个高逆商的人了，我和所有人一样，不知道未来的路上自己还会遇见怎样的逆境，但我知道我的高逆商一定能让我顺利地应对那些逆境，除了我个人的成长，通过帮助逆商辅导老师组织各种活动，我在社团里还帮助了很多和我一样需要提高自己逆商的同学。通过记日记的方式，我把我在社团成长的经历变成了文字并留在了社团里，我想让更多的同学通过学习跟逆商相关的课程来提高自己的逆商并帮助更多低逆商的同学，希望自己和"逆风飞扬"社团里一批又一批的同学能帮到更多需要帮助的人。我把自己成长的主要步骤总结如下：逆商是可以通过学习而得到提高的，要想提高自己的逆商，先要通过学习跟逆商相关的课程让自己了解自己的逆商情况，尤其是遇到逆境时，你可以通过倾听自己的逆商反应来判别自己的逆商情况，对自己高逆商反应的方式要不断优化，对自己低逆商的反应要质疑并改变。了解了自己的逆商情况后，你需要对已经发生的逆境情况做一个分析，也就是探究担当力的问题：分析自己该对逆境的哪些部分负责，不该对哪些部分负责。对自己该负责的部分进行分析的目的在于：既然自己该对这部分负责，那么就应该担负起自己该负的责任，而不是逆境一发生就指责别人，把自己该负的责任推得一干二净，这是典型的低逆商行为。我们都知道，如果我们觉得自己对某件糟糕的事情不用负责任的时候，十有八九的人不会采取任何行动来改变糟糕的局面。例如，小到教室里的地面垃圾成堆，如果你不是劳动委员或者不是今天的劳动值日生，你有多大的概率会主动去拿起扫帚来打扫卫生呢？估计一般人做出这种举动的概率非常低，大多数人心里肯定会想："地面又不是我弄脏的，况且我又不是值日生，我为什么要去打扫卫生？"于是很多人百分之百不会主动拿起扫帚去打扫卫生。再如，如果你觉得你的学习成绩下降的原因是老师的讲课方式不好，或者是班级管理不好，或者是父母没有给予你足够的支持，或者是班上某些同学影响了你的学习……总之，如果你没有意识到自己成绩下降的过程中，你自己也有一定的责任，你就不会去反思以下问题：自己在学习的课堂上有没有认真听课？有没有认真记笔记？有没有打瞌睡？有没有认真完成老师布置的作业？自己没有搞懂的地方有没有去及时请教老师和其他同学？如果你认为对自己学习成绩的下滑这件事你也应该负起自己该负的责任时，你才有可能主动想办法并拿出行动对上面提到的诸多问题进行解决，例如，试着和学科老师沟通他的教学方式，想出具体的方法来避免上课打瞌睡，课堂上的笔记没记好的课下一定要抽出时间来补上，课堂上没有弄懂的问题课下一定要追着老师或者同学问……再举一个例子，当一个国家在遭受外敌入侵的时候总是那些担当力强、责任感高的仁人志士先出来呐喊，然后用自己的行动来影响身边的他人一起觉醒，并用自己坚定不移的信念和行动去捍卫自己祖国的尊严和每一寸土地。从打扫卫生这样的小事到救亡图存这样的大事，其中蕴含的道理都是一样的：绝大部分人都是意识到了自己对某件事该负责任的时候才会采取行动去解决问题，觉察到自己应该勇敢地担负起自己该负的责任时，就会想办法并采取行动来解决问题，而不是过分自责或者责怪他人。这里要特别声明两点：一、这里的负责是对眼前确认的那部分逆境负责，而不是对事实以外我们想象出来的各种情况甚至是经过我们灾难化的情况负责！如果要我们一时之间对假想的各种困难或者经过我们灾难化的困难负责，我们的内心就极容易陷入无望或者无助的泥潭，因为假想的困难太大，反而让人对解决眼前的小困难因失去信心而止步不前！如在上述成绩下滑的过程中，眼前只对"上课不打瞌睡"负责，只针对解决这个情况想办法找策略，而不是对由于成绩下滑而想象出来的"考不上大学"或者"人生就此完蛋了"负责。二、真正的担当力。换句话来说，逆商真正高的人，在面对那些自己真的不用负任何责任的逆境时，也总是积极地想办法去寻找解决问题的策略并拿出实际行动去减少逆境带来的损失。如志愿者在大地震中没日没夜地进行的各种救援活动。如苏轼在被贬黄州无权处理公事的情况下，仍利用自己私人的影响积极为拯救黄州的溺婴四处奔走联络，并且在自己的物质生活也捉襟见肘的情况下拿出银两来救助溺婴的家庭；在苏轼被贬到惠州的时候，他仍然在朝廷命令不得过问公事的情况下，积极带头组织各种力量来关心百姓疾苦：关心农事、捐资建桥、改造广州城内百姓的饮水工程；当苏轼被贬到远到不能更远了的海南儋州时，苏轼一方面做好了老死儋州的准备，一方面关心儋州的农耕生产，为当地的百姓解决医药问题，介绍中原先进的农耕技术，并且苏轼在儋州还以诗书礼乐教授学生，他发现当地的学社荒废，学生星散，先生无事可做。但是作为一名贬谪的官员，他没有权力干预当地的教育，只能利用自己的影响来与当地的文人广泛交友，将众多学子吸引到自己身边。经过三年的讲学明道，儋州黎、汉两族中的青年人专心向学蔚然成风。又如，在汶川地震中失去了双腿的廖智老师在自己截肢后不久就戴着假肢奔赴雅安地震现场救灾，忍着剧痛表演《鼓舞》以鼓励受灾的人们。又如，因意外而失去了两个胳膊、一条腿和一只眼睛的中国台湾画家谢坤山老师，普通人哪怕只遭受其中的一个意外可能就会被灾难击毁，而谢坤山老师不仅自立自强成了一名画家，而且每个月还要抽出一天的时间到医院去照顾或者鼓励那些陌生的身患重病或者遭遇不幸的人。上面提到的这些人，他们都是在自己身处逆境的情况下还努力用自己的方式去鼓励和帮助别人走出逆境的，他们对自己原本不用负任何责任的事情负着责任，他们都是高逆商的代表。

在我们探究了自己在逆境中该担负的责任后，其实就是说明我们自己要想办法拿出行动，解决我们遇到的逆境，拿出什么样的行动才是合适的呢？为了找到合适的行动，我们还要对自己遇到的逆境做一个理性的分析，也就是分析逆境中的哪些部分是我们可以掌控的，哪些部分是我们无法掌控的。这样理性分析的过程很重要，是一个对自己的逆商反应进行梳理、探究、质疑并最终改变自己低逆商反应模式的过程，也是每个人走出逆境的前提。对每一个需要提高自己逆商的人来说，谢坤山老师高逆商的反应模式很值得研究。谢坤山老师遭遇了巨大的不幸，身体高度残疾，灾难刚发生的时候，包括谢坤山老师本人在内的很多人都会猜想他可能是这样的一个人：没办法自己吃饭、没办法自己穿衣、没办法自己刷牙、没办法自己上厕所、没办法自己写字，极有可能成为一个废人、一个社会的累赘、一个沦落街头的乞丐……而经过对自己的逆商反应进行探究、质疑和优化后，谢坤山老师找不到之前种种猜想的情况百分之百会存在的依据，而他最终克服了种种困难，不仅克服了在低逆商的人们看来根本不可能做到的穿衣、吃饭、刷牙、上厕所等困难，而且还学会了用嘴写字和画画，成了中国台湾有名的画家，并与自己心爱的人组建了家庭，一家四口人过着和和美美的生活，更难能可贵的是谢坤山老师自己每个月都要抽出一天的时间到医院等场所去帮助其他需要帮助的人，用自己的经历去鼓励那些因遇到了不幸而需要鼓励的人！在这个过程中，谢坤山老师不仅成了一个自强自立的人，而且成了一个对家庭和社会都有用的人！如果谢坤山老师遇到意外后就把之前猜测的各种不利情况当成百分之百不可能改变的事实，那他根本不可能克服种种困难去解决在常人做起来轻而易举就可完成而他却要付出千百次不断训练的代价才能完成的事情，他有太多的理由成为一个被人同情而且可以不劳而获的人，而高逆商的谢坤山老师经过探究、质疑并最终消除了自己逆商反应中的消极部分，而选择了一条不断向上攀登的路并成了一个真正的攀登者！

在我们经过了质疑和优化的环节后，人们已经消除了自己逆商反应中的消极部分，接下来我们就要考虑做点什么了。为了让自己的思考更切合实际，为了让自己的行动对走出逆境发挥最大的作用，我们需要静下来列一个行动清单，列好了清单以后，很多人容易松一口气，为自己的逆商反应是高逆商反应而高兴。其实，列出了行动清单远远不够，这个行动清单充其量只能算是一个计划书。面对垃圾遍地的教室，你列好了行动清单：先干什么，后干什么，甚至你已经拿来了扫帚、撮箕和垃圾桶等劳动工具，可如果你不弯下腰进行打扫，教室依然还是开始时那个垃圾遍地的样子，不会有丝毫改变。只有你拿出劳动工具进行打扫时，不管你扫得慢还是扫得快，教室才会变得干净整洁。所以，我们列出行动清单后，还要进一步对自己列出的行动进行分析：先做什么，后做什么，包括安排好每一步行动的时间。这样，我们才是切实地在解决问题并最终解决困难，让自己走出逆境，最终让自己成为一个始终保持攀登姿态的高逆商的人！如果我们没有采取最后这一步关键性的步骤，前面我们所讲的所有环节都白费了，有太多的人把走出逆境的计划想了又想，甚至白纸黑字地写在了纸上，可就是拿不出行动，最终逆境还是逆境，自己不但没有走出逆境，而且还会因为自己在前面三个环节中费了心思、伤了神而最终也没能走出逆境又加重了自己的沮丧感和无助感，从而削弱了自己的掌控感。用QQ上经常出现的一句话来说，那就是"唯有行动才能解除所有的不安"！这句话很形象地说明了拿出行动也就是我们常说的执行力对提高我们逆商的重要性！我希望我的逆商日记能给需要提高逆商的同学们带去一定的帮助。

作为"逆风飞扬"社团的辅导老师，我从玉同学的日记里了解了她的逆商提高的过程，写逆商日记的确是提高逆商的一种重要而有效的方法。

3. 有意识地多接触高逆商的人和事

人是群居动物，也是容易受环境影响的动物。古话"近朱者赤，近墨者黑"就是很好的证明。在逆商教育方面也是如此，如果我们经常主动接触高逆商的人，或者通过阅读或观看视频等方式了解高逆商的故事，当我们遇到困难、陷入逆境的时候，那些高逆商的人对逆境的应对方式就会对我们产生很大的影响。人们经常能从这些高逆商的人嘴里听到这样的话："总是能找到方法的！""这件事对我有不利的影响，但不会影响我最终的发展。""这件事我也有责任！""这虽然不关我个人的事，但这件事对集体和他人有好处，应该要做好！""往最好的方向去努力是我们的选择！""永远不放弃去做更好的自己！""逆境是遇见更好的自己的垫脚石！""天将降大任于斯人也，必将苦其心志，劳其筋骨，饿其体肤，空乏其身，行拂乱其所为。"……这些话会增强我们内心的掌控感，让我们用积极的态度去面对和改变生活带给我们的逆境，从而增大获得成功的概率。

例如，我在担任贵州大学附属中学逆商教育校本课程的主讲老师时，经常遇到高中生向我倾诉：因成绩下滑而沮丧，因为失恋而难过，或者因为生病而焦虑。在开始疏导他们的情绪之前，我经常会认真地倾听他们讲述自己遇到的逆境和因为遇到的逆境而产生的各种糟糕情绪，等他们讲完后，我一般不急着安慰他们，也不急于对他们的反应做出评价。如果是没接触过逆商教育的同学，我会对他们说："我相信你的感受是真实的，我先不评价你的感受，我和你先看一段视频，然后我们再一起想办法解决问题，好吗？"等他们看完谢坤山老师或王娟同学或廖智老师或其他高逆商人的视频后，我问他们的第一句话往往是："你现在的心情还像刚进来时一样糟糕吗？"十有八九的同学都会说："没有刚才那么焦虑和紧张了。"看着心情有好转的他们，这个时候我才会根据他们的性格特点并针对他们的具体问题给出一些建议和具体的引导。如果来咨询的同学是上过我的逆商课的同学，我就不用等他讲述自己遇到的困难和自己糟糕的心情，我会直接问他们："遇到的困难有没有谢坤山老师大呀？"来访的同学一般都明白我这样询问的用意，不等我开始询问他们的具体困难，他们自己就会挠着头笑着回答："没有，我遇到的困难还不及谢坤山老师遇到的困难的百分之一呢！"只要他们这样回答我，并露出笑容，我就知道他们的心情比刚进来时好了很多，他们心里的焦虑减轻了，接下来的沟通就会非常顺畅，往往是双方直接指向采取什么样的措施才能解决眼前的困难以利于最终走出逆境。多接触和了解高逆商的人和事是一个能提高我们逆商指数的非常重要的途径，对解决我们遇到的困难和逆境有着非常积极的帮助。相反，如果我们周围经常聚集着一群低逆商的人，他们共同的表现就是经常抱怨生活、社会、家庭、工作、别人……总之，人们在他们嘴里听到的多是别人的不好、别人的不对和别人的不给力。他们的口头禅就是："这是没有办法的事情！""这可不是我的责任！""这不关我的事！""管它是好是坏！""我能怎么办？"……这样的环境对提高我们的逆商非常不利，这些话在很大程度上会削弱我们内心的掌控感，我们一定要警惕，能远离就远离，不能远离也要有自己的分辨力，如果暂时没办法提高他们的逆商，那我们也要保证自己的逆商不受他们的负面影响。

靠近高逆商的人，远离低逆商的人，这也是一种提高我们逆商的好方法。

4. 主动学习逆商方面的课程

目前，作为本校唯一一名开发了跟逆商相关的校本课程的老师，我一直告诉我的每一位学生：当今社会，人与人之间的交往日益密切，随之而来的是竞争也越来越激烈，存在竞争就存在输赢，有赢有输就会存在成功和失败，在这样一个机会与挫折并存的时代，逆商教育已经成了教育不可或缺的一部分，高逆商已经成了当今高中生的核心素养之一被写进了最新版的《普通高中课程标准》。而每个人的逆商除了受自己性格和家庭的影响外，还可以通过后天的学习来得到提高。在提高自己逆商的诸多途径中，最可靠也最便捷的是主动接受跟逆商相关的教育。例如，主动阅读跟逆商相关的书籍，主动参加跟逆商教育有关的团队活动，主动学习跟逆商教育有关的课程，主动挖掘文学作品和影视作品跟逆商有关的资源，这些都是提高自身逆商的好方法。学习了跟逆商相关的课程后，有了逆商可以通过学习来提高的意识后，高中生在学习高中各门课程的过程中，就会自觉地去审视、辨别和优化自己面对逆境的应对方式，他们也比没有学习过逆商课程的同学更容易发现各门功课中蕴含的逆商资源，自然他们也有更多的方法来应对高中阶段甚至一生中都无处不在的逆境。其实，也不光是高中生需要学习逆商课程，很多成年人也同样需要学习跟逆商相关的课程，以更好地了解自己和子女的逆商，从而提高自己和孩子的逆商，我在本书的开头部分就已经说明家长应对逆境的好方法是提高孩子逆商的第一个也是影响深远的一个重要因素，我在工作中接触了很多高逆商的家长，也接触了不少低逆商的家长，他们对自己孩子的影响非常明显，家长要想让自己的孩子成为一个高逆商的孩子，老师要想让自己的学生成为一个高逆商的学生，最好的方式是家长和老师要先成为一个高逆商的人。物质世界和精神世界里蕴含的道理一样：当你自己有了一元钱以后，你才有可能给别人一元钱；当你自己拥有了高逆商以后，你才有可能帮助别人提高逆商。这是因为任何一个人没办法给予别人自己没有的东西，物质上和精神上的道理都是相通的。

5. 养成视困难为历练的习惯

没有人会希望自己的生活中出现困难和逆境，可现实生活中，不管我们有着怎样高超的预见性，不管我们怎样未雨绸缪，也不管我们怎样努力和优秀，我们也不可能完全避免逆境，因为逆境无处不在，它就像我们的影子一样会永远跟着我们，在不能确定的时间出现。既然谁都无法完全避免逆境，那研究应对逆境的方式就有着永恒的现实意义。有的人把遭遇逆境看成了遇见更好的自己一定不能缺少的历练，如同蝴蝶在展翅飞翔之前必须经历艰难的挤压过程一样，如果有好心人帮助蝴蝶剪开挤压、束缚幼小蝴蝶的蛹，蝴蝶虽然免去了挤压之痛，但它的翅膀却因为没有在挤压过程中注入液体而失去了飞翔的能力，从这个角度来说，高逆商的人感谢生命中那些折磨自己的人和事也是有道理的，这也和我们经常讲的"打不倒你的东西一定会让你变得更强大"的道理一样，也就是人们常说的：我们曾经的那些伤口就是留给阳光照进来的缝隙，让我们痛苦的东西也一定蕴含着让我们成长的因素。有的人在逆境面前不堪一击，一件不好的事情就会毁掉他的一生，一件不顺利的事情就会让他坠入深渊，而高逆商的人们有一个共同的特点：都有视困难为历练的习惯。因为他们明白，包括高逆商在内的任何优秀的品质都不能凭空而来，也不能只停留在书本上，在高逆商的人们看来，遭遇的逆境正是检验自己应对逆境方式的好时刻，也是提高自己逆商的好机会。这就像想拥有坚持品质的人往往会选择长跑运动来培养自己坚持的品质，而不会选择闲庭信步来培养自己坚持的品质一样，因为他们明白，只有在长跑的过程中，那些包括呼吸跟不上、肺好像要爆炸、脑供氧不足在内的所有艰难时刻都是培养自己坚持品质最好的时刻。同样的道理，高逆商的素养也只能在遭遇逆境并想办法走出逆境的实践活动中才能得到提高，所以高逆商的人会主动视困难为历练，不管这个困难是来自自身还是来自外部，他们都把不可避免的逆境看成是提高自己的逆商和让自己变得更好的必经之路。当逆境降临的时候，高逆商的人肯定也会难过和沮丧，但他们绝不会绝望！他们一定会从最积极的角度来看待逆境，并从逆境中寻找突围的方法，把自己生命中的逆境转化成成就更好自己的机会。大家想想看，在我们的日常生活中，人们拍一处风景或者一张照片，都要左找角度右摆姿势，只为了找到最好看的那个角度。如果哪张照片的角度不对，照出来的照片不好看，我们习惯的做法是把它删掉，绝不会拿它去发朋友圈。人们往往不惜为照出一张好照片而费时费力，可在面对永远不可能再来一次的生命之旅这么重要的事情时，尤其是在面对逆境时，人们往往不愿花时间仔细去寻找最好的角度和用最乐观的态度去寻找生活中的美。其中蕴含的道理实在值得每个有生活智慧的人去慢慢品味，而主动视逆境为历练的人显然是有这种生活智慧的人。有视困难为历练习惯的人，习惯寻找乐观的角度来看待问题，善于从逆境中寻找机会，从而把逆境变成遇见更好的自己的垫脚石。有人说是黄州、惠州和儋州成全了苏轼，这话有一定的道理，但黄州、惠州和儋州的贬谪经历没有把苏轼打垮，反而成全了苏轼，让苏轼成了中国文化史上熠熠生辉的人物，这不是黄州、惠州和儋州的贬谪生活本身起到了多么重要的作用，而是苏轼应对逆境的方式起到了非常重要的作用，从这个角度而言，我才在文章的开头把苏轼称为我们的"逆商之王"。

二、在学校的德育工作中安排专门的逆商教育主题

高中学校的德育工作安排中也要有专门提升高中生逆商的教育主题活动，学校的德育工作要认识到对学生进行逆商教育不是在浪费学生学习学科知识的时间，恰恰相反，这是关心学生的心理健康、促进学生健康成长的重要举措，也是开展预防抑郁症教育的有效方法，更是提升高中生核心素养的重要途径。高中学校德育工作中的逆商教育可以先利用逆商测试的方式来摸清全校学生的逆商情况，再结合本校的实际情况和本校学生的实际情况来开展全校的逆商教育活动。例如，组织"逆商征文比赛""逆商演讲比赛""逆商故事大赛""逆商主题班会设计大赛"等全校性活动，也可以利用学校的宣传栏等来展示高逆商的相关知识或者事迹，从而引导全校的师生来关注逆商教育、重视逆商教育。

三、在班级里开展以逆商教育为主题的班会

任何学校的大事小事最后都要依靠班主任落实到位，逆商教育也不例外。高中学校各个班级的班会课上也要有逆商教育的主题。逆商专题教育班会课的设计可以根据学生和班级的情况各具特色。在逆商主题班会课开始之前，班主任老师要提前让学生搜集一些高逆商的人物事迹，最好是自己生活中的例子，老师要提前设计好主题班会的教学环节，并组织学生联系自己的生活实际来讨论逆商教育的重要性，引导学生通过活动来识别自己逆商指数的情况和判别自己在逆商的四个维度中的具体

情况,班主任老师可以创设情境,让学生在情境中开展活动,引导学生在活动中意识到逆商教育对自己一生的重要,并愿意花点时间来了解逆商知识和学习提高自己逆商的方法,从而让自己能够很好地应对生命中无处不在的逆境。我记得班上有一位周同学在班级的逆商教育主题中活动中分享了他生活中的一个真实的故事。故事的主人公名叫锐,是这位同学的堂哥。20世纪80年代,锐在9个月的时候遭遇了意外,锐在一场火灾中受伤严重,整个脸部的皮肤深度烧伤,连食道都被灼热的气流灼伤,根本无法进食。在20世纪80年代的农村,当时附近的医生都放弃了治疗,可锐的父母硬是抱着只有一丝气息的锐走到外省的一个医院,经过反复恳求,医生答应治疗试试看。也许是锐的生命力顽强,经过两个多月的治疗,锐竟然活了下来。可从此锐的整个脸部就留下了严重的创伤,站远一点看,锐如同脸上戴了一个颜色不均匀的面具,有些不了解情况的小孩子第一次见到他的时候甚至会被吓哭。锐渐渐长大了,开始上学了,锐很聪明也很踏实,学习成绩也不错,可临到升学考试时,锐被告知因为面部严重受伤,即使参加考试,可能也不会有学校愿意录取他。只有16岁的锐再次遭到了命运的打击,人们无法得知年少的锐当年内心经历了怎样的波澜,人们只见到锐在其他同学参加升学考试的那一天只身一人到上海去打工!凭着锐的勤劳和肯吃苦,锐在上海不仅学会了一门手艺,而且还积累了自己固定的客户,锐挣得的工钱,除去自己的基本生活开支,还不断接济家里。日子一天天过去了,锐也到了成家的年龄,虽然大家都知道锐的聪明能干,可锐在选择对象的过程中仍然处处碰壁,最后锐与一个有些智力残疾的女孩结了婚,原本指望这个女孩能生下一个健康的孩子,给锐命途多舛的生活带来一丝希望,可锐的孩子还是遗传了他母亲的智力障碍。锐在命运的一再捶打下,从来没有抱怨过任何人,他看到自己的孩子因智力存在一些障碍不可能走读书这条路时，他又节衣缩食筹办了一个小型的竹筷厂，希望儿子将来能在这个厂里做一些简单的劳动以养活自己。锐的一生一再遭受命运的打击，感觉锐生下来仿佛就是专门为了和生活中各种困难做斗争一样，命运一次又一次把苦难毫不留情地砸在他的头上，可只要还活着，锐就没有停止和困难做斗争。锐简直就是我们生活中的桑迪亚哥——哪怕被命运逼到了绝境也永远不向困难低头！在活动的结尾，周同学还分享了和锐的几张合影以及锐初具规模的竹筷厂！锐的事例给班上的同学带来了不小的震撼，很长一段时间班上的同学没有抱怨过自己学习中的困难，更多的时候他们都把锐作为自己克服困难的榜样。逆商教育的主题班会形式可以不拘一格，但一定要让班会课的内容贴近同学们的生活，要让同学们在互相分享和讨论的活动中受到启发。

四、在学校的学生社团活动中开展逆商教育方面的社团活动

学校的社团活动是课堂教育教学的补充和拓展，是学校教育的有机组成部分，是助力学生发展的第二课堂。在学校的社团活动中，开设跟逆商有关的社团，并根据学校社团活动的安排对学生进行逆商教育以提高学生的逆商指数。例如，我在担任贵州大学附属中学逆商教育的社团指导老师时，在组建"逆风飞扬"等逆商社团活动中，在选择社团成员的时候，我就根据之前逆商测试的数据，既选择逆商指数相对比较高的同学，也选择逆商指数相对比较低的同学，这就为后期开展相关社团成员之间相互帮助的社团活动奠定了基础。在开始开展社团活动的时候，首先，社团指导老师可以通过课堂讲授的方式对社团成员介绍逆商的定义、逆商对人的重要性以及逆商的四个组成部分，并根据逆商测试的数据让社团成员了解自己的逆商指数和自己在逆商的四个组成部分中的得分情况，为后面提升自己的逆商水平做到有的放矢。接着，社团指导老师要教授学生提高自己逆商的方法，然后带领社团成员在自己的生活中寻找逆商高和逆商低的人，指导老师和社团成员共同总结高逆商和低逆商的人的特点，并分析高逆商和低逆商的人在实际生活中遇到困难时的表现是否与大家总结的情况相符，从而让社团成员明白做一个高逆商的人的重要性，同时社团成员也可以通过"逆商故事我来讲"的方式把自己生活中高逆商或者低逆商的人在遭遇逆境时的不同表现和不同的逆境应对方式带来的不同事迹讲出来，让同学们在对比中明白不同的应对方式会带来截然不同的命运和云泥之别的人生。老师也可以组织同学们在校园合适的地方专门设立一个"逆商阅读角"，专门在这个阅读角放置一些跟逆商相关的书籍，社团的成员在规定的时间里在阅读角值守，引导前来阅读的同学关注自己的逆商情况，以达到用社团的活动来带动更多同学关注自己逆商的目的，从而让更多的同学明白用不同的方式去应对生命中的坏事件不仅对自己的身心健康会产生不同的影响，而且对自己是否能解决生命中遇到的困难并最终能否拥有幸福的生活有重大影响。相关数据表明，正确地应对生命中的逆境是有效预防抑郁症的重要举措。社团指导老师也可以和学校的心理老师沟通，在征得学校心理老师的同意下，在保护这些同学的隐私的前提下，对学校目前患抑郁症的同学给予更细致的帮助，让社团的成员在利用自己所学的逆商知识对这些重点人群给予帮助的同时，努力让自己成为一个高逆商的人，古语说"教学相长"，又说"学学半"（教别人是学习的一半），说的是教别人的过程也就是提高自己的过程。在开展社团活动的过程中，社团老师还可以进行实验对比，在学校里寻找一些逆商都比较低的同学分成两组，老师引导其中一组的同学提前学习一些相关的逆商知识，然后设置一些具体的逆境，让学习过逆商知识的那一组同学和没有学习过逆商知识的那一组同学面对同样的逆境，然后观察两组同学的反应和情绪变化以及他们解决困难的方法和行动，从而让学生明白自己的逆商可以通过学习来得到提高。当然，开展逆商社团活动的形式不拘一格，只要能帮助同学提高逆商的方法都是好方法。

五、学校定期在校园醒目处的宣传栏里展出跟逆商教育相关的图片和典型事例

在学校醒目处的宣传栏里展出跟逆商教育相关的图片和高逆商的典型事例，让全校师生在路过宣传栏时不经意间就能接收跟逆商教育相关的信息，从而引起师生对逆商教育的关注，让师生知晓开展逆商教育是培养和提升高中生核心素养的一个重要途径，更让师生明白开展逆商教育是开展预防抑郁症教育的重要形式，为高中学校开展逆商教育营造环境，并为最终提高高中生的逆商服务，助力提升高中生的核心素养。

六、组织老师开发和开设逆商方面的校本课程

根据目前高中教育的课程来看，新一轮国家课程改革的统编教材是针对全国大多数学生的情况编写的，内容也主要是与高考相关的科目，而校本课程作为国家课程的重要补充和有机组成部分，对学生的成长也应该起到很好的补充作用，尤其是国家课程里对高中生心理健康教育方面的教材内容比较笼统，有效预防青少年抑郁症的发生的内容比较抽象。面对这种情况，各个学校可以根据本校的师资情况和学生的具体情况，鼓励老师们开发有利于学生心理健康方面的校本课程。例如，我和我的课题组就开发了一个跟逆商教育相关的校本课程"中国古典诗词里的逆商资源"，经过学校聘请的专家组老师审定，学校已经在2020年的9月开设了这门课程，这门课程主要由我来上，在上课的过程中，我发现学生对逆商知识知道得极少，绝大部分学生是在我的课堂上第一次接触"逆商"这个名词,学生对逆商很感兴趣,在我的校本课程的课堂上,同学们的出勤率一直是满勤,有些同学因为生病请假回家等原因错过了我的课,返校后这些同学都要利用课下时间来找我抄笔记或者复印我讲课的PPT,有些没有选择我的校本课程的同学在我开课一两周后纷纷向学校提出申请,希望从其他的校本课程的课堂上转到我的校本课程课堂上来,有一段时间,我的课堂上出现了大家要提前来抢座的现象,这说明我们的学生很需要了解一些逆商知识,他们希望在我的课堂上学到一些提高自己逆商的方法。在我后来做省级课题的时候,对全校学生的逆商进行了一个测试,测试结果是绝大部分学生的逆商处于中下的水平,我这才明白了之前的校本课程比较受欢迎的原因——高中生正处在身体和心理发生很大变化的时期,再加上高中繁重的学习任务,所以他们每天都要面对各种各样的逆境,与此不匹配的是他们的逆商较低即缺乏应对逆境的好方法,所以部分学生因为不能很好地应对生命中的坏事件而不能很好地完成高中学业,有些同学甚至因此增加了患上抑郁症的概率。学校如果鼓励老师们多开发与逆商相关的校本课程,这既能增强老师们关注逆商教育的意识,也能调动老师们主动利用各种教育资源对学生进行逆商教育的积极性,这对提高学生的逆商水平从而有效预防抑郁症非常有利,同时也将对提升高中生的核心素养起到非常重要的作用。下面是我主持开发的跟逆商相关的校本课程"中国古典诗词里的逆商资源"——以苏轼谪居黄州、惠州、儋州为例的相关资料。

贵州大学附属中学校本课程

评审书

课程名称："中国古典诗词里的逆商资源"

　　　　　——以苏轼谪居黄州、惠州、儋州为例

课程领域：　　　校本课程　　　

负责人姓名：　　　黄世清　　　

填表日期：　　　2019 年 8 月　　　

教 科 处

2019 年 8 月

填 表 说 明

1. 校本课程负责人认真填写各项内容，上传电子版至邮箱：×××@qq.com。

2. 课程领域按《贵州大学附属中学校本课程建设规划》填写。

3. 本表一式两份，经负责人、专家组、教科处、学校签署明确意见，由负责人和教科处各保存一份，共同承担信誉保证。

课程名称	"中国古典诗词里的逆商资源" ——以苏轼谪居黄州、惠州、儋州为例			
申报时间	2019年9月	完成时间	2020年1月	
负责人姓名	黄世清	任教学科	语文	职称	高级教师
成员及分工	黄世清：相关资料的收集、校本课程教材编订、课程组工作统筹、安排与协调等； 黄世清和余伟：逆商知多少。 黄世清和欧阳含其：苏轼谪居黄州专题讲座。 黄世清和王亚曼：苏轼谪居惠州专题讲座。 黄世清和倪瑗：苏轼谪居儋州专题讲座。 黄世清和申坤琴：苏轼伴我行：在苦难中寻找从"庙堂"到"大地"的智慧。 黄世清和侯芳芳：逆商测试和逆商知识竞赛等。			
课程描述	苏轼曾作《自题金山画像》的自嘲诗："心似已灰之木，身如不系之舟。问汝平生功业，黄州、惠州、儋州。"有人说这首诗是作者在自嘲一生追求功名却被朝廷越贬越远的遭遇，也有人说这首诗是作者对自己一生中肯的评价，我更赞同第二种说法，即作者认为自己一生最大的功业是在贬谪之地取得的成就。虽说苏轼在三州历尽坎坷，生活贫困，但他在遭遇物质和精神的双重逆境中却给世人留下了珍贵的文化遗产和道德遗产。也许没有这三州的贬谪生活的熔炼，苏轼成不了世界伟人。据《人民日报》报道，2000年，法国《世界报》介绍了过去1000年里的12位英雄，包括神圣罗马帝国的皇帝等人，其中唯一的中国人就是苏轼。人们推崇苏轼的文采，尤其欣赏苏轼身陷困厄却不计个人沉浮，仍旧关心民间疾苦的思想品格，这是一个高逆商的人留给后人用之不竭的精神财富。本课程拟通过专题讲座、趣味知识竞赛、研究性学习等方式从政治、诗词、日常生活和心理学等角度向学生展示立体而丰满的苏轼，以此为背景，帮助学生在欣赏中国古典诗词中的创作技巧的同时汲取古典文化里的逆商资源，以帮助学生在将来难免会遇到的挫折中顺利突围，从而为培养高中生的核心素养探寻一种新的途径，也为开展预防抑郁症教育探究一种新的方法。			

续表

预期 成果	本课程依据贵州大学附中"野性而高贵、严谨而自由、人文与科学"的核心办学理念，依托于新的课程标准，通过挖掘课外的课程资源，激发学生学习古代诗文的兴趣，让历史人物鲜活起来，拉近古人与今人的距离，让古典诗词里蕴含的逆商资源滋养今天的人们，在培养学生的语文学科核心素养的同时，促进学生全面而有个性地发展，为提升高中生的核心素养探寻一种新的途径，也为开展预防抑郁症教育探寻一些新的方法。
援助 要求	希望学校为专题讲座、知识竞赛及研究性学习等提供相关基础服务及经费支持。
开设 时间	2020年9月 负责人签字：黄世清 2019年9月30日
教科处 意见	盖章 年 月 日

二、课程纲要

课程纲要是指以纲要的形式呈现课程的各种元素，有利于教师在课程开发和开设中完整地把握课程的目标、内容、实施、评价等，也有利于学校进行课程审议和管理。

（一）课程设置

课时：9课时；学分：2分。年级/学期：高一、高二年级/第一学期

（二）课程元素

课程设置的背景：贵州大学附属中学的大多数学生对学习古诗文存在畏难情绪，甚至有少数同学觉得学习古诗文的难度等同于学习一门外

语，同时当下的高中生经常陷于学习失利、早恋失败等现象带来的负面情绪中，在找不到成功地化解负面情绪的方法的情况下，他们往往做出一些不理智的伤人伤己的行为。鉴于以上两种情况，在贵州大学附属中学开设"中国古典诗词里的逆商资源"这门校本课程有着很强的针对性和现实意义。

  课程目标：设置本课程的目标主要有三个：第一，通过九个角度的专题讲座，帮助学生了解真实、立体而鲜活的苏轼，让学生在欣赏苏轼诗词创作技巧的同时，感知苏轼身陷困厄却依然旷达并关心民间疾苦的思想品格，同时了解一些跟逆商有关的知识，掌握一些高逆商的应对逆境的方法，为提高高中生的逆商并最终为培养和提升高中生的核心素养探寻更多的途径，也为开展预防抑郁症教育探寻一些有效的方法。第二，通过开设校本课程，介绍苏轼人生中重要的转折点，更好地为国家课程高中语文必修教材知识体系中的古代诗文的学习服务。第三，通过丰富多样又充满趣味的史料激发学生对学习古诗文的兴趣，为贵州大学附属中学的语文学科的学习提供一个探究的范例。本课程依据贵州大学附中"野性而高贵、严谨而自由、人文与科学"的核心办学理念，依托于新的课程标准，通过挖掘课外的课程资源，激发学生学习古诗文的兴趣，让历史人物鲜活起来，拉近古人与今人的距离，让古典诗词里蕴含的逆商资源滋养今天的人们，在培养学生的语文学科核心素养的同时，促进学生全面而个性地发展，同时为开展预防抑郁症教育探寻一些新的角度和途径。

  课程内容：设置五个单元九个版块进行合作探究，激发学生学习古诗文的兴趣，为学习古诗文和培养学生的抗压能力以及开展预防抑郁症教育探寻更多更好的角度和途径。

  课程实施：依据学生的实际情况和课程目标来精心设计教学设计，

制作精良的课件，深度挖掘课外课程资源，拓展学生的视野，通过专题讲座的形式实施课程，实现课程设置的目标。

课程评价：通过课程的开发与实施激发学生对学习古代诗文的兴趣，同时也努力提高学生的抗压能力，激发学生探究其他诗词大家的兴趣；通过发挥教师的示范作用，学生可以学习用探究性学习的形式去完成对其他古代杰出人物的探究；拓展延伸学习古代诗文的内涵，提升学生思维和学科素养，完善必修知识体系。

课程开设所需条件：为专题讲座、知识竞赛及研究性学习等提供相关基础服务及经费支持。

三、课程论证

教科处意见和建议：
签　章： 年　月　日
学校意见和建议：
校长签章： 年　月　日

四、阶段性成果

主要阶段性成果记录				
序号	研究阶段起止时间	阶段成果名称	成果形式	承担人
1	2019.8.20 2020.3.20	第一单元　逆商知多少	教学讲义、小论文	黄世清、余伟
2	2019.8.20 2020.3.20	第二单元　苏轼谪居黄州 第一节　名动京师　身陷囹圄　死里逃生 第二节　躬耕东坡酒无赊　犹出十千救溺婴	学习心得小论文	黄世清、欧阳含其
3	2019.8.20 2020.3.20	第三单元　苏轼谪居惠州 第一节　三月四诏令　花甲七千外 第二节　不在其位　仍谋其政	教学讲义、小论文	黄世清、王亚曼
4	2019.8.20 2020.3.20	第四单元　苏轼谪居儋州 第一节　远无可远赴天涯　此心安处是故乡 第二节　不以一身祸福　易其忧国之心	学习心得小论文	黄世清、倪瑗
5	2019.8.20 2020.3.20	第五单元　苏轼伴我行　带着乐观的滤镜看世界	辩论论文集	黄世清、申坤琴
6	2019.8.20 2020.3.20	第六单元　提高逆商的技巧	数据分析小论文	黄世清、侯芳芳

五、过程性资料

过程性资料是指课程开发过程中的原始资料，包括课程开发的相关会议、培训、参观、交流、访谈、活动、学习、专家指导、参考资料、初稿、定稿等。

过程性资料以附件记录，必须真实有效，涉及弄虚作假及版权纠纷由责任人和相关成员担责。

贵州大学附属中学校本课程实施方案
"中国古典诗词里的逆商资源"
——以苏轼谪居黄州、惠州、儋州为例

一、课程项目

1. 课程名称："中国古典诗词里的逆商资源"
   ——以苏轼谪居黄州、惠州、儋州为例
2. 课程领域：人文校本课程
3. 课程类型：拓展型、探究型的校本课程
4. 适用年级：高一、高二年级
5. 教学方式：专题讲座
6. 课时安排：每学期12课时，共两个学期

二、课程目标

1. 探索挖掘语文课程教学对落实立德树人根本任务的独特育人价值的新途径，引导高中生在学习和传承中华优秀传统文化的过程中改进自己应对逆境的方式，并掌握提高自己逆商的技巧，最终让中华优秀传统文化里的生存智慧滋养今天的高中学子。

2. 研讨建立语文核心素养与语文课程教学的内在联系的具体方法，以帮助高中生健全自己的人格和提升高中生终生发展中的核心素养。

3. 在研讨国外逆商研究的最新成果的基础上，挖掘古典文化里的逆商资源，研讨在高中教育教学工作中渗透逆商教育的方法。

三、课程内容

第一部分：逆商的概述。设计2个专题。

（1）逆商的定义：AQ 来自英文 Adversity Quotient，全称逆境商数，

一般被译为挫折商或逆境商。它是美国保罗·史托兹（职业培训师）提出的概念。它探究的是指人们对逆境的认知情况和面对逆境时的应对模式，以及身陷逆境时克服困难走出逆境的能力。

（2）逆商的重要性：实践告诉我们，用更好的方式去应对逆境是每个成功者必备的素养。心理学家也认为，一个人要想在事业上获得成功就必须具备较高的智商、情商和逆商，其中高逆商是每个成功者必备的素养，起着决定性的作用。

（3）逆商的构成部分：美国保罗·史托兹教授在《逆商》一书中将逆商划分为四个有机的组成部分，即：

Control：掌控感，Ownership：担当力，Reach：影响范围，Endurance：持续性

（4）提高逆商的技巧：LEAD 工具。

第二个部分：挖掘以苏轼的谪居生活为例的古典诗词里的逆商资源，设计6个专题，如：苏轼身处逆境却仍然热爱生活和奋发向上的人生态度——苏轼身处逆境却成就非凡的事例——探究苏轼身处逆境却成就非凡的原因——分析苏轼在逆商的四个部分（Control：掌控感、Ownership：担当力、Reach：影响范围、Endurance：持续性）中的表现——探究苏轼善于应对逆境的方式——总结苏轼逐步提高自己逆商的方法——其他人在谪居生活期间的生命状态等。

第三个部分：利用古典诗词里的逆商资源提高高中生逆商的技巧。设计2个专题。如：在高中教育教学中渗透逆商教育的方法——利用古典诗词里的逆商资源提高高中生逆商的方法等。

本课程目录如下：

前　言

第一单元　逆商知多少。

第二单元　苏轼谪居黄州

第一节　从云端到谷底

第二节　躬耕东坡酒无赊　犹出十千救溺婴

第三单元　苏轼谪居惠州

第一节　三月四诏令　花甲七千外

第二节　不在其位　仍谋其政

第四单元　苏轼谪居儋州

第一节　远无可远赴天涯　此心安处是故乡

第二节　不以一身祸福　易其忧国之心

第五单元　苏轼伴我行　在苦难中寻找从"庙堂"到"大地"的智慧

第六单元　提高逆商的技巧

四、课程实施

校本课程研究组成员分工合作，分别组织相关专题的学习、讨论，每周1课时，推进课程的实施和完成学习心得的小论文总结。

1. 根据校本课程研究组研讨成果，每个专题讲座由承担者收集丰富的课外资料，制作精美的课件，完善教材的编写工作。

2. 各个专题教学活动有序组织与进行，保证高效的课堂教学，使学生学有所得、得有所思、思有所获，并把心得整理成小论文，引导学生把学习到的提高逆商的技巧运用到自己和需要帮助的同学身上。

3. 做好校本课程课堂教学情况记录、资料收集存档等工作。

五、课程评价

1. 过程性表现：选课者必须按时参加各次听课，积极参与课堂讨论，保质保量地完成本校本课程每个环节的研究性合作学习，所写小论文或心得等由专题课负责组员进行整理、收集、统计等，并作为课程评价的一部分。

2. 闭卷考试：闭卷笔试完成苏轼诗词里与逆商资源相关的命题试卷，满分 100 分，90 分以上为优秀，89~80 分为良好，79~60 为合格，59 分以下为不合格。

3. 拓展性活动：拓展性活动要开展得扎实到位，小论文和辩论会按要求完成，笔试成绩合格，获校本课程学分 1 分，记入学生综合素质评价。

黄世清

2019 年 8 月 7 日

七、在学校的家校活动中进行逆商教育的交流活动

各行各业的不同岗位在入职前都要有相关的学习经历并取得对应的毕业证和资格证，新手在上岗前还要进行岗前培训。目前，人生中非常重要的角色——父母这个角色却没有明文规定要参加相关的培训并硬性规定达到毕业水平方能为人父母。事实上，年轻的夫妇往往在没有做好为人父母的准备时就当上了父母。在我们的教育生涯中，我们经常感叹："我们当老师的，不仅要教育学生，还要经常花大量的时间来和学生家长沟通，以争取家长对学校教育的理解和支持。我们可真是不容易呀！"现在社会上有种共识：家庭教育是在上游植树造林，学校教育是在下游抗洪抢险。这种认识一语中的，家庭教育对孩子的影响非常大而且久远。当孩子走进学校，尤其是走进高中学习阶段时，孩子身上的很多习惯和品德已经养成，学校和老师的教育已经很难纠正孩子身上的不良习惯和为人处事的错误方法。当今社会已经越来越重视家庭教育的作用，很多基础教育的学校也纷纷挂起了家长学校的牌子，一方面是为了让家长也参与到学校教育中来，让家长知晓、理解和支持学校教育，让学校教育和家庭教育达到一致性以期待发挥教育的合力以增强教育的效果；另一方面，学校也可以利用家校活动对家长培训一些教育前沿方面的内容。例如，可以和家长一起探讨逆商教育的重要性，以引起家长对逆商教育的重视；也可以和家长交流提高逆商水平的方法，以帮助家长自觉对孩子进行逆商教育时有方法可依；甚至对逆商较低的家长给予帮助，先让家长学习做一个高逆商的人，从而努力让家长首先成为孩子应对逆境的榜样。同时通过家校活动帮助家长树立正确的教育观，引导家长明白，作为家长，我们不仅要关心孩子的考试成绩，更要关心孩子的心理健康，注重培养孩子健全的人格和积极的心理品质，认识到挫折教育是孩子生命中不可缺少的教育，认识到高逆商不仅是当下孩子们应对紧张的高考需要的素养，更是孩子一生都需要的核心素养，同时认识到对孩子进行逆商教育、提高孩子的逆商水平是预防抑郁症的重要途径。

有一次，我在家校活动上与家长们沟通时，一位名叫兰的家长向我倾诉了她最近遇到的一件苦恼的事：她的父母年龄都大了，身体隔三岔五地这儿不舒服那儿需要到医院做检查，她作为家中的长女，自然要在弟弟妹妹面前做孝顺父母的表率，工作之余自然是要挤出时间回家看望父母。可近几个月来，她一方面知道父母年纪大了，见一面少一面，应该抽更多的时间去陪她们；另一方面，她又不想回父母家。原因是，刚刚从单位退休的母亲最近变得有些让人受不了。只要她一回到他们身边，母亲就喋喋不休地抱怨她的父亲，说她父亲如何如何不关心自己，整天只知道和一帮过去的同事一起钓鱼或者下棋，她母亲越抱怨，她父亲在外面钓鱼和下棋的时间就越长。听母亲抱怨得多了，兰的心里竟然有种害怕回娘家的感觉，即使强迫自己按时回娘家，原计划要陪他们两天，可往往只待了半天她就想离开，原因也还是受不了母亲天天内容不变的抱怨。于是最多待一天，她就逃命似的匆匆离开，可回到自己的小家后，她内心又充满愧疚。她为这件事已经难受了好久，一直找不到解决的方法。我看着她一脸无辜又难受的表情笑了，我说："你妈妈的逆商有点低啊！"那位家长说："你怎么知道她逆商低？"我跟她说了逆商的四个维度，并分析她妈妈在担当力这个维度上指数肯定较其他几个维度的分数更低，因为她妈妈刚从工作岗位上退下来，没有了工作的劳累和压力，自然有较多的时间关注自己的精神世界，即关注自己是否开心和快乐，可她把让自己开心和快乐的希望寄托在了她父亲身上，她母亲抱怨她父亲是事情的表象，她母亲想让她父亲为自己的快乐和开心负责才是表象背后的真实原因。要别人来为自己的开心和快乐负责，这本身就是低逆商的表现，这样不但得不到开心和快乐，反而让周围的人因为要对她的开心和快乐负责而感到压力和负担。例如，回家越来越晚的父亲，又如，明明准备要多陪伴而又急着想逃离的兰家长自己。她父亲倒是一个知道自己去寻找生活中的开心和快乐的人，可他却不愿找或者也没有找到让自己的老伴开心和快乐的方法，最后索性采用逃避的方法来应对老伴的抱怨，导致老伴的抱怨越来越多。那位家长一脸认真地说："怎么办？那我叫她跟你学习一些逆商知识呗！我实在受不了。"我笑着说："这倒不必，你只要做好一件事，情况应该就有所好转！"那位家长急着说："做好什么事？你赶紧说，我一定照办！"我看着她那着急的样子，故意慢慢说："你想办法让你母亲爱上广场舞，你的烦恼基本就解决了。你让她爱上广场舞后可别忘了告诉我情况是否有好转哈！"那位家长半信半疑地说："那是一定的。"记不太清楚大约过了多长时间，我接到了兰家长的电话，电话一接通，兰家长就兴奋地对我说："黄老师，谢谢你，我妈妈现在爱上跳广场舞了，现在每天还没到下午，她就在为晚上的广场舞做准备，并且再也不抱怨我爸不关心她了，说也奇怪，我妈抱怨我爸时，我爸找各种合理的不合理的理由躲着我妈，现在我妈一心泡在广场舞上，我爸反而屁颠屁颠地关心起我妈来了，经常去给她送衣服和水杯。你说奇怪不？"兰家长回馈的情景大致符合我的意料，我对着电话那头调侃道："你爸爸可不得多关心你妈妈嘛，他是在担心你妈妈看上了哪个会跳广场舞的大爷呢！"电话那头传来了兰家长开心的笑声，笑过之后兰家长说："我妈现在不但不抱怨了，精神也好了很多，每次我回家想多陪她一天，她总是说不用，有时候还催我赶快回自己的小家呢。我感觉我、我爸和我妈三个人都快乐了许多！感谢你呀，老师！"这是我在家校活动中经历的跟逆商有关的真实的案例，我们的逆商教育对家长都很有用，家长们的逆商高了，自然会教会孩子正确去应对生命中出现的坏事件，从而对发展高中生的核心素养大有裨益。

在家校活动的现场，我曾和家长分享了我在日常生活中的一个跟逆商有关的心得。每场婚礼上，最让我关注的环节不是新郎、新娘之间真诚的表白，而是新娘的父亲把自己女儿的手交给新郎的那一刻。这个时刻，绝大多数的父亲都会对自己的女婿说大意都差不多的话："孩子呀，今天我把女儿交给了你，你要好好真心对她，要对她的幸福负责。"这些伟大的父亲把含在嘴里怕化了、捧在手里怕掉了的宝贝姑娘嫁出去的时候真是欢喜中夹杂着些许伤感，最是让人动容。可从一个从事跟逆商教育相关的老师的角度看，我觉得这些可爱可敬的父亲说的话属于逆商较低的话，为什么这么说呢？把女儿嫁给别人，就期待着女婿对自己女儿的一生幸福负责！这个愿望是美好的，也是不可靠的。我们暂且不去讨论现实中的女婿们有多少人实现了自己在婚礼上对岳父岳母的承诺："我一定会让她成为世界上最幸福的妻子！"我也不是说这些可爱的父亲们不该说这样的话，我只是从逆商教育的角度来分析这些话——这些父亲在这个重要场合表达的美好愿望不属于对女儿进行了高逆商的教育，这些可爱的父亲们没教自己的女儿学会自己为自己的幸福负责，而是饱含深情地把让女儿幸福的美好愿望寄托在女婿身上。有一次，我和好朋友又是一起去参加另一个好朋友女儿的婚礼，马上又要到了新娘的父亲要把宝贝女儿的手交给新郎的时刻，我又和好朋友讨论起这个问题，我们在座位上嬉笑着猜测这位可爱的父亲可能会对女婿说怎样的话，我的好朋友故意将我的军，说："我们先暂停对别人的猜测，我给你出个题，如果是你的女儿出嫁，你把女儿的手放在女婿手上的那一刻，你会怎么说？"我顿了一会，笑着说："我不会对着女婿说，我会对着我的女儿说。"朋友有点好奇地问："你会对自己女儿说什么呀？"我故意甩了甩头发，清了清嗓子，然后毫不犹豫地对着想象中的女儿说："宝贝，今天开始，你就要有自己的小家了，你面前的这个人是你生命中非常重要的人，你要好好经营你和他的关系，可妈妈更希望你记住，你才是你幸福人生的第一负责人。请带着我的嘱咐走向你心爱的人、走向你的新生活吧！愿你们幸福地白头到老！"朋友听完我的话哈哈大笑了起来，说："你这是职业病泛滥，在这样的时刻也不会忘记教育人！"我笑着对朋友说："还是你了解我，不过你不觉得我更会爱我的女儿吗？虽然我没有女儿。"朋友听完后连呼："服你了，服你了！不过你说的话倒是真的更有道理，也更靠谱！"我也调侃道："逆商的维度之一就是担当力，就是强调我们应该担负起自己该担负的那部分责任，如果自己都不想对自己负责任，却期待别人为我们负责，这说通俗一点就是想偷懒的空想，说专业一点就是低逆商的表现。更有甚者，如果别人不能满足让他们幸福的愿望，他们就会怨气冲天，这样的人生对人对己肯定只能是以悲剧收场！"我的好朋友一看我说起来就有点收不住的架势，赶紧打趣道："知道了，知道了，酒菜上桌了，赶紧吃饭哈!"

我在我校家校活动的现场跟家长们分享了这个心得后,家长们纷纷表示有道理。

八、鼓励老师申报逆商教育方面的课题

例如,我和我的课题组就在 2021 年 4 月申请了贵州省省级教育科学规划课题《谪居文化里的逆商资源融入高中逆商教育的策略研究》,2021 年 7 月获得立项,本书也就是省级课题《谪居文化里的逆商资源融入高中逆商教育的策略研究》的研究成果之一,现在我把本课题的《课题设计论证》的活页内容摘录如下。

《课题设计论证》活页

填表说明:本表供匿名评审使用。填写时,课题申请人和课题组成员的姓名、单位名称等信息,请统一用×××、××××××代表。否则,一律不得进入评审程序。活页可加页,并使用 A3 纸双面打印,中缝装订,但 1 份活页的 A3 纸最多不得超过 2 张。

课题名称:谪居文化里的逆商资源融入高中逆商教育的策略研究

本表参照以下提纲撰写,要求逻辑清晰,主题突出,层次分明,内容翔实,排版清晰。除"研究基础"外,本表内容与《申报书》内容一致。

选题依据:国内外相关研究学术梳理及研究动态,本课题相对已有研究的独到学术价值和应用价值等

研究内容:本课题的核心概念、研究对象、总体框架、重点难点、主要目标等。

思路方法:本课题研究的基本思路、具体研究方法、研究计划及其

可行性等。

创新之处：在学术思想、学术观点、研究方法、破解难题等方面的特色和创新。

预期成果：成果形式、使用去向及预期社会效益等。

研究基础：课题负责人前期相关研究成果、核心观点及社会评价等。

参考文献：开展本课题研究的主要中外参考文献。

1. 选题依据：国内外相关研究学术梳理及研究动态，本课题相对已有研究的独到学术价值和应用价值等

逆商（AQ）来自英文Adversity Quotient，全称逆境商数，一般被译为挫折商或逆境商。它是在20世纪90年代由美国保罗·史托兹教授提出的概念。它是指人们面对逆境时的反应方式，即面对挫折、摆脱困境和超越困境的能力。保罗·史托兹教授在《逆商》一书中将逆商划分为四个组成部分（也称四个维度）即：控制感（Control）、起因和责任归属（Origin & Ownership）、影响范围（Reach）、持续时间（Endurance），并且提供了实操性很强的提高逆商的工具——LEAD。

逆商的概念一经提出，迅速引起了各行各业的广泛关注，教育界对逆商的关注也逐渐增多，习近平总书记在全国教育大会上强调教育要"以凝聚人心、完善人格、开发人力、培育人才、造福人民为工作目标"，其中完善学生的人格已经被提到了教育工作中非常重要的层面上，而对学生进行逆商教育就是完善学生人格的重要举措之一。2017年版和2017版2020年修订的普通高中各学科的课程标准都在前言部分明确提出"普通高中的培养目标是进一步提升学生综合素质，着力发展核心素养，使学生具有理想信念和社会责任感，具有科学文化素养和

终身学习的能力,具有自主发展能力和沟通合作能力","着力发展核心素养"中的核心素养主要指高中生应该具备的、能够适应终身发展和社会发展需要的必备知识和关键能力,综合表现为人文底蕴、学会学习、科学精神、健康生活、责任担当、实践创新六大素养,而高中逆商教育跟高中学生的健康生活和责任担当密切相关,高逆商已经日益成为青年学生核心素养的一个重要的组成部分。

国外教育界对逆商教育的关注早于国内,在国外逆商教育是一个备受关注的领域,国内教育界对逆商教育的关注大约出现在21世纪初期,通过采用关键词精确检索的方法,以"逆商""AQ""逆商教育"等关键词在中国学术期刊网络出版总库、中国知网和万方数据库中对研究结果进行检索发现:国内教育界对逆商教育研究成果颇丰,但研究的分布阶段不均衡,已有的研究成果的绝大部分集中在大学阶段。张瑜凤、黄婷婷、吴海霞在《当代大学生逆商教育培养的路径研究》(《山西青年》,2019年19期)重点论述了大学生逆商存在的问题和原因并提出大学生逆商培养路径的创建实施办法。杨玉仁在《当代大学生逆商教育研究——以兰州市部分高校为例》(兰州财经大学硕士论文,2019年5月)全面论述了大学生的逆商现状、影响大学生逆商水平的原因、提升大学生逆商的策略等问题。吕剑萍在《核心素养背景下"逆商"教育的探究》(《散文百家》,2020年17期)重点论述了逆商教育对培养大学生适应终身发展和社会发展需要的必备品格和关键能力的重要作用。

以上研究成果调查了当代大学生的逆商水平,探究了影响大学生逆商水平的因素以及培养大学生逆商的途径,对提高当代大学生的逆商水平有很好的实用价值。但高中生的身心特点、认知水平和逆商水平与大学生有很大的差异,大学阶段的研究成果对提高高中生的逆商指导性不强。

相对于国内高等教育对逆商教育的关注，基础教育对逆商教育关注的时间晚一些，研究的成果相对也少很多，但就自身而言，学术界对基础教育的逆商教育也越来越重视。何婷婷在《体育教学中实施"逆商"教育对高中生逆境商的影响研究》（华东师范大学硕士论文，2011年5月）中重点论述了在体育教学中实施"逆商教育"对提升高中生逆商的具体帮助，杜金津和陈大超在《浅谈中小学英语教学中逆商教育的渗透》（《教育探索》，2015年第8期）中论述了中小学英语教学中学生逆商培养的主要方法。余露露在《中学语文教学中如何进行逆商教育》（《语文课内外》，2018年21期）中重点论述了语文教师要利用课本等相关资源，从不同途径，培养学生应对逆境的能力，提高学生的逆商。胡成亚在《初中生逆商状况调查分析——以南京、苏州两地为例》（《科学大众（科学教育）》，2016年第2期）中论述了当前初中生逆商存在的问题、影响初中生逆商水平的原因以及初中生逆商培养的对策和思考，重点从做好自身心理建设、创设宽松的家庭氛围、丰富学校教育的内涵、完善社会支持系统四个角度来谈培养初中生的逆商途径。吕程在《论高中语文教学中的逆商培养》（闽南师范大学硕士论文，2017年6月）重点比对了现行语文教科书人教版和苏教版两种编制模式逆商培养倾向和高中语文教学中进行逆商培养的教学手段。华东师范大学博士生、黔南民族师范学院讲师张怡、武小鹏在《黔南水族地区高中生数学逆商水平调查研究》（《数学教育学报》，2019年第3期）中对高中生数学逆商做出了测量，得出"数学逆商具有显著的性别差异和民族差异、数学逆商与数学成绩具有显著的相关性"的结论。

以上基础教育对逆商教育的研究成果涉及中小学生的逆商现状、逆商水平以及中小学各学科教学渗透逆商教育的方法等方面，这些研究成果对发展中小学的逆商教育有很好的应用价值。但这些研究成果多集中在探究各学科课内教学中渗透逆商教育的方法这个层面上，对课堂外渗透逆商教育的途径和资源探讨得不多，尤其是对谪居文化里丰富的逆商资源挖掘和利用得不够。中华优秀传统文化是中华民族智慧的源头，蕴含着极其丰富的教育资源，谪居文化中，被朝廷贬往偏远之地的官员在面对人生重大的逆境时，有的悲观失望以至一蹶不振，有的乐观以对却在逆境中做出了卓越的成就，后者如苏轼、范仲淹、王阳明等，后者的高逆商是他们超越逆境的重要因素之一，他们应对逆境时的思维方式、价值观念、生活方式等都蕴含着丰富的逆商资源，这些丰富的逆商资源对提高学生的逆商水平和发展学生的核心素养有着非常积极的影响。文献资料显示，学术界把谪居文化里的逆商资源融入高中逆商教育的研究暂时阙如，这就为本课题提供了研究的空间，本课题的重点兼难点就是探究把谪居文化里的逆商资源融入高中逆商教育的策略。

在提出本课题之前，笔者也做了一些挖掘优秀传统文化里的逆商资源的研究工作。如，笔者已于2019年主持开发了校本课程"中国古典诗词里的逆商资源"，开课以来，学生的反响很好。笔者的学校还开发了校本课程"传统文化掠影"，笔者承担了其中的"谪居文化"部分的研发工作。这些工作直接为本课题的研究提供了密切相关的基础。

本课题独到的应用价值：相对于已有的研究，本课题独到的应用价值是为开展高中逆商教育提供一个新的视角，为开展高中逆商教育挖掘更多的教育资源，为提高高中生的逆商水平探寻一些新的形式，同时也为传承优秀传统文化探索一个新的抓手。

2. 研究内容：本课题的核心概念、研究对象、总体框架、重点难点、主要目标等

本课题的核心概念

逆商：逆商是在20世纪90年代由美国保罗·史托兹提出的概念，

指的人是面对挫折、摆脱困境和超越困境的能力。

逆商教育：宽泛的逆商教育就是用一定的教育教学方式来提高受教育者面对挫折、摆脱困境和超越困境的能力的活动。

谪居文化：宽泛的谪居文化指的是古代被朝廷贬到偏远的谪居之地的官员所创造的物质财富和精神财富的总和。本课题的所说的谪居文化特指中国古代被贬官员在谪居之地创造的能够被传承和传播的国家或者民族的思维方式、价值观念、生活方式、行为规范、艺术文化、科学技术等。

研究对象：谪居文化里的逆商资源以及把谪居文化里的逆商资源融入高中逆商教育的策略。

总体框架：全文共分为三个部分。第一部分是序言部分，主要阐述选题的背景和依据以及本课题的研究价值和研究目的。第二部分是主体部分。首先在利用国外逆商研究成果的基础上制作关于逆商知识的了解的问卷，以了解高中学生对逆商知识的了解程度。接着根据高中生的身心特点、学业特点、高中生可能经常面临的逆境和逆商的四个维度制作逆商自测表以测试本校高中生现有的逆商水平和把握他们的逆商特点，为后面的研究打下基础。第三步是深入研究谪居文化并挖掘谪居文化里丰富的逆商资源，然后根据逆商的四个维度对整理出来的资源进行分类。第四步是攻克本课题的重点兼难点——探究把谪居文化里的逆商资源融入高中逆商教育的策略以达到提高高中生逆商的目的和实现为高中逆商教育提供一个新的视角的主要目标，同时也为传承优秀传统文化找寻一个新的把手。第三部分是余论部分，在对文章提出结论的同时就高中逆商教育提出一些设想。

重点难点：本课题研究的重点有两个：①根据逆商的四个维度研究谪居文化并挖掘谪居文化里丰富的逆商资源，然后根据逆商的四个维度对整理出来的资源进行分类。②探究把谪居文化里的逆商资源融入高中逆商教育的策略：课堂渗透，把谪居文化里的逆商资源渗透到各学科的日常教学中；开发校本课程，开发谪居文化和逆商教育融在一起的特色校本课程；创立逆商社团，在社团活动中用演讲、讲故事、设逆境等方式来把谪居文化里的逆商资源融入高中逆商教育中去；案例分析，把学生在实际生活中遇到的逆境作为研究对象，请学生关注谪居文化中那些高逆商的人物的主要经历，并从中寻找克服困难、走出困境的方法；实验对照，首先把同学们分成两组，一组中的同学了解谪居文化里高逆商人物遇到的困境，熟悉他们走出逆境、超越逆境的方法。另一组的同学不了解谪居文化里高逆商人物遇到的逆境，更不熟悉他们走出逆境、超越逆境的方法。接着对两组同学设置同样难度的逆境，并记录两组同学在面对同样的逆境时的应对方式，同时关注两组同学在逆商的四个维度中的表现，最后对数据进行分析，以比对把谪居文化里的逆商资源融入高中逆商教育的效果。其中第二点也是本课题研究的难点，也是本课题的价值所在。

主要目标：在利用国内外逆商研究成果的基础上，结合课题组在谪居文化里挖掘的逆商资源，探究把谪居文化里的逆商资源融入高中逆商教育的策略，为发展高中逆商教育提供一个新的视角，为高中逆商教育挖掘更多的教育资源，同时也尝试着为传承优秀传统文化找寻一个新的途径。

3. 思路方法：本课题研究的基本思路、具体研究方法、研究计划及其可行性等

研究思路：本课题首先在梳理文献的基础上确定自己的研究方向，其次利用国内外已有的逆商研究成果制作调查问卷来了解学生对逆商的认知、学生现有的逆商水平和学生经常面临的逆境。再次是课题组的老

师阅读逆商方面和谪居文化方面的著作,并挖掘谪居文化里面蕴含的逆商资源,然后根据逆商的四个维度对挖掘到的逆商资源进行分类。最后是课题组老师结合高中生的认知水平、身心特点和逆商特点等要素,探究把谪居文化里的逆商资源融入高中逆商教育的策略。

　　研究方法:本课题的研究方法是文献研究法、问卷调查法、案例分析法和实验对照法。①文献研究法,通过对文献的查阅、整理和分析,了解与逆商和谪居文化相关的研究现状,理清研究思路,确定研究方向,阅读谪居文化方面的著作,挖掘谪居文化里的逆商资源。②问卷调查法,借助路西编制的《路西量表》以及保罗·史托兹编制的《逆商反应量表》来调查学生对逆商的认知情况和了解高中生现有的逆商水平。③案例分析法,把学生在实际生活中遇到的逆境作为研究对象,请学生关注谪居文化里那些高逆商的人物的经历,并从中寻找克服困难、走出困境的方法。④实验对照法,首先把同学们分成两组,一组的同学了解谪居文化里高逆商人物遇到的困境,熟悉他们走出逆境、超越逆境的方法。另一组的同学不了解谪居文化里高逆商人物遇到的逆境,更不熟悉他们走出逆境、超越逆境的方法。接着对两组同学设置同样难度的逆境,并记录两组同学在面对同样的逆境时的应对方式,然后关注他们在逆商的四个维度中的表现,最后对数据进行分析,以比对把谪居文化里的逆商资源融入高中逆商教育的效果。

　　研究计划:本课题采取以下研究步骤。首先借助路西编制的《路西量表》以及保罗·史托兹编制的《逆商反应量表》制作针对高中生的测试试卷来调查高中学生的逆商现状,掌握学生对逆商的认知情况和现有的逆商水平。其次,阅读逆商和谪居文化方面的著作,根据逆商的四个维度挖掘谪居文化里的逆商资源并根据逆商的四个维度对谪居文化里的逆商资源进行分类。最后,探究把谪居文化里的逆商资源融入高中逆商教育里的策略。

本课题研究的可行性：从三个角度阐述本课题研究的可行性。

从选题的背景上来看，习近平总书记在全国教育大会上强调教育要"以凝聚人心、完善人格、开发人力、培育人才、造福人民为工作目标"，其中完善学生的人格已经被提到了教育工作中非常重要的层面上，而对学生进行逆商教育就是完善学生人格的重要举措之一。2017年版和2017版2020年修订的普通高中各学科的课程标准都在前言部分明确指出"普通高中的培养目标是进一步提升学生综合素质，着力发展核心素养，使学生具有理想信念和社会责任感，具有科学文化素养和终身学习的能力，具有自主发展能力和沟通合作能力"，"着力发展核心素养"中的核心素养主要指高中生应该具备的、能够适应终身发展和社会发展需要的必备知识和关键能力，综合表现为人文底蕴、学会学习、科学精神、健康生活、责任担当、实践创新6大素养，而高中逆商教育跟高中学生的健康生活和责任担当都密切相关，高逆商已经日益成了青年学生核心素养的一个重要的组成部分。

同时，教育部在2021年10月15日的《关于政协第十三届全国委员会第四次会议第3839号（教育类344号）提案答复的函》里明确要求全社会尤其是学校要"开展多形式的青少年预防抑郁症教育"，而对高中生进行逆商教育就是有效预防抑郁症的教育的重要形式。

鉴于现实和理论的需要，我们提出了从提高高中生逆商入手并期待有效防治抑郁症的、以发展高中生核心素养为目的的课题：《谪居文化里的逆商资源融入高中逆商教育的策略研究》。

从研究的理论上来看，文献资料显示，国外关于逆商教育的研究成果颇丰，国内关于逆商教育的研究成果也越来越多，其中国内基础教育对高中阶段的逆商教育的研究成果也逐渐增多，这就为本课题的研究提供了理论基础。国内基础教育对高中阶段的逆商教育的研究成果集中在探究各学科课内教学中渗透逆商教育的方法上，而把谪居文化里丰富的逆商资源融入高中逆商教育中的研究暂时阙如，这就为本课题提供了研究的空间。

　　从完成课题研究任务的角度看，课题的负责人是经验丰富的高中年级组长、班主任和语文老师，协调能力和科研能力都很强，先后获得"贵阳市骨干教师""贵阳市基础教育专家库专家""贵阳市优秀教师""贵州省省级骨干教师"和"贵州省最美劳动者"称号，多年来一直在关注高中生的逆商教育和优秀传统文化的传承，有多篇学术论文在省级重点刊物上发表，多篇专业论文获得省级一、二、三等奖，其中有些研究工作直接与逆商教育相关，如笔者已于2020年开设了校本课程"中国古典诗词里的逆商资源"，开课以来，学生的反响很好，笔者的学校还开发了校本课程"传统文化掠影"，笔者承担了其中的"谪居文化"部分的研发及编撰工作。课题组的其他成员有的是多年从事学生德育工作的正高级教师，有的是高中班主任和高中语文老师双肩挑的研究生，他们的科研能力很强，且具有团队合作精神，同时他们都参与了校本课程《古典诗词里的逆商资源》这本书的编撰工作，这些都为完成本课题预设的研究工作奠定了基础。

　　4. 创新之处：在学术思想、学术观点、研究方法、破解难题等方面的特色和创新

　　本课题的创新之处在于研究方法上的创新。本课题研究的重点是探究把谪居文化里丰富的逆商资源融入高中逆商教育的策略，旨在为高中逆商教育提供一个新的视角，为高中逆商教育挖掘更多的教育资源，同时也为传承优秀传统文化找寻一个新的抓手，文献资料显示这方面的研究在学术界里暂时阙如，这就为本课题的研究提供了研究空间。

5. 预期成果：成果形式、使用去向及预期社会效益等

本课题的成果形式主要是公开发表的论文、研究报告，其中把研究报告作为最终成果申请鉴定和结题。使用去向和预期社会效益：①将本课题的研究成果运用到日常的逆商教育实践中去，以提高高中生的逆商，帮助高中生顺利走出人生困境。②以本课题的研究成果编制一本校本研究的教材，作为本校的校本研究的特色课程用书。③争取将本课题的研究成果公开出版，为相关逆商教育的研究服务。

6. 研究基础：课题负责人前期相关研究成果、核心观点及社会评价等

课题负责人：×××，中学高级教师，多年的高中年级组长、班主任和语文老师，沟通协调能力非常强，因教育教学成绩突出而先后获得"贵阳市优秀教师""贵阳市骨干教师""贵阳市基础教育专家库专家""贵州省省级骨干教师""贵州省最美劳动者"的荣誉称号。本人的科研能力较强，2021 年 1 月在"一师一优课、一课一名师"活动中获省级二等奖；2020 年主持开发和开设了贵州大学附属中学的特色校本课程"中国古典诗词里的逆商资源"，开课以来，学生反响良好；同年又参与了校本课程"传统文化掠影"中"谪居文化"部分的编写工作，这些研究直接为本课题的研究奠定了相关的基础；2018 年 7 月撰写的《让学生在法家的规矩和儒家的仁爱中成长》获省级三等奖；2016 年 6 月论文《简析拓展语文教学内容的目的》荣获省级三等奖；2014 年 7 月撰写的《生活是语文教学的活水源头》荣获省级三等奖；2014 年 6 月撰写的《浅析提高课堂效率的方法》在省级重点刊物《东方文化周刊》上发表；2013 年 7 月撰写的教学论文《浅析提高诗歌教学效率的方法》获省级二等奖；2013 年 2 月撰写的论文《简析拓展语文教学内

容的目的》在省级刊物《新课程》上发表；2012年7月撰写的教学设计《醉花阴》获得省级一等奖。

7. 参考文献：开展本课题研究的主要中外参考文献

（一）逆商方面的参考文献

［1］保罗·史托兹. 逆商［M］. 石盼盼，译. 北京：中国人民大学出版社，2018.

［2］维克多·弗兰克尔. 活出生命的意义［M］. 吕娜，译. 北京：华夏出版社，2019.

［3］久世浩司. 抗压力［M］. 贾耀平，译. 北京：北京联合出版公司，2016.

［4］卡伦·霍尼. 我们内心的冲突［M］. 王作虹，译. 南京：译林出版社，2004.

［5］苏茂毅. 挫折教育——孩子成长中必不可少［J］. 科技信息，2013（25）.

［6］孙耀胜，何玮. 大学生挫折教育探究［J］. 四川职业技术学院学报，2013（2）.

［7］周翔. 浅谈挫折教育与"90后"大学生自立能力培养［J］. 教育教学论坛，2013（14）.

［8］何婷婷. 体育教学中实施"逆商"教育对高中生逆商境的影响研究［J］. 上海：华东师范大学，2011.

［9］杜金津，陈大超. 浅谈中小学英语教学中逆商教育的渗透［J］. 教育探索，2015（8）.

［10］胡成亚. 初中生逆商状况调查分析——以南京、苏州两地为例［J］. 科学大众（科学教育），2016（2）.

[11] 吕程. 论高中语文教学中的逆商培养 [D]. 漳州：闽南师范大学, 2017.

[12] 张怡, 武小鹏. 黔南水族地区高中学生数学逆商水平调查研究 [J]. 数学教育学报, 2019 (3).

（二）谪居文化方面的参考文献

[1] 李俊. 长江三峡地区外来文学家的聚集与唐代贬谪文化 [J]. 中华文化论坛, 2015 (11).

[2] 刘凤霞. 王阳明对贵州少数民族影响及文化遗存论略 [J]. 贵州民族研究, 2016 (1).

[3] 赵德坤. 黄庭坚谪居黔、戎时期的处穷之道 [J]. 宜宾学院学报, 2015 (7).

[4] 张玉璞. 论宋代文人的谪居心态 [J]. 江西社会科学, 2002 (8).

第三节　社会层面

在我们老师的日常教育教学工作中，同学们感冒了或者咳嗽了，需要向老师请假回家休息时，同学和家长都很会大大方方地当着别人的面说明请假的理由，可如果孩子患的是抑郁症，同学自己或者家长都习惯要在没有他人的情况下压低声音跟老师说明请假的理由，说的时候，如果周围有人经过，他们往往等别人走远了再接着说，老师们在谈及某个同学患了抑郁症的时候，也总习惯性地压低声音。这些现象是社会上对抑郁症患者的包容不够的一个缩影，患者的家人和患者自己常认为患上抑郁症跟患上感冒、嗓子发炎等病情不一样，甚至觉得不好意思，羞于说出口，不太想让别人知道自己的抑郁情况，甚至同学之间谈到某个同学患了抑郁症时更是神神秘秘、指指点点，等到这个同学走近同学们时，大家又不约而同地停止谈论，这无形中给患病的同学增加了心理压力。全社会都应该关注抑郁症，都应该来关心抑郁症患者，大家要把抑郁症看作感冒或咳嗽一样正常的疾病而不是区别对待，更不能把抑郁症患者等同于精神病人，以免加重抑郁症患者和家人的心理负担，导致出现不利于抑郁症患者康复的社会环境。国家、医院、社区和学校应该用各种各样的宣传方式让人们了解抑郁症的常见表现和常见的治疗方法，消除大家对抑郁症患者的偏见，并倡议大家主动关爱抑郁症患者，尤其是抑郁症患者的家人，除了积极陪同患者到正规医院就诊外，更要给予抑郁症患者精神上的关爱，以帮助他们早日恢复健康。在日常生活中，我们讲授高效救火的方法很重要，而宣传预防火灾的知识更重要。同样，如何治疗抑郁症患者的知识很重要，而如何预防抑郁症的举措也应该更重要。我们要引导全社会都来关注抑郁症形成的原因，并积极探究开展青少年预防抑郁症教育的多种形式，对高中生进行逆商教育就是开展有效预防抑郁症的教育的重要形式，而提高人们的逆商水平就是开展预防抑郁症教育的重要举措。科学数据表明，抑郁症患者大多属于低逆商人群，也就是说，抑郁症患者的逆商水平大多偏低，他们的低逆商是他们患上抑郁症的一个重要原因，他们不能很好地应对生命中出现的坏事件，这是大多数抑郁症患者的共同特征。全社会都要为开展预防抑郁症教育提供必要的条件，并营造关注和善待抑郁症患者的环境，尤其是要把开展逆商教育作为学校关注青少年心理健康的重要途径。

第五章 谪居文化里的逆商资源

中华优秀传统文化是中华民族赖以生存和发展的智慧之源，谪居文化是优秀传统文化中的重要组成部分，而苏轼是谪居文化的典范，高逆商让苏轼走出人生困境，并用造福苍生的方式来承担一个真正的读书人的责任，从而实现了自己人生的价值。高中生的日常学习中经常需要接触传统文化，优秀传统文化中的谪居文化里面蕴含着丰富的逆商资源。高中教育，尤其是高中阶段的语文教育活动更应该引导高中生研读谪居文化并从谪居文化中汲取提高自己逆商的营养。下面我就以苏轼被贬黄州、惠州和儋州的谪居生活为例，积极挖掘谪居文化里的逆商资源，在引导高中生关注优秀传统文化的同时，为提高高中生的逆商水平寻找一个新的路径。

下面我以我开发的校本课程"中国古典诗词里蕴含的逆商资源"为例来讲述高逆商的苏轼谪居黄州、惠州和儋州的故事。

前言
请拥抱我们的"逆商之王"！

高中阶段的学生，身心正处于急速变化的阶段，面对生活中不可能完全避免的逆境，年轻的学生更容易在逆境面前丧失信心和行动力，甚至因为缺乏正确应对逆境的方法而患上抑郁症，高中生经常遇到的逆境有学习成绩下降、跟父母关系紧张、处理不好与老师和同学之间的关系、失恋。因为对逆境缺乏正确的认知，再加上没有好的应对逆境的方法，于是焦虑、抑郁等身心失衡的现象就成了低逆商的同学们生活中的家常便饭，严重的时候甚至会出现跳楼自杀的现象。每个人遇到生命中的逆境都必然用相同的应对模式去应对吗？每个人遇到逆境时就必然遭遇不利于身心健康的事情吗？我们的"逆商之王"——苏轼会给你最好的答案！千百年来，人们欣赏苏轼在文学、绘画、书法、史学等方面的成就，人们更欣赏苏轼身陷困厄却超越苦难的生活智慧，人们最欣赏的是苏轼在自己的人生陷入谷底时仍旧关心民众疾苦的高逆商的责任感！苏轼曾作《自题金山画像》的诗："心似已灰之木，身如不系之舟。问汝平生功业，黄州惠州儋州。"有人说这首诗的后两句是作者的自嘲，也有人说这首诗的后两句是作者对自己的肯定。从逆商的角度来说，我更赞成后一种观点。为什么这么说呢？请看，虽说苏轼在黄州、惠州和儋州的贬谪生活中受尽了磨难，物质生活一度极其贫困，济世救民的政治理想也随着一再遭贬而灰飞烟灭，苏轼的物质世界和精神世界都遭遇了前所未有的逆境，但苏轼没有在逆境中沉沦，也没有在逆境中追求成仙成佛，高逆商的他不仅没有被逆境打垮，而是运用自己的生活智慧摆脱了逆境并在逆境中给后人留下了珍贵的文化遗产。有人说，没有黄州、惠州和儋州的贬谪生活的熔炼，苏轼成不了世界伟人，是苏轼生命中的苦难成全了苏轼的成就！这种认识有一定的道理，但我认为是苏轼自己的高逆商成就了他！因为在逆境中一蹶不振和自暴自弃的例子太多了！在人与人之间的交往日益密切且竞争也越来越激烈的今天，我们更是难免会遭受挫折。在逆境中，我们是做一个自怨自艾、一蹶不振甚至怨天尤人、伤人伤己的庸人，还是做一个像苏轼一样的智者——超越苦难、在困厄中奋力突围、寻找生命新的出口,并用关心民生疾苦的方式来消融自身的苦难,从而让外界的打击成全自己济世为民的理想。这跟我们逆商水平的高低紧密相连。怎样才能成为像苏轼一样的智者呢?也许苏轼谪居在黄州、惠州和儋州的生命状态会带给我们最佳的答案。让我们一起走进苏轼的内心,让苏轼引领我们在难免会遇到的挫折中顺利突围!在日常生活中拍照片的时候,我们总要在找到最佳最美的角度后才会按下快门,总想看到自己最美的样子。而在日常生活中,有太多的人,尤其是处于学业繁重、身心发展急速变化的特殊时期的高中生,他们更容易用消极甚至悲观的态度来看待自己的生活,尤其在他们遇到逆境时,更容易用低逆商的方式来应对,从而让逆境带来的不利影响越来越大,甚至让逆境吞噬自己的生命!人们喜欢用最美的角度照出来的每一张照片,我更期待人们用最美的角度来看待我们的生活。让我们一起拥抱高逆商的苏轼,并走进苏轼的内心世界吧,让我们和他一样带着乐观的滤镜来看待这个美丽的世界吧!

第一节 逆商知多少

一、逆商的定义

AQ 来自英文 Adversity Quotient,人们习惯称它为逆境商数,也叫"挫折商"或"逆境商",简称"逆商",它是美国职业培训师保罗·史托兹教授最先提出的概念,跟人们对逆境的认知和应对逆境的方式有关,它探究的是人们在身陷逆境时克服困难、走出困境的能力。

二、逆商的重要性

　　心理学家认为，一个人事业成功必须具备高智商、高情商和高挫折商这三个因素。在智商和情商都跟别人相差不大的情况下，挫折商对一个人的事业成功起着决定性的作用！我曾经对我的学生说："用更好的方式去应对逆境是成功者必备的素养"，这句话得到了很多同学的认可。面对日新月异的世界，高中的同学们，一方面从入学起，他们就经常遭遇逆境，如起伏不定的成绩、复杂多变的人际关系、理想和现实的差距、身心发展的不平衡、不可避免的高考压力等；另一方面，高中生调控自己情绪的能力和抗挫折的能力都比较弱，面对生命中频繁出现的逆境，年轻的他们不仅对逆境没有正确的认知，更缺乏正确应对逆境的方法。这两者之间的矛盾在呼唤着高中逆商教育的出现。新的研究数据还表明，逆商低的人与逆商高的人相比更容易患上抑郁症，所以说提高高中生的逆商指数不仅是有助于提高高中生超越逆境、走出逆境的能力，还是开展预防抑郁症教育的重要措施之一。实践表明，一个人的逆商指数不仅影响人们智能的发挥，而且还会影响他们潜能的挖掘、综合能力的培养、人格的完备。近年来，在高中教育阶段，患上抑郁症的学生的数字一直在呈上升趋势，因为患上抑郁症而不能完成学业的人数也在逐年增加，有些学生在高中三年的学习期间需要休学两次才能完成高中学业，有一定比例的高中生因为承受不了患上抑郁症带来的痛苦而选择放弃了生命！而我们提高高中生的逆商水平就是为了提高高中生应对生命中坏事件的能力，也是开展预防抑郁症教育的有效措施之一。

　　在走向成功的道路上，存在着一个至关重要的新概念：挫折商（逆商）。现在人们都认为一个人的成功离不开"3Q"，即 IQ、EQ、AQ，甚至有专家断言，一个人的成功 80% 跟他的情商和逆商有关，

20%跟他的智商有关,而逆商在成功中起的作用最大。同样的打击,AQ高的人产生的挫折感低,他们低落的情绪持续的时间不长,并且他们绝不会让一件不顺利的事情影响到其他方面的事情,而AQ低的人遇到挫折后,不仅会产生强烈的挫折感,并且会因此长时间沉溺在低落的情绪中,往往会因为一件不顺利的事而带来接二连三的不顺利的事。实践中的种种现象表明,逆商高的人在实际生活中的创造力更强,同时他们也更能保持愉快的心情和活力。我们课题组对贵州大学附属中学1000多名高中生进行逆商测试的数据显示,高逆商同学的学习成绩整体来说比低逆商同学的成绩也要好一些。

三、逆商的构成部分

美国的保罗·史托兹教授在他的《逆商》一书中将逆商划分为四个有机的组成部分,也称逆商的四个维度,即:Control:控制感;Origin & Ownership:起因和责任归属;Reach:影响范围;Endurance:持续时间。以下内容是我对这四个维度的理解。

(一) 控制感

逆商中的控制感指的是身处逆境时人们对当下和未来生活的掌控能力。逆商高的人即使身处逆境依然深信自己能想出应对糟糕局面的方法,并把当下的每件事处理好,把当下的每一天过好,同时对未来做出理性的规划,甚至照样能想出办法来实现自己的理想,并把人生的逆境转化成遇见更好的自己的垫脚石。逆商低的人身陷逆境时往往在焦虑和不安中惊慌失措,他们最常见的反应要么是逆来顺受,认为自己不可能解决眼前的问题,并认为自己根本没有力量来改变眼前糟糕的局面,甚至会想象出很多逆境来打击自己的信心,把糟糕的情绪长时间地憋在心里而不自知。这很像日常生活中开车的情景，逆商高的人就像是开车技术高的人，遇到高低不平且泥泞不堪的道路时，他们紧紧地握住方向盘，他们相信自己能顺利地走过这段难走的路并最终顺利地通过了这段路，或者找到了另一条通往目的地的路并成功到达。逆商低的人就像开车技术差的人，遇到高低不平且泥泞不堪的道路时，他们首先不相信自己能顺利地通过这个路段，接着不能很好地掌控方向盘，最终停在这段路前面不再继续向前，或者强行通过却导致车毁人亡。在平坦的大路上，很多人都能顺利地把车开到目的地，这就像很多人都能应对好顺境一样，而在高低不平泥泞不堪的道路上，只有开车技术高超的人才能最终把车开到目的地，这如同只有高逆商的人才能很好地应对逆境一样。

● 控制感弱的人的口头禅是：我无能为力、我能力不及、我做什么都没有用、这怎么可能做到呢、这实在是没有办法了、这根本没有希望……

● 控制感强的人则会说：虽然很难，但这算什么；一定有办法、我至少可以试试、这个方法不行我再找其他的方法、我相信我一定可以、就算别人不给我机会我也会自己创造机会、逆境只会使我变得更强大、我相信方法总比问题多……

（二）起因和责任归属

任何事情的发生都有它的原因，逆境的发生也不例外。高逆商的人身处逆境时能分清逆境发生的内因和外因，同时愿意为逆境的发生承担属于自己的责任，在承担责任的过程中积极主动地想办法寻找解决问题的方法，并最终走出逆境，而低逆商的人却往往分不清逆境发生的内因和外因，常常把逆境发生的原因归结为外界因素、把逆境发生的责任推给别人，总认为是别人的过错才导致了自己身陷逆境，更不愿意主动为改善逆境做出自己的努力，低逆商的人走出逆境的概率就变得很小。

(三) 影响范围

逆境发生后，不好的事件的影响范围有多大，也是衡量一个人逆商水平的指标之一。高逆商的人，往往能够将在某一范围内陷入逆境所带来的负面影响仅限于这个范围，并能够积极主动地想办法将其负面影响的范围降至最小。如，如果在投资方面失败了，那就把损失限定在这个方面，而不会把因投资失败带来的负面情绪带到工作中来，让自己没有心情做好工作而带来更多的不利，更不会让因投资失败带来的糟糕情绪长时间地郁积在心里，从而影响自己的身体健康。这也就是我们经常讲的及时止损的生活智慧，高逆商的人也如同一个医术高超的医生，如果患者的脚有问题需要截肢，医生就会当机立断地采取截肢的治疗方案，而绝不会让患者因为一只已经坏掉的脚影响生命。低逆商的人身上往往呈现出相反的情景，我们对下面的生活场景也许并不陌生：一天早上因为摔碎了一只碗而与爱人大吵一架，然后摔门而出去开车，一路上一直还在想着刚才吵架的事情而导致了一场交通事故的发生，在处理交通事故的过程中又因为责任的划分与别人打了起来并给对方带去了严重伤害，从而被判刑且失去了工作。也许你觉得我虚构的情景中这样愚蠢的人会很少，但在实际生活中，很多低逆商的人在生活中经常上演着这样的桥段，如果他们的逆商得不到提高，他们一辈子都走不出这个怪圈而不自知。

(四) 持续性

持续性指的是逆境给人带来的负面影响会存在多长时间，负面影响存在的时间越长就表明逆商越低，负面影响存在的时间越短表明逆商越高。高逆商的人身处逆境时总是积极主动地想办法解决问题从而让逆境持续的时间不长，而逆商低的人常常被动地等待着逆境自动消失，所以他们普遍认为逆境会持续很长时间甚至会永远存在，往往糟糕的事实便会如他们所想，这就是人们常说的"越是怕什么越是来什么。"这个道理乍看起来有些不太好懂，细想起来挺有道理。例如，一个高中生如果成天担心自己的成绩会下降，那他就背上了思想包袱，思想上有了包袱就有了杂念，有了杂念自然就不能静下心来专心学习，不能静下心来专心学习，学习的效果自然就非常差，学习效果差了，时间一长，学习成绩自然会下降，糟糕的事情自然也就如他所担心的那样发生了。相反，如果他不是成天担心自己的成绩会下降，他思想上的包袱和杂念自然就少，思想上的包袱和杂念越少，他就越有可能静下心来专心学习，静下心来学习时的学习效果一定会好，学习效果好了，时间一长，学习成绩自然也就慢慢会得到提高。学习上如此，爱情、婚姻和生活的其他方面也往往如此。有句话说，世界不会成为你想要的样子，只会成为你相信的样子，这个道理在逆商教育中有着更多的案例。

四、逆商高的人的特点

（1）有再次爬起来的勇气和信心：逆商高的人在面对困境时，通常能够勇往直前，什么也不能阻挡他们前进的步伐。

（2）负面情绪持续的时间不长、不利因素影响的范围小：逆商高的人不会将一个方面的困境带来的负面影响扩大到其他方面，他们也不会始终低迷、一蹶不振。

（3）清楚起因和责任归属：逆商高的人往往能清晰地分析出困境的起因，并针对原因寻找应对逆境的方法，原因找得越准越容易找到走出逆境的方法，这就如同医生给病人治病前找到的病因越准就越容易治好病一样。

（4）控制感强，支撑得更久：逆商高的人面对挫折不轻言放弃，总是习惯从乐观的角度来看待眼前的逆境，并积极地行动，主动地寻找有效的解决问题的方法。

（5）正确看待挫折：逆商高的人遇到逆境时绝不会惊慌失措，因为他们明白遇到逆境是难以完全避免的事情，他们也知道遇到逆境时好的应对方式会减少逆境带来的损失，甚至还能在逆境中发现机会，让逆境成为让自己变得更好的经历。逆商高的人在面对逆境时一般不会选择逃避，因为他们相信逃避不仅不能解决问题，反而会让自己遇到更大的困境，于是很多时候他们会选择迎难而上直到解决问题迎来曙光。

五、提高逆商的方法

逆商教育者要让逆商低的同学知道，高 AQ 是可以培养的，逆商水平是可以通过学习得到提高的，并且最好是从小开始培养，这就是许多教育机构都在提倡并开展挫折教育以提高受教育者的逆商水平的原因。从个人的角度来说，常见的提高逆商的方法如下。

（1）明白自己的逆商可以通过学习而得到提高。

（2）学习跟逆商有关的课程。

（3）多接触高逆商的人。

（4）写逆境行为反应日记。

（5）养成主动视困难为历练的习惯。

（6）分清逆境发生的外因和内因，并针对原因找到走出逆境的方法。

（7）在逆境出现后，勇于承担属于自己的责任，学会自己对自己负责。

第二节 苏轼谪居黄州

一、从云端到谷底

名动京师

嘉祐二年,苏轼和弟弟苏辙在京城参加了礼部举行的省试。苏轼、苏辙两人深邃的思想、质朴的文风,恰好满足了主考大人欧阳修倡导的古文革新运动的需要,欧阳修看到苏轼的《刑赏忠厚之至论》后,认为作者的文学才能奇特,想把这篇文章定为第一,又因为怀疑是自己的门生曾巩写的文章,所以故意压为第二,稍后复试《春秋》对义,苏轼最终因为成绩优异,位居第一。不久,苏轼中章衡榜进士乙科,排名第六。当时的宋仁宗皇帝看到苏轼、苏辙的文章之后,高兴地对自己的曹皇后说:"朕今日得二文士,谓苏轼、辙也。然吾老矣,虑不能用,将以遗后人,不亦可乎?"(事见《宋史·苏轼列传》)时至今日,我们隔着纸张都能感受到仁宗皇帝因欣赏苏轼和苏辙的才华而流露出来的喜悦之情。苏轼和苏辙的父亲苏洵的文章也颇受好评。正当苏轼父子三人名动京师、接受授官之际,苏轼的母亲在四川眉山的家中去世,苏氏父子三人在京城得到噩耗,匆忙回四川眉山奔丧。嘉祐四年,苏轼和苏辙服满丧期,苏轼等人再次回到京城,再次因才华横溢得到仁宗、神宗的青睐,不断在地方和京城任职,同时也因直言极谏、反对新法招致了同僚的忌恨和陷害,从而拉开了苏轼遭遇逆境的序幕。

身陷囹圄

元丰二年二月,苏轼由徐州太守改知湖州军州事,到任约三个月时间，一场人祸从天而降。因为北宋有名的乌台诗案，同年七月，苏轼在湖州太守任上被逮捕，并被押往京城开封，八月，苏轼被关进御史台的监狱接受审问。当时御史台的审问极其严厉，李定之流的目的非常明显，那就是想置苏轼于死地。据宋陈善在《扪虱新语》里面的记载，苏轼被囚禁在御史台的监狱中，每日饭菜由其长子苏迈亲自负责。苏轼父子二人约定，通过送饭的菜品来传递信息，没有凶险的每天只送菜与肉，如果情况突变甚至有不测，只送鱼。一个月后，因粮食断绝，苏迈到陈留借粮，委托一个亲戚代替自己给父亲送牢饭，可苏迈却忘记了告诉那位亲戚有关父子间的送鱼的约定，不知情的苏家亲戚一片好意，一日偶然送了腌鱼。苏轼一见腌鱼大吃一惊，以为自己的老命已不能保全，于是写下绝命书后又写了绝命诗两首。

其一

圣主如天万物春，小臣愚暗自亡身。

百年未满先偿债，十口无归更累人。

是处青山可埋骨，他年夜雨独伤神。

与君世世为兄弟，更结来生未了因。

其二

柏台霜气夜凄凄，风动琅珰月向低。

梦绕云山心似鹿，魂飞汤火命如鸡。

眼中犀角真吾子，身后牛衣愧老妻。

百岁神游定何处，桐乡知葬浙江西。

因误会而以为性命难保的苏轼，在第一首绝命诗中，他还与苏辙约为来世的兄弟；在第二首绝命诗中，苏轼援用典故，说自己任职之地的百姓一定会记得自己的。世间之事没有比死亡更能考验人的，面临死亡，高逆商的苏轼也黯然神伤，但伤感之余，苏轼在诗歌中表现的情感更多的是对弟弟的深情和对自己价值的认可！

死里逃生

经多方极力营救，神宗皇帝决定对苏轼从轻处置。元丰二年十二月，神宗皇帝经过反复考虑之后终于下旨："苏轼责授检校水部员外郎，黄州团练副使，本州安置，不得签署公事，令御史台差人转押前去。"苏轼于七月在湖州任上被捕后马上被押赴京都开封，又于八月被投入御史台监狱，至十二月出狱，在狱中关押时间约 130 天。今天，我们在文献里面已经很难找到太多的文字来证明苏轼在狱中四个多月的心情，但稍有共情力的人都知道，在监狱中的每一天，苏轼都要承受着断头刀随时可能落下的煎熬。从这种经历中活过来的人，日后容易出现两种情况。一种情况是变得心狠手辣，甚至用变本加厉地折磨别人的方式来补偿自己当初的不幸。另一种情况是因为自己曾经遭遇过不幸，所以深深懂得类似的不幸带给别人的痛苦，于是他们决不允许自己把类似的痛苦再施加给别人，这就是我们常说的"因为懂得，所以慈悲"。历史证明，心底的善良让出狱的苏轼成了后者，这是苏轼的幸运，也是中国文化史上的幸事。不然，中国文化史上就少了一个熠熠生辉的善良可爱的苏东坡。如今已经没有人能完全了解本以为死到临头的苏轼在监狱中接到朝廷从轻处置的圣旨时的感受，用"感慨万千"这个词来形容应该不算为过。

即将前往被贬之地黄州，苏轼将如何面对这种从云端到谷底的生活呢？

二、躬耕东坡酒无赊　犹出十千救溺婴

眼中的世界就是心中的世界

每个人眼中的世界就是他内心世界的折射，他有着怎样的内心世界，他眼中看到的世界就是怎样的。在逆商研究者看来，这种现象简直就是"仁者见仁，智者见智"这句话最经典的注解。同样的逆境，乐观的高逆商者看到的是机会，悲观的低逆商者看到的是障碍。元丰三年正月，就在举国上下欢度新春佳节的时刻，已过不惑之年的45岁的苏轼在御史台差人的押解之下，带着长子苏迈凄凉地登上前往被贬之地黄州的道路。离开京城开封前往谪居之地湖北黄州的路途遥远且又高低不平，一路上他们自然少不了吃尽颠沛流离之苦。按照朝廷的诏令，苏轼被贬黄州时期不得参与公事，实际上已经是接近流放。这样的遭遇对曾经在杭州、密州、徐州和湖州任职且颇有政绩的政治家苏轼来说确实是一个沉重的打击，苏轼万万没有想到自己会有这样的一天——以一个罪人的身份被贬谪至黄州。

自比梅花显旷达

大约在正月下旬，苏轼一行进入黄州境内，当经过今天湖北省麻城县城东面的关山之时，被东风裹挟着的春雨接连几天下个不停。被御史台差人押解的苏轼情绪低迷，心情郁闷。就在这时，关山的草丛中一株梅树映入苏轼的眼帘，那盛开的鲜花在细雨中随风飘曳，花瓣随着风雨飘零一地，仿佛在向落难的诗人倾吐她那同病相怜的情怀。看到细雨之中败落的梅花，苏轼哀伤至极，整个人就像断了魂似的提不起兴致，梅花正值开放却未遇到好的时节的遭遇多像自己本有强国济民的理想而此刻却含冤受辱的境况呀，于是同病相怜的感觉由心底升起，处于贬谪之

途的苏轼感到异常难过。于是即兴口占小诗《梅花》二首以寄怀。

其一

春来幽谷水潺潺，的皪梅花草棘间。
一夜东风吹石裂，半随飞雪渡关山。

其二

何人把酒慰深幽？开自无聊落更愁。
幸有清溪三百曲，不辞相送到黄州。

从诗中的内容来看，苏轼显然是在以梅花自比，"一夜东风吹石裂，半随飞雪渡关山"，历经牢狱之灾的苏轼，带着内心的屈辱，被人押解着前往谪居之地黄州，自己与草丛间那光亮鲜明的梅花饱受一夜东风的欺凌之后，离开枝头飘零在地，继而被飞雪挟持凄凉地飘过关山的身不由己，又有什么区别呢？

"何人把酒慰深幽？开自无聊落更愁。"因为有着相似的经历，诗人把梅花当作了有感情的对象，他特别理解梅花花开偏遇风雨摧残的凄凉心情。大地上的花草随时有可能遭受风雨的侵袭，这本是自然现象，可在落难的苏轼看来，梅花原本生机勃勃却遭受风雨欺凌，时运不济的梅花让落难的苏轼倍感伤感。"开自无聊落更愁"更是把苏轼内心的悲哀宣泄得淋漓尽致。接下来的"幸有清溪三百曲，不辞相送到黄州"里面蕴含的情感一下子变得与上文不同，多情的溪水一路上陪着苏轼，这又让心情低落的苏轼心中顿时涌出快乐。庆幸的是，胸怀坦荡的苏轼，未曾沉浸在过度的悲伤之中，眼前春来幽谷、流水潺潺，诗人顿生奇想：流动的清溪之水不就像那多情的女郎吟唱着动人的歌谣，热情地陪伴我苏轼前往黄州吗？既有多情的溪水相伴，我又何必自寻烦恼、多愁善感呢？在人生处于低谷、内心苦闷不堪的时刻也能找到让自己心情好转并快乐起来的东西，这就是善于应对逆境的高逆商的苏轼留给后人的精神财富。

眼中的世界就是心中的世界：苏轼在贬谪途中的难过、不平和凄凉是那么的真实而强烈，所以看到在风雨中飘零的梅花时他才有同病相怜之感。又因为作者心中对生活的热爱和信心，高逆商的苏轼在难过之余仍然能从随岸而走的溪水中感受到溪水一路相送的热情和快乐。

点亮红烛照海棠

苏轼在御史台差人的押解之下抵达了人生地不熟的黄州。身在黄州形同软禁，苏轼的内心十分痛苦，他向往自由，不甘心过着这种半流放式的生活，但身不由己，无可奈何。在极端不利的情况下，苏轼都能想出办法来调控自己的情绪，在前途未卜、重返朝廷的希望非常渺茫的境遇下他仍然用自己的方式掌控着自己的情绪和生活。在谪居黄州的初期，苏轼的家人还没有来到黄州，因为自己获罪的特殊身份，在异地他乡的环境里，与苏轼来往的人自然也不多，更不用说有可以倾诉内心苦闷的朋友了。不久前在御史台监狱中人头随时可能落地的恐惧还没有在苏轼心中完全消散，为了避嫌，苏轼很少在白天出门，但一到晚上，高逆商的苏轼常常趁着月色走出寓居的定慧院散心。

大自然的草木原本没有喜怒哀乐，可情感丰富的人却常常把自己的情感寄托在草木的身上，甚至把草木当作朋友，从草木的身上汲取生存的智慧，苏轼就是这样一个人。

在一个有月亮的晚上，苏轼来到离寓居的定慧院不远处的柯山上。柯山上杂草丛中的一棵海棠引起了苏轼的注意，海棠本生于西蜀，怎么会出现在自己的贬谪之地黄州呢？望着月光下的海棠，苏轼心底顿生同病相怜之感：自己的故乡本在蜀地，可因"乌台诗案"被贬到这偏僻贫瘠的黄州，身在黄州无亲无故，当地人将自己视为罪人，不敢与自己来往；海棠呢，本长在西蜀，可此刻却身处荆棘杂草中，当地人不了解海棠的可贵，更不知欣赏和呵护海棠，任由海棠在这人迹罕至的杂草丛中孤独地开放。想到这里，苏轼心中不免为海棠感到难过。这难过之情既是为海棠而生发，也更是为自己鸣不平。可草丛中的海棠呢，完全没有受外界条件的影响，花期到来时，每一朵花照样竞相开放、吐露芬芳，外界对自己是视而不见还是欣赏有加，都丝毫没有影响到海棠努力地绽放，这棵海棠在远离故土的贫瘠之地开得如此娇艳，它不仅不在意有没有人欣赏自己，竟然还用满树红艳艳的鲜花来回应命运对自己的捉弄。海棠坦然面对生命中的风雨，自顾自地花开花谢，这种顽强的生命力不仅驱散了苏轼内心的孤独，更给了苏轼生存的力量和生活的智慧。在与黄州的这棵海棠对话的过程中，苏轼消解了内心的苦闷，由悲转喜，这样借海棠来抒发情感的诗章又诞生了。

海棠

东风袅袅泛崇光，香雾空蒙月转廊。

只恐夜深花睡去，故烧高烛照红妆。

身处人生谷底的苏轼，在难过之后依然能发现、欣赏和呵护海棠的美，苏轼并没有因为自己被贬的痛苦而看不见身边的美。这就是带着乐观的滤镜看世界的苏轼！这就是在逆境中也努力掌控着自己情绪的人！这就是我们的逆商之王！

躬耕东坡苦中有乐

伴随着精神上的痛苦接踵而来的是苏轼在物质上的极度匮乏：按照宋代的官制，凡是遭贬谪的官员，自然断绝俸禄。苏轼被贬黄州时，被贬为水部员外郎，本无俸禄可言，但因为是带有"检校"（类似今天的留用察看）的名贤，仍可享受一点点"折支"的待遇，所谓"折支"就是朝廷允许官方卖酒给平民百姓，百姓酒喝完后又将酒袋退回，从中可以折合成一点点银两，所以根本不值几文，但朝廷为了节省开支，就以此来冲抵检校官的薪俸之数，名为"折支"。当苏轼和大儿子苏迈两人谪居黄州时，他就已经经常陷入想借酒消愁却无处赊欠的困境，当弟弟苏辙把苏轼一家老小送到黄州后，苏轼的心情因家人团聚而稍有缓解，但原本就捉襟见肘的经济随着一家人的到来越发紧张。苏轼在给秦观的信中，将自己谪居时生活的窘态告诉了他："初到黄，廪入既绝，人口不少，私甚忧之。但痛自节俭，日用不得过百五十。每月朔，取四千五百钱，断为三十块，挂屋梁上。平旦用画叉挑取一块，即藏去叉，仍以大竹筒别贮，用不尽者，以待宾客，此贾耘老法也。度囊中尚可至一岁有余，至时别作经画，水到渠成，不须预虑。以此，胸中都无一事……展读至此，想见掀髯一笑也。"（苏轼《答秦太虚书七首》之四）上文的大意是：我初到黄州，朝廷的俸禄已经断绝，家里的人口不少，私下里很是担忧，只有痛下决心自己想办法。思前想后，决定一家人每天的花费不超过一千五百文。每月初一取出四千五百文钱，分为三十份，挂在屋梁上，每天早上用叉子挑下来一份，然后将叉子藏起来，当天剩余的钱就存在大竹筒里，作为接待客人的费用，但每天绝不允许自己和家人多用钱，到了屋梁上的钱花完的时候，再做下一步的打算，自己认为没必要提前忧虑。至于下一年的钱从哪里来，苏轼的主张是一年以后的问题一年后再想办法，不需要提前忧愁，因为高逆商的苏轼明白提前忧愁只会削弱解决眼前困难的力量，也就是说如果用一年以后的种种可能出现的困难来困扰自己，只会让眼前的困难也变得无法解决。苏轼用乐观的心态来面对生活中的困境就是高逆商的表现。

高逆商的苏轼在自己的生活陷入困难之时，没有抱怨，也没有退缩，而是根据眼前的情况积极想办法解决，这就是高逆商人的显著特征。苏轼在准备好了一年的生活费用后，就不再为一年后、两年后甚至将来的生活而忧虑，高逆商的苏轼区别了眼前实际的困难和今后有可能出现的困难，他懂得只为眼前的实际困难负责，而不是为将来可能存在的困难负责，这样就避免了出现这样的现象：在解决眼前的小困难之前就先被假想的将来可能出现的困难压垮。因为人们总是容易为小事负责，而不容易为大事负责。所以面对逆境，能区分出现实中的困难和假想出来的困难，并只为解决眼前的困难想办法，而不是因眼前的困难而想象出压垮自己的其他困难，这就是高逆商的应对方式。

从来没有操持过家务的苏轼面对实际的经济困境时，也不得不精打细算以度日。即便如此节俭，可因家中人口众多，生活仍然日益困苦。在朋友马正卿及黄州太守徐君猷的帮助下，苏轼得到了几十亩荒芜已久的土地用来无偿耕种。苏轼那早已拿惯了毛笔和砚台的手也不得不握起了锄头，他带领家里的男人冒着烈日在天干久旱、坚硬似铁的土地上不分昼夜地耕耘，饱尝了开荒种地艰辛的苏轼在躬耕东坡之后，时有收获，生活逐渐得到改善，故而自得其乐。一日，他给好朋友李公择写信说："某现在东坡种稻，劳苦之中，亦自有其乐。"在给杨元素的书信中，苏轼十分高兴地写道："近于城中葺一荒园，手种菜果以自娱。"在别人看来根本无法忍受的生活，苏轼不仅积极地寻找着解决困难的方法，而且在解决问题的过程中时时收获别人体会不到的快乐、体验到别人难以体会到的幸福，无论生活把他置于何种逆境，他都能从中找到生命的突破口！这是高逆商的苏轼与众不同的地方，这就是高逆商的苏轼真实和可爱的地方：为了填饱一家老小的肚子，他放下读书人的清高和面子，直面困难而挥汗如雨，一旦生活稍有改善，他心中就有快乐和幸福涌现！他从不会因为物质上的匮乏而减少精神上的欢愉！他更不会让生活中一个方面的困难蔓延和影响到生活的其他领域。苏轼就是这样一位有着生活智慧的人，这种生活智慧跟苏轼的高逆商密不可分。

拯救溺婴显担当

在责任面前，世间之人常有的表现如下：第一种人，面对自己应该担负的责任却百般抵赖甚至极力逃避，这种人必然遭人唾弃；第二种人，努力担负起自己应该担负的责任，这种人值得学习；第三种人，努力克服各种困难，为本不该由自己负责的事负责，只因为这些事跟百姓的利益相关，这种人是大写的人。据王琳祥先生在《苏东坡谪居黄州》里面的相关叙述，因为"乌台诗案"而被贬到黄州的苏轼就是第三种人——一个值得纪念的大写的人。从逆商研究的角度来说，这样一个大写的人当然是一个高逆商的人，一个有着高担当力的人。

相关史料记载，北宋时期，在鄂州、岳州、黄州的民间流传着一个不好的风俗，一对夫妻只养二男一女，超过这个数字就将初生的婴儿放入水盆中溺死，其中对女婴尤为残酷，以致鄂州、岳州、黄州等地男女比例严重失调，出现了许多成年男子无妻可娶的现象。

苏轼被贬黄州的一天，寓居江南武昌、曾做过皇帝侍从官的王天麟来黄州看望苏轼，座谈间大家谈起黄州溺杀婴儿的残酷风俗，王天麟的介绍使苏轼感到心酸不已，以致饮食难进。苏轼实在是不忍心让这样的事情继续下去，但自己身为贬官，朝廷诏令明文规定自己不得参与公事，在皇命不可违的时代，苏轼仅靠自己的力量实在是没有办法扭转这种恶习，但高逆商的苏轼并没有在这个困难面前止步不前，在反复权衡之下，苏轼给自己的老朋友朱寿昌写了一封信，将黄州的陋习以及自己思考的应对办法直接告诉了朱寿昌，并恳请朱寿昌利用鄂州太守的职权出面革除这种可恶的陋习。苏轼给朱寿昌去信之后，自己也在黄州积极地行动起来，他将黄州几位热心于此事的人组织成一个拯救溺婴的小组，有智慧的出智慧，有钱财的出钱财，有力气的出力气。黄州士子古耕道为人诚实善良，苏轼虽然没有参与政事的权利，但是他却主动与古耕道一起走乡串户，动员黄州城内的大户人家，每年拿出十千钱，救济那些养育不起儿女的人家，劝别人权当行善积德。苏轼在自己的人生处于低谷的时候，在自己的经济最为拮据的时刻，慷慨地率先拿出十千钱以示自己对小儿的关心爱护之情。有些大户人家受其完全利他行为的感染，心甘情愿多出一些，苏轼就会用自己的方式对这些热心的人给予精神上的鼓励和褒奖。经过救婴小组的齐心协力，黄州很多富裕家庭争先恐后地解囊相助，一传十，十传百，这些富裕人家的成员甚至和苏轼一起成了民间救婴行动小组的中坚力量。在苏轼看来，同僚可以嫉恨自己的才华，朝廷可以剥夺他参与公事的权利，但他们却没办法剥夺他的许国热情，更没有办法阻止他利用自己的影响和行动为百姓解决实际问题的行为，也就是说没有任何力量可以阻止苏轼用自己的方式来实现自己强国济民的政治理想。为不是自己的责任担负起责任，为解决平民百姓的困难积极寻找方法，这就是高逆商的典型特征。苏轼认为如果自己的行动能让黄州等地每年救活 100 个婴儿，这也算是自己在谪居黄州时的一大乐事。有一种高级的快乐就是源于自己帮到了自己觉得值得帮的人，苏轼也用这种方式找到了自己忍受被贬之苦的价值——当朝廷否定自己时，当同僚陷害自己时，自己在被贬之地照样可以用自己的方式为天下百姓做事，从而间接地实现自己为国济民的政治理想。当拯救溺婴的事情日渐有了眉目之后，苏轼作《记救小儿》一文来记录这件事。

近闻黄州小民，贫者生子多不举，初生便于水盆中浸杀之，江南尤甚，闻之不忍。会故人朱寿昌康叔守鄂州，乃以书遗之。乃立赏罚以变此风。而黄之士古耕道，虽椎鲁无他长，然颇诚实，喜为善。乃使率黄人之富者，岁出十千。……吾虽贫，亦当出十千。

身为贬官，朝廷明文规定苏轼不得参与公事，可以说改变黄州溺死女婴的陋习根本与苏轼无关，苏轼可以对这种事情视而不见，更谈不上要为解决这件事负责，可苏轼却为拯救溺婴想尽办法并四处奔走，苏轼在自顾不暇的情况下仍拿出钱财积极拯救溺婴，这是真正的读书人才有的责任和担当！因为事关百姓，所以苏轼选择为自己根本不用负责的事情负责，这就是苏轼的高逆商中最有价值的部分。为改变黄州的陋习，做一些对当地百姓有益的事是苏轼谪居黄州时的一大乐事。在帮助比自己更需要帮助的人的过程中，苏轼自身的苦难也得到了消融，这也是高逆商的苏轼身处逆境时超越自身苦难的重要方法！

《寒食帖》是苏轼谪居黄州时的作品，苏轼谪居黄州时物质生活的清苦和精神理想破灭后的迷茫均可从中窥见一斑，在自身陷入物质和精神双重逆境的苏轼却尽己所能地去帮助黄州的百姓，相较于苏轼的文学才华、书法造诣和绘画才能，这种高逆商的担当力实在是苏轼身上最动人的地方，也是苏轼最为后人称道的地方！现将《寒食帖》全文引用如下：

寒食帖（苏轼）

自我来黄州，已过三寒食，年年欲惜春，春去不容惜。
今年又苦雨，两月秋萧瑟。卧闻海棠花，泥污燕支雪。
暗中偷负去，夜半真有力。何殊少年子，病起须已白。

春江欲入户，雨势来不已。小屋如渔舟，蒙蒙水云里。
空庖煮寒菜，破灶烧湿苇。那知是寒食，但见乌衔纸。
君门深九重，坟墓在万里。也拟哭涂穷，死灰吹不起。

三、拓展和研讨

1. 谈谈自己生活中遇到的逆境以及自己应对逆境的方法，苏轼应对逆境的方法对你有启发吗？

2. 以小组为单位，在网上搜集并整理苏轼在谪居黄州期间留下的其他文学作品，探究作品里蕴含的逆商资源，然后在社团活动课上用开辩论会的方式展示每个小组的研讨成果。

3. 以小组为单位，到贵大图书馆或者在网上搜集和整理苏轼在谪居黄州期间留下的书法和绘画作品，探究作品里蕴含的逆商资源，用写小论文的方式来展示小组合作的成果。

第三节 苏轼谪居惠州

一、三月四诏令 花甲七千外

也许是厌倦了朝堂大臣们之间的尔虞我诈，也许是觉得自己在地方上任职可以更好地做些实实在在的事务，也许是为了远离朝堂之上的是是非非，元祐八年，苏轼在礼部尚书的任上就曾"乞知越州"，但是朝廷没有同意。这年九月，高太后去世，宋哲宗即位，苏轼被外放到定州（治所在今河北定县）任职。本以为远离了京城的纷纷扰扰就可以少很多烦恼，可封建时代臣子的命运从来由不得自己。正在河北定州任所上

第五章 谪居文化里的逆商资源

忙于政务的苏轼接连不断地收到朝廷的贬谪诏令。这一道又一道诏令让苏轼不得不踏上他生命中的第二次贬谪之路。

据王水照先生和朱刚先生在《苏轼评传》第一章第八节中采用的史料——《续资治通鉴长编拾补》中记载，苏轼在短短的几个月内接连不断地接到了朝廷的五道贬谪诏令。绍圣元年，第一道诏令下达，诏令取消苏轼端明殿学士、翰林侍读学士称号，撤销他定州知州的职务，以左朝奉郎的身份任英州（今广东英德）知州，正六品上。没过多久，第二道诏令下达，降苏轼以左丞议郎的身份担任英州知府，正六品下。年近60岁的苏轼开始从河北定县前往今天的广东英德。在古代交通不便的状况下，这将是多么漫长艰辛的路途呀！比炎炎夏日里迢迢路途上的艰苦更让人难以承受的是苏轼精神上的极度苦闷——年事已高、仕途幻灭、前途未卜、生死难料！

就在苏轼还没有到达任所时，又接到第三道诏令："诏苏轼合叙复日不得与叙。"仍知知州，意思是仍然担任英州知州，但是无法升迁。根据宋朝官制中关于"叙官"的规定，官员如果没有重大过失，每隔一定年限即可调级升官，而这道诏令中的"不得与叙"明明白白断绝了苏轼升迁的机会。

不久，苏轼又接到朝廷发布的第四道诏令，撤销苏轼左承议郎的身份，由英州知州降为宁远军（治所在今广西容县）节度副使，惠州安置（治所在今广东惠阳东），不得签署公事。宋代的节度副使本是个虚职，品级要比司马低得多，这个官职对于苏轼已经没有任何意义。苏轼从小接受儒家文化，且才华出众，他一直跟所有的封建士子一样，希望朝廷能器重自己、重用自己，以此来实现自己强国济民的政治理想，以此来实现自己的人生价值。可现实呢，如今年近花甲之年却接二连三地接到一贬再贬的诏令，这样的遭遇让苏轼不由感叹人生真是一场笑话、一场大梦，经过了人生的奋斗和磨难，苏轼在人生轨道上转了一大圈，又重新回到了被贬谪黄州时的境况，又一次成为没有任何实际权力且由当地看管的犯官，这对苏轼而言，又是一次心灵的炼狱。"四十七年真一梦，天涯流落泪横斜"的确是苏轼当时真实心情的写照，作为旁观者，我们不可能感同身受。在朝廷正式下达贬苏轼为宁远军节度副使、惠州安置的诏令后，苏轼毅然决然地做出了决定：不再像被贬黄州时期那样，让妻儿老小一家人都跟随他，他这是要独自承担生活给予的所有苦难！他不顾全家人强烈的反对，让二儿子苏迨带领家人跟随大儿子苏迈居住，自己只带了第三个儿子苏过、侍妾朝云和两位女佣，继续南下前往惠州。三个月内，四道诏令，面对自己无法掌控的变化，苏轼没有做无谓的追问，也没有捶胸顿足、怨天尤人，而是迅速调整好自己的心态，面对这种不可测的随时随地会发生变故的局面，苏轼早已做好了接受最坏结果的准备。面对人生巨大的变故，正常的任何人也不可能做到完全不动容，苏轼也不例外，但苏轼并没有让自己长时间沉浸在痛苦之中，高逆商的苏轼留给后人应对逆境的启示是：即使遭遇了天大的逆境，对自己掌控不了的部分，就掌控自己应对它的态度并随缘自适，对自己能掌控的部分就要积极想办法去应对，并带着乐观的心态继续向未知的旅途进发！

　　苏轼离开河北定州任所南下赶赴贬所的路途遥远，他在生活上经历了许多艰难困苦，精神上也正如他初入赣州经过惶恐滩时创作《八月七日初入赣过惶恐滩》的诗中所写的那样："七千里外二毛人，十八滩头一叶身。山忆喜欢劳远梦，地名惶恐泣孤臣。长风送客添帆腹，积雪浮舟减石鳞。便合与官充水手，此生何止略知津。"诗中既有晚年遭贬的凄凉和孤苦，更有面对逆境时的自信和达观。他以花甲之年，长途跋涉了几千里，以一叶之身泛舟十八惶恐滩头，苏轼心中的心酸凄楚又哪里是三言两语可以说得完说得尽的呢？心中痛苦的情感是那么真实而强烈，但高逆商的苏轼心里明白：难过不仅对解决眼前的逆境没有任何帮助，而且还会让自己没有信心去克服眼前的困难。生命中的苦难不会因为自己的难过而自动消失，它需要人们运用自己的智慧去应对和解决。在接二连三地遭受自己无法掌控的打击时，苏轼肯定也沮丧过、痛苦过、迷茫过，但高逆商的苏轼明白，这些负面情绪对消除苦难没有丝毫益处，所以面对生命中的苦难时，苏轼依然保持着自己一贯达观的态度，并用自己的实际行动给后人留下了应对逆境的智慧。事实证明，身处逆境的苏轼，有难过但不绝望，有幽怨但不沉沦，有担心但仍继续前行，面对逆境，他不慌不乱地用自己能拿出来的最好的状态来应对自己不可掌控的一切，如在《与陈德儒书》中，他说："既然事已至此，就只能随缘唯命而已。"这就是苏轼高逆商的表现。

苏轼历尽千辛万苦，终于抵达了贬居之地惠州，结束了长达六个月左右的长途奔波的劳顿生活。

跟中原相比，当时的惠州在经济和文化上要落后许多，生活条件十分艰苦。但苏轼对这一切安之若素，凭着他一如既往的乐观和开朗，把眼前困窘不堪的生活过得有滋有味。

当年惠州的街市十分冷清，每天只能宰一头羊，身为"犯官"的苏轼哪敢与当时有权有势的人争抢羊肉呀，很多时候苏轼只能与屠夫约定，把别人不买的羊脊骨卖给自己，然后用自己独特的方法来烹饪几乎无肉可吃的羊脊骨。别人看不上的羊脊骨在苏轼这里就成了无上的美味，这也可以算得上苏轼应对生活逆境的创举吧。

今天看到这个故事，一方面，我为苏轼应对困苦的物质生活的智慧点赞；另一方面，苏轼能屈能伸的生活韧性让我深受感动。被贬惠州之前，苏轼曾多次担任过地方官，担任地方官时的受人尊重以及京城里的荣华富贵，都决定了苏轼不是一个从来没见过大世面的村野农夫。可如今，他却沦落到只能买羊脊骨的地步！若是一般人，面对这种云泥之别的生活，不是满心郁积不平之气，就是拂袖而去或者归隐山林。而现实中的苏轼呢，依然想办法把憋屈不堪的生活过得热气腾腾，甚至还用文字记下这种经历并与弟弟分享。这需要多大的生活热情和生活智慧呀！生性乐观幽默的苏轼在给弟弟苏辙的信中，无不自嘲地写下这样的文字："甚喜之，如食蟹螯。率数日辄一食，甚觉有补。……然此说行，则众狗不悦矣。"（《与子由弟十首》其七）苏轼自己谪居惠州受尽磨难，还连累弟弟苏辙也受了牵连，家人与自己也不能相聚，内心的郁闷自不言说，但是高逆商的苏轼性格中的乐观豁达，让他以苦为乐、苦中寻趣，从而不仅尝到了常人品尝不到的特殊的美味，更在别人觉得难以忍受的贬谪生活中找到了平凡而又真实的快乐，他把这种在常人看来憋屈不堪的经历看成是生命中不可复制的趣事，还用文字记录下来与弟弟分享。这其中有身处无法改变的逆境时的无奈，更有应对逆境的从容和智慧！这种从容和智慧是苏轼受后人喜爱的重要原因之一。

二、不在其位　仍谋其政

"穷则独善其身，达则兼济天下"是天下许多读书人信奉的处事准则，而宋代知识分子所普遍具有的社会责任感和忧患意识则较其他朝代更明显一些，如北宋范仲淹"先天下之忧而忧，后天下之乐而乐"的担当，南宋陆游"位卑不敢忘国忧"的情怀，而作为宋代知识分子的代表，苏轼身上同样有着常人没有的"不在其位、仍谋其政"的担当，这实在是难能可贵的事，无论身处穷达，苏轼都没有忘记自己作为一个真正的读书人对天下苍生应该担负的责任。况且苏轼从来就不是一个独善其身的人，这次被贬惠州，使他在远离朝廷、远离皇帝的同时也一定程度上远离了纷争，在他更接近民间、接近百姓的同时，苏轼对人生也有了更多的思考，在思考中，高逆商的苏轼明白了要真正摆脱个人的孤独和苦难、抵御艰难困苦的逆境，就应当深入到当地的百姓中去，关心和帮助他们，将自己的命运和喜乐与老百姓结合起来，只有这样才能忘记自身的苦难、超越自身的苦难，而不是在苦难中自怨自艾、落落寡欢、孤芳自赏——这是苏轼高逆商的直接体现，也是苏轼成为中国谪居文化中的典范的最重要的原因之一。一个人如果意识到自己活着的意义，那他就能忍受生活中的各种苦难，而苏轼更是明白了自己忍受苦难的意义在于即使自己身在被贬之地依然可以为当地百姓做事，依然可以实现自己忧国济民的政治理想。当外部的环境不利于实现自己的理想时，大多数人会长时间陷在逆境中不能自拔，并因为自己遇到的逆境而怀疑甚至看不到自己的价值，而高逆商的苏轼没有让自己长时间沉浸在逆境带来的负面情绪中，他不仅不把别人觉得不堪忍受的逆境放在心上，甚至还在逆境中积极想办法来为当地百姓做一些千古有利的实事。当时朝廷的诏令规定苏轼无权过问公事，但苏轼并没有以此为借口推卸本不该由自己来担负的责任，而是依靠时任广东提刑的表兄程正辅的力量，为原本不用负任何责任的民生问题负责，为当地居民解决了许多民生上的问题。

捐资建桥

据《与程正辅七十一首》里面的记载，没有权利签署公文的苏轼在给表兄的信中，为惠州百姓谋福祉，呼吁官府解决惠州农民纳粮的困难，为惠州百姓解决了实实在在的困难。为了解决当地百姓的交通问题，应太守詹范之请，苏轼接连给自己的表兄写了好几封信，并在信中反复向表兄陈述建桥的好处和具体的措施，希望表兄积极筹划建桥的事宜。为了筹措建桥的资金以促成建桥工作早日开始，苏轼不仅自己带头捐出了当年皇帝赏给自己的犀带，还劝说苏辙的妻子也捐出当年入宫得到的赏赐作为建桥的费用。身为贬官，朝廷明确规定苏轼不得干预公家的事，百姓出行方便不方便，是官府应该关心的事，解决百姓出行问题不是苏轼应该担负的责任。可心系百姓的苏轼却不计较朝廷对自己的否定与迫害，朝廷给予自己权力，自己要为百姓解决实际困难；朝廷不给予自己权力，苏轼依然积极地想办法为百姓解决出行的问题。这是深陷困厄中的苏轼身上最打动后人的地方，也是苏轼高逆商的行为中最有价值的部分。在苏轼的积极呼吁下，官民共同努力为惠州城修建了两座桥"以济病涉者"，为当地百姓解决了多年来都没有解决的出行不便的问题。与当时以"莫须有"的罪名陷害苏轼的同僚们的行为相比，苏轼身上这种高度的责任感是一个大写的人留给后人可贵的精神财富，也是一个高逆商的智者身上难得的担当力。

关心农事

农业时代，农事是朝廷和百姓极其关心的事，关心农事也是苏轼谪居惠州期间经常做的事情。苏轼当年被贬黄州时，看到对岸的武昌农民使用了一种先进的插秧工具，如今被贬到惠州后，苏轼便把这种工具介绍到惠州，还亲自写出了详细具体的操作细则，从而大大减轻了当时农民的劳动强度，提高了劳动的效率。

劳己为人

惠州位于气候又湿又热的岭南地区，疫病本来就容易流行，再加上北宋时期的岭南地区交通不便、医疗条件差，百姓生病后往往因救治不及时而失去生命。面对这种情况，苏轼看在眼里急在心头，没有干预公事权力的他依然想尽办法来减轻病人的痛苦。他开始一封又一封地给自己的亲朋好友写信，信中的内容都是请他们给自己寄来药材，药材一到惠州，马上就被苏轼分给了有需要的百姓。很多人不理解他的行为："无病而多蓄药，不饮而多酿酒"，还是苏轼自己给出了最好的答案："病者得药，吾为之体轻；饮者困于酒，吾为之酣适，盖专以自为也。"这就是专门的"劳己以为人"。（《书东皋子传后》）原来高逆商的苏轼是在用自己的行动践行着宋代知识分子尊崇的"后天下之乐而乐"的责任担当。在为百姓谋福祉的过程中，高逆商的苏轼消融了自身的痛苦，收获了付出的喜悦，身处贬谪之地的苏轼用替天下百姓谋福祉的方式找到了一条新的实现自己强国济民的政治理想的途径，并利用这条途径满足了自己"自我实现"的需求。"自我实现"的需求位于马斯洛关于人的需求层次理论的顶端，是人最高层次的需要，"自我实现"的过程指的是人为了实现自己的理想抱负而努力挖掘自己的潜力，使自己越来越接近并最终成为自己所喜欢的样子的过程。苏轼在贬谪之地找到这条"自我实现"的途径，既不用依赖皇帝的宠幸，也不用惧怕同僚的陷害，却能自由地实现自身的价值。这让苏轼在收获人生成就感的同时体验到了一种不依赖皇帝和朝廷也可以实现自己政治理想的自由，这种自由恰恰是封建时代身为人臣的士子们很难得到的自由。从这个角度来说，承受了贬谪之苦的苏轼是多么有智慧又多么幸运呀！这样富有智慧地应对逆境实在是高逆商的高级表现！

改造饮水工程

关心广州城自来水工程的建设是苏轼在被贬惠州期间关注民生的最大举动。广州地处沿海，当时广州全城百姓饮水困难，老百姓常年只能饮用又苦又涩的盐苦水。因此，每到春夏交替的季节，不干净的饮用水往往引发疫病流行，每年都会有很多人死于疫病。于是，苏轼听从罗浮寺的道士邓守安的建议准备引入山泉水，以解决百姓饮用又苦又涩的盐苦水的问题。有了好的设想还不够，要把设想变成现实还有许多的事情要做，苏轼当时是个被贬的"罪人"，他没有干预官府行为的权力，但高逆商的苏轼在困难面前没有气馁，他立即利用自己的私人关系写信给好友广州知州王敏仲，建议官府从关心民生的角度实施这一引水工程。王敏仲接到信后十分重视，立即派人实地考察，又几次与苏轼商议，拟定最终的施工方案，有了可行的施工方案后，苏轼又用自己的方式积极筹措建设经费，这个与百姓生活密不可分的利民工程于绍兴三年开始修建，并最终完成，这与当时谪居惠州并无签署公文权利的苏轼的坚持与努力是密不可分的。

百姓喝不上干净的水本是为政者应该关心的事情，苏轼这个不能参与公事的贬官有一百个理由不用为这件事负任何责任，可高逆商的苏轼却主动选择为自己不用负任何责任的事情负责，只因为这件事关系到百姓的切身利益，这与那些只关心自身、亲朋好友和小集团利益的人相比，真可谓是判若云泥。

这就是苏轼，这就是高逆商的苏轼，他不在其位而仍谋其政，跟苏轼在文学、书法、绘画和哲学等方面的成就相比，这种身陷逆境却想尽办法为百姓解决重大民生问题的高逆商行为也许才是苏轼身上最打动后人的地方，也是后人最敬佩苏轼的地方！中国古代有很多文人是"穷则独善其身，达则兼济天下"，苏轼却不是这样：无论是穷还是达，他都要努力地兼济天下；无论身处逆境还是顺境，他都要努力地为百姓办实事；无论朝廷重用自己还是贬黜自己，他都要为苍生谋福祉。正如南宋爱国诗人陆游评价的那样："不以一身祸福，易其忧国之心。"（宋陆游《题东坡帖》）不因为自身的祸福而改变自己忧国忧民之心，这句话可以说是对苏轼忧国忧民的爱国情操恰如其分的高度评价，也是苏轼高逆商中最有价值的地方!

三、拓展和研讨

1. 以探究小组为单位到贵州大学图书馆去借阅或者在网上搜集苏轼谪居惠州时留下的文学作品、书法作品和绘画作品,探讨其作品中蕴含的逆商资源,并以小组完成小论文的形式来呈现研讨成果。

2. 王安石与苏轼的关系特殊,王安石的人生也是大起大落,以探究小组为单位到贵州大学图书馆借阅或者在网上搜集与王安石相关的书籍,用完成小论文《比较苏轼与王安石的逆商》的方式来展示小组探究的成果。

第四节 苏轼谪居儋州

一、远无可远赴天涯 此心安处是故乡

苏轼在惠州居住了三年左右,绍圣四年闰二月,朝廷的诏令又下达了:"责受琼州(治所在今海南琼山)别驾(知州的佐官),昌化军(治所在海南儋州),不得签署公事。"

琼州就是今天的海南岛,今天的海南岛已经成为日益富饶的旅游胜地之一,但在宋代,这里却是被人们称为天涯海角的地方,是当时堪称最边远最险恶的荒蛮之地,朝廷大臣被贬到此地,实在是无更远处可贬了。在当时,这种惩罚仅次于判处死刑。与先前被贬黄州、惠州相比,苏轼被贬海南,意味着苏轼的命运再次遭遇重大磨难。这次被贬与前两次被贬的不同之处是:这时的苏轼已经是62岁体弱多病的老人,在

"人活七十古来稀"的古代，62岁也可以算得上是高龄了，一向乐观旷达的苏轼接到诏令后也认为自己此次被贬是："生还无期，死有余责""某垂老投荒，无复生还之望。"处于风烛残年之际的老人还被贬到那么荒僻、遥远的地方，苏轼认为此生自己根本已没有生还中原的希望了。因此，苏轼决定让其他家人都留在惠州，他只带儿子苏过一个人前往儋州，并且决定到了海南之后，"首当作棺，次便作墓"，即到达海南之后，第一件事是为自己做一口棺材，第二件事是为自己找好墓地。这表明苏轼已经做好了死后就葬在海南的准备，并为此立下遗嘱，对长子苏迈吩咐了后事。世间之事，没有比死亡更能考验人的，在面临生离死别之际，高逆商的苏轼显得异常冷静，他一方面做好了应对最坏结果的准备，一方面又用最好的状态来度过身处逆境中的每一天，苏轼把逆境中自己能掌控的部分和不能掌控的部分分得特别清楚，接受并坦然面对不能掌控的部分，积极乐观地去面对自己能掌控的部分。苏轼应对生命中重大逆境的高逆商的方式是他留给后人的精神财富之一。

　　一路跋山涉水，苏轼和苏迈终于到达了儋州。北宋时代的儋州自然条件恶劣，人口不多，极为偏僻荒凉，在中原人士看来，被贬琼州仅次于死刑，生活条件自然没办法和当时的中原地区相比。苏轼在写给朋友程天侔的信中说："食无肉，病无药，居无室，出无友，冬无炭，夏无寒泉。"物质上的匮乏在经历了人生大起大落的苏轼看来算不上什么困难，可身边没有书籍、笔墨和纸张，还因为语言不通而没办法与当地人交流，当地的习俗也与中原极为不同，没有可倾诉的朋友，这些才是最让苏轼难过和难熬的。刚来到海南的时候，苏轼的感觉简直是度日如年。

　　苏轼曾经作为天子的老师陪伴着天子读书，如今沦为犯官，还被贬到不能再远的儋州，更让常人难以承受的是被贬到儋州的苏轼竟然落到了无处可居的境地！刚抵达儋州时，苏轼得到了儋州行政长官张中的帮助，暂住在破旧的官舍之中，也总算在举目无亲的地方有了个栖身之所。但不久，在一个下雨的天气里，朝廷派来的官吏口称"奉命行事"，将苏轼父子连夜赶出官舍。苏轼只好和儿子两人在屋外的树下度过了一个不眠的夜晚。苏轼诗中的句子"旧居无一席，逐客犹遭屏"（《新居》），所指的就是这件事。张中也因为帮助了被贬的苏轼而遭到罢黜。今天，我们已经无法知晓，在那个伸手不见五指的雨夜，苏轼父子苦苦撑到天亮的细节。但我们可以肯定的是，苏轼凭借着极其强大的内心才承受住了那个夜晚的凄风苦雨，这种折而不断的韧性也是苏轼坦然面对人生风雨的依靠。后来无法可想的苏轼只得在儋州城南桄榔树下买地自己建屋，当房子还没盖起来时，身上仅有的一点积蓄已经全部花光，建造房屋最后的工作是靠着十几个跟随苏轼求学的士人与当地的百姓一起帮忙才完成的。当时茅屋四周尽是桄榔树，苏轼便把新居取名为"桄榔庵"。茅屋终于建成了，可此时的苏轼已经是囊空如洗，连日常的生活用品都没有着落。但苏轼认为"困厄之中，何所不有？置之不足道，聊为一笑而已"（《与程全父十二首》其九）。身处几乎与世隔绝的儋州，在物质与精神的双重打击下，苏轼并没有怨天尤人，而是勉励自救，并微笑着面对这一切，曾经位高权重的苏轼在落难到这种地步的时刻也没有丧失对生活的希望，这样应对逆境的方式和苏轼有着超出一般人的高逆商的生活智慧密不可分。

"老人与过子相对，如两苦行僧耳"（《与元老侄孙书》），从苏轼的这封信中可以看出，苏轼被贬儋州时物质生活的艰难可见一斑。苏轼听说当时谪居雷州与自己隔海相望的弟弟苏辙瘦了不少，再看看因营养不良而同样消瘦到连帽子都显得太大而经常掉落的自己，他一方面想办法渡过难关，一方面还创作诗歌与苏辙开玩笑，诗歌名为《闻子由瘦》：海康别驾复何为，帽宽带落惊僮仆。相看会作两臞仙，还乡定可骑黄鹤。这首诗里完全看不出苏轼面对极端匮乏的物质生活时的捶胸顿足、愁眉苦脸，相反，我们从诗歌中感受到的是苏轼身处逆境时的幽默和乐观——如果继续这样瘦下去，我俩怕是要成为两个清瘦的仙人骑着黄鹤回到故乡了！高逆商的苏轼懂得，用微笑面对生活中的苦难，苦难带给我们的痛苦就会减轻，用愁眉苦脸来面对生活中的苦难，苦难带给我们的痛苦就会翻倍。他永远用乐观而豁达的心态面对生活，他在物质生活方面可能是匮乏的，但他在精神的领域中永远富足。正因为如此，就算是身处如此艰难的处境中，也曾位高禄丰的苏轼仍能随时随地保持着热爱生活的态度，生命中的任何逆境也夺不走高逆商的他那随缘惜福的生活智慧。苏轼在极度困厄中留给我们的精神财富是多么可贵呀！

　　苏轼个性中的旷达让他随缘为命、随缘为乐！苏轼在儋州时创作的《谪居三适》中记录了自己从极为平常的三件小事感受到的无穷乐趣。第一件乐事是"旦起理发"——早上起床后，迎着海风，对着冉冉升起的海日慢慢梳理着自己的头发，这个时候什么都可以想，什么也都可以不想，这样就可以享受生命中真正的自由，如果愿意，还可以自由地与天地万物对话。这位被贬儋州的老人就这样静静地享受着生命中每一次静谧时光中的快乐，这种快乐是那么的平淡、真实和恒久。苏轼常做的第二件乐事是"午窗坐睡"——吃过午饭，闲坐在窗户旁边，也许想着要看看几页书，可不知不觉中已经悠然睡去，而唤醒自己的可能是海浪拍打礁石的声音，也可能是鸟儿在枝头呼朋引伴的声音。苏轼经常做的第三件乐事是"夜卧濯足"——夜幕悄然而至，在睡前不慌不忙地洗个脚，在这平常得不能再平常的小事中，苏轼满心都是因宁静平和而带来的喜悦。在这种"得米如得珠"的海南儋州，苏轼的物质生活如同苦行僧一般，可苏轼的精神世界却如此丰满富足，这就是高逆商的苏轼寓居思想里的审美人生的具体写照——只要你去寻找，生命中总存在美的东西，也总能找到让人开心快乐的地方。62岁的苏轼在谪居海南儋州的时候，就是这样努力地从细微的生活小事中寻找到解脱自己心灵的途径。苏轼正是凭着"此心安处是吾乡"的旷达，把自己心中郁积的各种不平之气编织成了自己喜欢的花环，让生命中的所有苦难化成了自己生命中独有的绚烂！

如果苏轼的高逆商只是让自己免除了逆境带来的伤害，让自己不因为遭遇的逆境而难过，人们会学习他、效仿他，但绝谈不上敬重他，苏轼真正让后人景仰的地方在于：身处被贬之地且在没有权利过问公事的情况下，没有怨天尤人、自暴自弃，而是积极地利用自己能利用的一切力量来为当地百姓办实事，在自身的日常生活也捉襟见肘的时候，他还要挤出钱财为百姓解决实际困难，他的行为超越了一般封建士大夫"穷则独善其身，达则兼济天下"的处世之道——无论穷达，他都要尽力为民办事为国分忧！

位于今天海南省儋州市中和镇的儋州东坡书院，是儋州百姓为了纪念北宋大文豪、谪臣苏东坡而建的。史料记载，该书院大约在北宋绍圣四年开始修建，明代时更改为现在的名字，如今它已经属于全国重点保护文物。

二、不以一身祸福　易其忧国之心

自比箕子

在北宋的元祐大臣中，苏轼被贬到海南儋州是仅次于判处死刑的处罚，甚至我们可以大胆想象，如果不是宋朝统治者有着"不杀士大夫"的规定，苏轼命运的结局十有八九是人头落地。苏轼这次被贬儋州，路途遥远，前途更是凶险莫测，但在前往儋州的路上，苏轼心中的怨恨之意较之前被贬黄州和惠州时更少了，他甚至把自己被贬海南看作是"天其以我为箕子"（《吾谪海南，子由雷州，被命即行，了不相知，至梧乃闻》），意思是上天大概是要让我成为像周朝的箕子那样传播华夏文明的人吧。这种乐观想法的背后是苏轼强烈的自我肯定和高度的责任担当。明知前路凶险，可高逆商的苏轼依然乐观豁达，并用智慧的放大镜在充满苦难的生活中寻找着实现自己人生价值的独特方式，在压抑的深渊里寻觅着可以呼吸的天空，在阴云密布的黑夜里找寻可以照亮自己内心的光亮！这就是苏轼那可以穿越时空而不朽的独特迷人的人格魅力！事实上，到达被贬之地儋州后，苏轼也的确在用自己的实际行动做着传播华夏文明的事情。

北宋时期的海南，当地的农业生产与中原地区相比落后了很多，苏轼到达儋州后发现了一个矛盾的现象：一方面当地荒芜的田地很多，一方面当地稻米奇缺。儋州落后的农业生产又成了苏轼关心的事务。他主动地、不厌其烦地劝说当地百姓开垦荒地、多种稻谷，还亲自抄写柳宗元的《牛赋》，请当地的和尚走街串巷地宣传，目的是让当地百姓不要随意宰杀耕牛以促进当地农业发展。对于没有权力干预公事的苏轼来说，落后的农业本可以是自己毫不关心、高高挂起的事，可苏轼却自觉地把这份责任放在自己的肩头，这是真正的读书人的担当，也是不因自身祸福而始终对百姓高度负责的政治家的情怀！一个自身难保且没有处理公事权力的"犯官"却自觉地做着对百姓有利的千古不朽的事业。这种责任担当就是高逆商里的担当力，也是当今社会需要大力弘扬的优秀品质。高逆商的苏轼从来不会让眼前一时一地的事情困住自己，更不会让它们阻碍自己去实现自我的价值，哪怕企图困住自己的压力来自有着生杀予夺大权的朝廷和皇上也毫不例外！他的随缘自适不仅是不把逆境放在心上的豁达,更是利用逆境成就更好的自己的智慧。他在超越逆境、寻找生命突破口的过程中实现了自己忧国济民的政治理想——这才是高逆商的苏轼留给后人最大的生活智慧!

到达儋州后不久,苏轼看到儋州用来教学的房屋破败不堪,前来读书的学生也三三两两且无心向学,教书的先生更是无所事事。苏轼很想改变这样的现状,可作为一名贬谪的官员,朝廷明确规定他没有干预公事的权力,自然也就没有干预当地教育的权力。但苏轼不允许自己在这种情况下什么也不做,所以他只能利用自己个人的影响来与当地的文人广泛交友,并用这样的方式将儋州有心向学的读书人吸引到自己身边来,以营造发奋读书的氛围。经过三年的讲学明道,儋州当地的年轻人专心向学蔚然成风。《琼台纪事录》里记载:"宋苏文忠公之谪儋耳,讲学明道,教化日兴。琼州人文之盛,实自公启之。"这段文字记录是苏轼为儋州的百姓传播华夏文明的最好证明,苏轼屡遭贬谪身处江湖之远也没有忘记承担一个真正的读书人忧国忧民的职责,这是苏轼人格中最动人的地方。苏轼这种高逆商的担责行为,让苏轼找到了生而为人的最大价值和自由,也因此受到了后人的景仰而流芳百世!

身陷逆境且自顾不暇的苏轼没有选择自暴自弃、郁郁寡欢,而是主动选择努力为百姓做事。从黄州到惠州再到儋州,苏轼在贬谪期间勇于为义的选择超越了现实的利害关系,只要对百姓有利的事情,即使朝廷不给予自己为百姓做事的权力,自己也要千方百计地去做。相反,现实世界里太多人做事的标准是看对自己是否有利,眼前的事情对自己个人有好处就做,眼前的事情对自己没有好处就不做。两相对照,苏轼行为的难能可贵就不言而喻了。历尽磨难的苏轼,一直在用自己的行动实践着古代优秀知识分子"穷""达"都要"兼济天下"的操守!高逆商的苏轼,用帮助百姓解除疾苦的方式来消融自身的苦难。被贬儋州的他终于找到了不用依赖朝廷和皇帝就可以实现自己拯世济民的理想的广阔天地。有人说这是逆境成就了苏轼，我更想说是高逆商的应对逆境的智慧成就了苏轼。

三、拓展和研讨

1. 以探究小组为单位到贵大图书馆借阅或者在网上搜集苏轼谪居儋州时留下的文章，探讨作品中的逆商资源，用完成小论文的方式展示各小组探究的成果。

2. 以探究小组为单位到贵大图书馆借阅或者在网上搜集其他身处逆境仍然热爱生命、热爱生活的其他人的事迹，利用社团开展辩论会的方式展示小组探究的成果。

第五节　苏轼伴我行
——从"庙堂"到"大地"的智慧

苏轼在文学、绘画、书法、史学和哲学等方面的成就带给了后人很多启示，作为一个逆商研究者，我更希望把苏轼在苦难中寻求从"庙堂"到"大地"的生存智慧介绍给我的学生以及同样需要这种智慧的其他人。

一、依靠"庙堂"实现自我价值

儒家思想作为先秦时期对后世影响最大的学说之一，儒家知识分子大多有拯世济民的热情，他们愿意参与到社会中的各种事物中去，并期待用自己的行动来干预和改变社会生活，并以此作为实现自己人生价值的重要的甚至是唯一的途径，而宋代的士人这种积极入世的情怀较其他朝代的读书人更加明显。作为北宋时期有代表性的读书人之一的苏轼，自然也会非常看重"潜心读书—考取功名—出仕做官—拯世济民"这条实现自我价值的路径。中国文化史上习惯把封建士大夫这种依赖朝廷和皇帝给予自己的权利来替帝王服务从而实现自己人生价值的方式称为"庙堂价值"。对于自少年时代起就胸怀大志的苏轼来说，他和封建时代的其他读书人一样，首先会选择"学而优则仕"这条道路来实现自己的抱负。苏轼在多次担任地方官的时候就尽心尽力地为当地百姓办实事、谋福祉，期待着依靠朝廷给予自己的权利建功立业以实现自己的人生价值。如苏轼在杭州、密州、徐州、扬州、颍州和定州等地任职的时候尽心尽力地为百姓做事，这种行为就是在利用朝廷和皇帝给予自己的权利实践着自己济世利民的政治抱负。

二、寻找"大地"的过程

苏轼在担任地方官期间，每到一处都极大地关注着百姓的疾苦，并坚持为民请命，替百姓争取实实在在的利益，为百姓解决衣食住行等各种困难，这种种行为表现了他作为一个有着高度责任感的政治家的担当，他利用朝廷给予自己的权利为百姓做事，从而获得事业上的成就感，进而实现自己的人生价值。但随着苏轼在宦海的大起大落，尤其是苏轼先后被贬黄州、惠州和儋州的政治经历，处处显示着与朝廷和皇帝有着极大关系的"庙堂"这个精神支柱的不可靠。苏轼在被贬黄州的时候已经45岁，当时主张变法的宋神宗才33岁，照当时的情形来看，作为政治家的苏轼的政治生涯已经前途渺茫，虽然遭贬的苏轼已经离开了政治漩涡的中心，但北宋当时险恶的政治环境仍然时刻有可能危及他的生存，朝廷的政敌们还隔三岔五地拿苏轼被贬之前任职期间的一些事来控告他。这样的事情经常让已经无官可削的苏轼感到自身处境的凶险。对于那时的苏轼来说，事业上的成就感是得不到了，因为得不到这种成就感，苏轼陷入了真实而强烈的痛苦之中。在被贬黄州期间，深陷强烈痛苦之中的苏轼并没有完全放弃对朝廷的希望，他歌咏赤壁的文章中就蕴含着这样的情感。如《念奴娇·赤壁怀古》中苏轼把"早生华发"且功业无望的自己与"雄姿英发"且功业有成的周瑜作对比，既自嘲了身为戴罪之身且处于朝不保夕的处境中仍有所希冀的自己，也表达了自己对建功立业的周瑜的羡慕。在《赤壁赋》中也有"望美人兮天一方"的句子，这里的"美人"喻指圣君，这表明这个时候的苏轼仍对朝廷的恩遇和对皇帝的赏识抱有希望。可接下来苏轼被贬的地方越来越偏远，这一次又一次越贬越远的现实，不仅让苏轼因为少了俸禄而要面对现实世界里的短米之苦和居无定所的困境，更让苏轼失去了参政、施政的机会，后者对苏轼那济世利民的理想来说是毁灭性的打击，甚至让苏轼一时之间找不到自己生命的意义和价值，何况这三次贬谪的时间贯穿苏轼不惑之年到近古稀之年，所以那种从年少时期就根植心中的许国宏愿的最终幻灭给苏轼带来的痛苦才那么的真实、强烈和不容易解脱。为了摆脱这种痛苦，苏轼必须重新思索和寻找自己的安身立命之计。庙堂和君王的不可靠迫使着苏轼重新寻找自己生命的出口，贬谪生活中种种磨难的淬炼让苏轼不再对朝廷和君王心怀希望，生命中新的出口需要苏轼运用自己的智慧去寻找。

三、苏轼的智慧成就了苏轼的幸运

作为北宋那个时代的读书人，尤其是作为北宋士人代表之一的苏轼，其价值观中的庙堂意识极难完全消失，但当自身因遭遇贬谪或者罢黜而处在被庙堂否定的境遇时，封建士大夫通常会选择两种做法中的一种，一种是选择悲愤离世的方式来表明心志，另一种是选择远离尘世隐居，而这两种选择都不是苏轼理想的生命状态。庙堂的否定和贬谪之地苦难生活的淬炼迫使着苏轼去思考生命新的出口在哪里。可喜的是，苏轼在人生最窘迫的时刻也不曾选择悲愤离世的应对方式和亲近仙山佛国的出世之路，而是在任何境遇下仍保持着对人生、对世间美好事物的执着与追求，他上下求索并最终为自己的精神寻找到了真正可以栖居的"大地"——包括庙堂在内的广阔无边的人世间。只要活在人世就可以创造属于自己的价值，那就是一种积极入世却不指向和依赖庙堂的价值。具体来说，这种价值指向苏轼在被贬黄州、惠州和儋州期间进行的学术研究、文艺创作、参禅悟道等各种活动，尤其指向苏轼在贬谪期间依然关心百姓的疾苦并积极利用自己的力量和实际行动解决百姓遇到的困难。这样一来，苏轼挣脱了那个时代"庙堂"思想对自己的束缚，摆脱了封建时代臣子对朝廷和君王的依赖，更把同僚对自己的陷害当作让自己呼吸得更顺畅的空气，从而在精神上获得了真正的自由，同时也在行动上获得了创造的自由，甚至在实现自己济世为民的政治理想的方式上也实现了自由，这对有着种种限制的人生来说是多么透彻也是多么幸运的领悟呀！这种自由是不是我们非常熟悉的庄子在《逍遥游》里反复阐释的世界？这种在任何逆境面前依然可以随时实现自己济世为民的政治理想是不是孔子曾经渴慕的世界？苏轼对中国文化史最大的贡献恐怕就是这种把庄子和孔子两种不同的生存模式完美结合在一起的创举吧。如果庄子和孔子在世，恐怕也不得不佩服苏轼的智慧吧。依赖"大地"才可以自由实现自我价值的觉醒让苏轼在被贬黄州时就在《定风波》里写下了"莫听穿林打叶声，何妨吟啸且徐行，竹杖芒鞋轻胜马。谁怕？一蓑烟雨任平生"这样有名的诗句。从寻求生命的价值这个角度来说，接连不断的逆境让苏轼饱尝了强烈的痛苦，也让苏轼在找寻方法解脱这种痛苦的过程中找到了依托包括庙堂与庙堂之外的广阔世界的人世间的价值，中国文化史上多用"大地"这个概念来指称包括庙堂和庙堂之外的广阔世界。传统思想的三教互补体系中包含着一个"出庙堂即出世"的逻辑错误，这个错误的逻辑让封建时代太多的士子在身居庙堂时踌躇满志，一旦因为各种原因离开了庙堂，太多的士子就开始郁闷到不能自拔甚至严重到找不到自己的生存价值，最后或者郁闷终生而死或者哀怨地远离人世，但苏轼所寻求到的个体生命的价值，苏轼所选择的生存模式对后世文人选择自己的生存模式产生了深远而巨大的影响。

越贬越远的经历在让苏轼的物质生活陷入困窘的时候，更引起他精神上强烈的苦痛，但是苏轼最终不仅战胜了外界给予自己的一切磨难，而且还在解脱自己的心灵、战胜困难的过程中找到了一种不依赖庙堂也同样可以实现自己忧国为民的理想的途径，外界的打击不仅没有击垮苏轼，反而帮助苏轼实现了一种不出世却又不依赖封建君主和庙堂来衡量的人生价值，这实在不能不说是苏轼的智慧成就了苏轼的幸运！苏轼身上体现出了一种不被任何逆境击垮的坚韧，这正是苏轼吸引人的地方，当然也是苏轼高逆商的表现。

苏轼承受了生命中的种种磨难而最终获得并实现了一种可以由自己来掌控而不由封建君主和庙堂来主宰的人生价值，苏轼不仅用自己的生存智慧让自己成为那个特定时代的赢家，还用这种生存智慧唤醒了封建时代的诸多士子们去思考作为个体生命的意义，这其中有心酸，而更多的是挣脱了时代桎梏的喜悦和自豪！这也许就是宦海沉浮的苦难对于苏轼最大的意义吧。苏轼在痛苦的求索中让自己和后世的士子们明白了士人们有自己的生存价值，封建时代为帝王服务不过是实现人生价值的一条途径，并且这种价值本身也不是由高官厚禄来衡量的。在封建社会，士人们出仕的目的固然是学得佐王术卖与帝王家，但他们积极参与社会活动的根本目的却是为实现自己的人生价值。所以当事与愿违的时候，士人可以而且应当超越君王与臣子的关系，积极地去寻找不依附于君主的赏识和朝廷器重的个人自身的生存价值。苏轼作为人臣的时候，自然是秉承并坚守一个臣子的节操，但更根本的是作为一个人的生存价值。苏轼以成熟的人格独立于天地之间，对一切逆境安之若素，在成功应对人生逆境的过程中创造着丰富的价值，在克服各种困难的过程中实现自己济世为民的政治理想，这才是后人熟悉和喜欢的苏轼的形象。因为有了这样彻悟后的从容，苏轼实现自己价值的范围一下子从庙堂转向了包括庙堂在内的人世间，从此无论位列朝堂之上而在职为臣的苏轼还是被贬江湖在世为人的苏轼，其包括文学创作在内的一切创作活动都绽放着人生的诗意般的美好，体现着人生存的价值。仕途中的东坡义无反顾地实践和履行着作为臣子的节操，贬居中的苏轼身处逆境而仍然热爱生活，并能在最普通的日常生活中寻觅到诗意，更能把艺术化后的生活呈现在自己的文学作品里，这样苏轼就从依赖庙堂的境界进入了更宽广的人的境界中，人比臣大，有了这种人生的彻悟，超越了逆境和现实的利害关系的苏轼就以"坡仙"的姿态悠然而自在地寓居在人间。人们经常谈论苏轼的豁达和随缘自适并尝试探究其中的原因，苏轼的这种人生彻悟就是最好的注脚。为臣的东坡与为人的东坡本是同一个对象，为臣的东坡所取得的成就当然也不小，但最终的意义归向于为人，且人本就包含了臣意。因为苏轼实现自身价值的舞台从庙堂转向了包括庙堂在内的广阔无垠的大地后，苏轼的精神自然也就有了更为广阔也更可靠的栖息的大地，所以苏轼在被贬黄州、惠州和儋州的日子里，难过的情绪持续的时间一次比一次短，苦难带给苏轼的影响也越来越小，最终苏轼在身陷任何逆境中都依然可以气定神闲地进行着一系列创造性的活动，同时不依赖皇帝的赏识而做着千古不朽的拯世济民的事业。

从"庙堂"到"大地"，苏轼实现自身价值的范围和地点一下子变得无比宽阔和无处不在。从此，从庙堂走向谪居之地的苏轼虽身处逆境但仍热爱生活，他带着审美的放大镜去找寻平凡生活中的美，并敏锐地发现并记录司空见惯的生活中的诗意，细细品味着日常生活中蕴含着的深长滋味，努力挖掘普通生活中的无穷意趣，最最值得称道的是，贬居四荒的苏轼，虽然没有了朝廷允许自己参政的权利，可仍然利用自身的各种关系勇于为义、造福苍生！这样集人间烟火气、诗人气质和读书人的社会担当于一身的苏轼就成了后世人倍感亲切和最喜欢的模样！

苏轼在谪居期间创作的大量文学作品就是在获得人生彻悟后诗意人生的自然表现。苏轼的足迹遍及各地，从峨眉之巅到钱塘之滨，从宋辽边境到岭南、海南，他的诗集中留下了许多名山大川及城乡风光的画卷，那自然不是简单地再现，而是蕴含了他的人生思考与审美趣味，以及对乡土的眷恋和对祖国大地的热爱。这使他几乎把居留过的每个地方都看作自己的第二故乡，正是这种处处皆是吾乡的感觉，使他在迁转流离的生涯中还能不断地体会到生命寄居的快乐而不愿乘风归去，只有真正热爱生活的心灵才能感受到生活中无处不在的生机，尤其是在苏轼的谪居期间，一个有着杰出才能、又有着远大理想却又屡遭贬谪的知识分子那种复杂的精神世界，也自然成了苏轼抒情诗所着重倾诉的内容。苏轼在黄州、惠州、儋州所作的抒情诗中有一些是表现自己心中因贬谪而产生怨意的诗歌，怨的同时其实也就意味着自我肯定，因不被庙堂肯定而有怨，那么自我肯定的凭证当然就要到庙堂之外去寻求。所以苏轼怨庙堂的过程也是寻求自己精神栖息的大地的过程，苏轼在黄州时期创作的带有怨意的作品中蕴含着自我肯定的成分，但这个时期苏轼的自我肯定中还是夹杂着自己被庙堂抛弃的怨气，换句话说苏轼之所以对庙堂还

第五章 谪居文化里的逆商资源

有一些怨意，是因为苏轼心中自我肯定的声音不强，还需要朝廷和皇帝对自己的赏识来证明自己的价值，于是这个时期的苏轼对庙堂还怀有留念和希望之情，正如他在《赤壁赋》中所说的那样："望美人（喻指圣君）兮天一方"，即使现实一再提醒苏轼重获君王赏识的理想已经离自己非常非常遥远了，可心中名叫"希望"的那根线始终没断。当苏轼被贬到惠州之后，苏轼的思想又向前发展了一步，他对朝堂的眷念和对君王的倚重越来越少，这种思想反映在文学作品中就是苏轼在惠州创作的作品中自我肯定的思想已经超过了被朝堂抛弃的怨气，所以这时的作品中才能表现出旷达淡泊的风格。而苏轼被贬到儋州以后，可以说他思想中已经完全不再在意朝廷和君王给不给自己机会来实现自己的价值，苏轼在前往被贬之地儋州的路上就把自己比作周朝传播华夏文明的箕子——外界越是否定自己，自己就越是肯定自我的价值，并且能找到实现于己于人于民于国都有益的自我价值的途径，这是苏轼人格成熟的体现，更是苏轼成熟的人生智慧。从心理学的角度出发，当我们特别在意外界对自己的态度和评价时，说明我们内心对自我价值的认可度还不够，我们被外界的评价和态度掌控了自己的精神自由、快乐和幸福；当我们不再心心念念地依赖外界给予自己肯定的时候，我们的精神就更加独立而自由，我们的内心也会更加自信且从容，我们的认知和情绪才不容易被外在的对象操控。从而就自然会去寻找永远可以依靠的自己肯定自己的机会，所以被贬至儋州的苏轼创作的诗歌中已经全然是自我肯定的声音，作品的风格也呈现出端严深厚、骨力苍老的风格，自然也就没有了丝毫的怨气，这是苏轼在获得彻悟人生后在文学作品中的自然表现。晚年的苏轼，确实进入了思想的澄明安适之境，完全没有了之前被贬黄州和惠州时偶尔出现的怨气，身处儋州的苏轼已经完全会自我肯定，这说明苏轼终于在实践中把实现自己价值的范围从庙堂之上扩展到了包括庙堂在内的大地之上的任何地方，寻找到了精神可以栖息的广阔无垠的大地的苏轼，也就把自己生命的意义和价值寄寓在了包括参政和施政活动在内的各种创造性的活动中。这个时候，苏轼已经从一个依赖朝廷的封建官员蜕变成了一个依附于大地的人了，如同一棵活在盆景中的植物蜕变成了一棵扎根大地的植物，他的生命力也由此而变得异常顽强而不惧怕任何风雨的袭击。他凭借着顽强的自我肯定的精神与种种理性的智慧来应对生命中的种种苦难，这样，种种苦难不仅没有击垮苏轼，反而成了滋养苏轼精神的营养，如同自然界的日晒雨淋反而让扎根大地的树木更加茁壮一样！苏轼承受并化解所有苦难的过程也就是在探索并实现人的一生寄寓于世的意义。以整个大地为依托，苏轼在经历了人生种种坎坷的过程中领悟到了他经历人生苦难的意义——把关切大地上所有生命的祸福作为自己的责任，而不是像过去身居庙堂时那样只对君王和朝廷负责。怎么去看待一个人自我的价值和外界对自己的评价这两者之间的关系呢？理想的生命状态是什么样子呢？在哪里可以找到呢？没有人给苏轼现成的答案，苏轼必须自己去求索，去为自己的生命找寻一个新的出口。思想上的困惑和人生的苦难终于迫使苏轼去思考作为人的意义，最终明白只要自己在做臣时不辜负黎民，便可以问心无愧，从而拥有了藐视朝廷任何打击的底气和断然超越政治的勇气，并用关心和解决民生疾苦的方式消融了自己生命中的种种苦难，实现了自己的人生价值，这才是苏轼生命中最动人的地方！苏轼在被贬黄州、惠州和儋州的贬谪生活中饱尝了强烈的痛苦，也在被皇帝赏识时体会到了"春风得意马蹄疾"的兴奋，正是在历尽了人生大喜大悲的过程中，苏轼才明白了人生的真相，才经得起外界的任何打击，也练就了自己善于应对逆境的本领，始终把掌控自身价值的方向盘紧握在自己手上，并始终以审美的姿态寄寓人世。于是他的人生开始转悲为喜——随遇而安且处处有乐！苏轼在遭遇逆境期间努力寻找着人生的种种乐趣，并最终实现了自己作为人的生存价值，在种种乐事之中，艺术创造让苏轼体会到了真正的快乐，积极主动地关心民生疾苦彰显了苏轼作为真正的读书人的责任和担当，也成就了苏轼济世为民的理想，王水照和朱刚先生在《苏轼评传》中认为，苏轼在"非臣即僧"的逻辑之外找到了"非臣非僧"的人的价值，这或许就是在谪居期间历经苦难的文化巨人苏轼为中国文化作出的最大的贡献！

在这个风云变幻的时代，苏轼从被"庙堂"否定到寻找"大地"的人生智慧有了象征意义，带给当下高中生很多启示，有利于培养高中生的责任担当，尤其是苏轼对逆境的正确认知以及高逆商应对逆境的方式能帮助高中生提高逆商水平和应对生命中坏事件的能力，同时也是开展预防抑郁症教育的有效途径和提升高中生核心素养的独特方法，并最终促进高中生健康成长。苏轼生命中的被"庙堂"抛弃的打击，也许如同当下高中生生活里明明勤学苦练却仍然不如意的成绩，也许是当下高中生生活里自己心心念念的爱慕对象对自己的视而不见，也许是当下高中生生活里的父亲或者母亲的一场意外重病……总之，当生活中遇到不顺利的事情而处于逆境中时，当生活中心心念念的东西不能如愿时，我们是缩在困境中怨天尤人、郁郁寡欢，还是应该像苏轼一样积极地去思考去寻找突破困境的方法，成功地在困境中突围，并发现困境之外那些更广阔更美好的世界，苏轼高逆商应对逆境的方式确实给成年人尤其是高中生带去特别多的启示。苏轼生命中的"庙堂"情结也许是高中生世界里心仪已久的恋爱对象，也许是高中生求学世界里好的学习成绩，也许是高中生向往已久的理想大学，也许是……当高中生小心翼翼地靠近心仪已久的恋爱对象而对方根本不理睬自己时，如何从失恋的阴影中走出来并依然相信爱情，并在未来的日子里找到美好的爱情；当高中生拼尽了全力学习成绩也还是差别人很远时，如何从不自信中走出来并依然相信努力的价值；当高中生与从小就仰慕不已的理想大学失之交臂时，如何从失利中走出来并依然相信自己还可以通过考研的方式走进这所大学……苏轼应对逆境的智慧即高逆商应对逆境的方式能给予高中生太多启示，这就是我让逆商较低的高中生了解谪居文化中的典范——苏轼的原因，也是我把以苏轼为代表的谪居文化融进高中逆商教育的意义，但愿苏轼成功应对逆境的人生智慧能够帮到有需要的高中生，在这个逆境无处不在的今天，高中生越早领悟到苏轼成功应对逆境的人生智慧就越能健康成长，这是我写这本书的初衷。

四、拓展和练习

①苏轼故事我来讲：逆商社团的成员事先分组布置学生搜集苏轼被贬三州的故事，然后用组织"故事大赛"的方式来向全校同学讲述自己在故事中获得的启发。

②搜集古代其他人在谪居期间的生命状态，并与苏轼应对逆境的方式作对比，比较苏轼和其他谪居大臣逆商的高低，然后用小论文的方式展示小组的探究结果。

第六节　谪居文化里的逆商资源融入
高中逆商教育的策略

中国封建时代的一些官员，或者因卷入政治纷争，或者因违反朝廷律令，或者因为同僚陷害……往往被朝廷贬往远离京城的地方。在被贬之地，一些高逆商的官员不仅没有被生命中的逆境打倒，反而在谪居期间积极地进行着一系列创造性的活动,从而给后人留下了独特的物质财富和精神财富,形成了中华文化史上的谪居文化。谪居文化是中华优秀传统文化的有机组成部分,它里面蕴含着极其丰富的逆商资源,而北宋的苏轼和明代的王阳明堪称谪居文化中的典范。

北宋的苏轼和明代的王阳明,从小深受儒家思想的影响,他们思想中"拯世为民"的情结都很浓厚。在封建时代,读书人为实现自己政治理想最常见的方式就是考中进士,然后入朝做官,接着利用朝廷给予自己的权力,为朝廷和君王出力,从而实现自己的人生价值。在伴君如伴虎的年代,因为"乌台诗案"等原因,苏轼先后被贬往今天湖北省的黄州、广东省的惠州和海南省的儋州。王阳明也因为得罪了权倾一时的宦官刘瑾而被贬往今天贵州省贵阳市修文县谷堡镇的龙场。在被贬之地,他们凭借自己的生活智慧,不仅没被生命中的逆境击垮,反而用正确的应对逆境的方式把生命中的逆境化成了成就自己的垫脚石。以苏轼和王阳明为代表的谪居文化里面蕴含着丰富的逆商资源,怎样把谪居文化里的逆商资源融入普通高中的逆商教育里面呢?从学校的层面,笔者认为把谪居文化里的逆商资源融入普通高中逆商教育的策略如下。

(1)制作逆商测试卷。在开展逆商教育的过程中,借助路西编制的《路西量表》以及保罗·史托兹编制的《逆商反应量表》,再根据高中生的身心特点制作逆商测试卷来调查高中生的逆商现状,了解学生对逆商的认知情况和学生现有的逆商水平。把谪居文化里的逆商资源融入高中逆商教育的第一步是要对高中生的逆商水平有较清楚的了解,了解了高中生现有的逆商状况,后面的研究工作才更有针对性,研究工作有了较强的针对性,才有可能提高高中生的逆商水平和高中生应对逆境的能力。于是,在课题主持人的带领下,课题组老师们针对高中生的身心特点制作了逆商调查问卷,并于2021—2022学年度第一学期对贵州大学附属中学的全体在校学生进行了逆商测试，对逆商测试成绩进行了分析，接着将逆商测试成绩与对应的学生在生活和学习中的实际表现进行结合，从而为下一步的研究内容、研究方向和研究方法奠定了一定的基础。

（2）阅读逆商和谪居文化方面的著作。在开展逆商教育的过程中，老师引导学生阅读与逆商和谪居文化相关的著作，阅读的过程就是提高学生逆商水平和了解谪居文化里的逆商资源的过程。在阅读的过程中，重点研究苏轼和王阳明在谪居生活中面对物质和精神两方面的艰难困苦，以及他们在谪居之地进行的创造性活动给后人留下的珍贵的文化遗产，尤其要努力挖掘他们善于应对逆境的智慧，并根据逆商的四个维度——持续性、影响度、担当力和掌控感，对谪居文化里的逆商资源进行梳理和分类。如保罗·史托兹的《逆商》，路西的《让逆商AQ克服逆境》，维克多·弗兰克尔的《活出生命的意义》，王志敏的《超越挫折心理学大全集》，周思洁的《我靠挫折来栽培——活出生命的喜悦与自在》，顾之川的《苏轼文集》，王水照、朱刚的《苏轼评传》，王琳祥的《苏东坡谪居黄州》，康震的《康震讲苏东坡》，何浃虑的《苏东坡人生突围》，王春水的《精读王阳明》，刘国祥的《百世良师：解读一个真实的王阳明》，冯友兰的《知行合一：国学大师讲透阳明心学》，吴新华的《经世致用：王阳明》，宗承灏的《心法：传习录中的知与行》，李克的《心途：王阳明的传奇人生》等。

（3）在各学科的课堂教学中，尤其是在语文课堂教学中渗透谪居文化里的逆商资源。例如，语文老师在教授苏轼的《定风波》《念奴娇·赤壁怀古》《赤壁赋》和王阳明的《瘗旅文》等课文时，适时渗透谪居文化里的逆商资源。

（4）在校内的实践活动中渗透谪居文化里的逆商资源。在学校开展的各种实践活动中，设计一些渗透谪居文化里的逆商资源的活动。例如，开展"谪居文化里的生活智慧"征文比赛，或者成立"逆风飞扬"的社团，或者举办"谪居故事我来讲"的故事大赛，或者举办"苏轼诗词诵读大赛"，或者举办"谪居文化名人录"展示活动，或者利用中国行政地形图研究高逆商的谪居大臣们当年贬谪之路的遥远和艰辛，或者分享自己借助谪居文化里的逆商资源走出逆境的案例……这些校内实践活动有助于学生了解谪居文化里的逆商资源并提高他们的逆商水平。

（5）在开展心理辅导的活动中融入谪居文化里的逆商资源。学校在开展心理辅导的活动中，要关注学生的逆商水平并适时地渗透谪居文化里的逆商资源。

（6）研学旅行。谪居文化中涌现了一些高逆商的代表性人物，如苏轼、王阳明等。根据实际情况，制定可行的研学方案，引导同学们去游览相关的古迹。例如，与苏轼的谪居生活相关的古迹：湖北省黄州的赤壁公园、定慧院遗址等，广东省惠州的西湖孤山、苏堤、西新桥、泗洲塔、朝云墓、六如亭等，海南省儋州市中和镇的儋州书院和桄榔庵等。例如，与王阳明谪居生活相关的古迹：贵州省贵阳市的甲秀楼、贵阳市修文县谷堡镇龙场的"阳明洞""三人坟""玩易窝"等。研学旅行既可以让学生亲身感受高逆商的圣贤当年在贬谪之地面对的物质上的艰难困苦，也可以近距离地接触他们在贬谪之地做出的流传千古的业绩，并从中体会他们应对逆境的独特的方法和智慧，从而为提高自己的逆商水平和应对生命中逆境的能力寻找一条独特的路径。

（7）在学校的德育工作中，宣传逆商教育的重要性。学校的德育工作应该重视逆商教育，并适时地把谪居文化里的逆商资源融入其中。

（8）在老师的教研活动中，提倡关注学生的逆商教育。例如，开发和开设把谪居文化融入高中逆商教育的校本课程，或者在申报与逆商教育相关的科研课题时把谪居文化里的逆商资源融入其中。

（9）在校内外举办主题讲座。采用"走出去、请进来"的方法，在校内外举办以"谪居文化里的逆商资源"为主题的讲座。这样的方式，可以让更多的人了解和运用谪居文化里的逆商资源，并传承谪居文化里古人善于应对逆境的智慧。

（10）在家校活动中渗透谪居文化里的逆商资源。在学校与家长的交流活动中，阐述逆商教育的重要性，并融入谪居文化里的逆商资源。

谪居文化里的逆商资源是中华优秀传统文化的重要组成部分，探究把谪居文化里的逆商资源融入高中逆商教育的策略是提高高中生逆商水平的重要途径，也是传承中华优秀传统文化的独特方法，更是开展预防抑郁症教育的有效方式。

参考文献

[1] 保罗·史托兹. 逆商 [M]. 石盼盼, 译. 北京：中国人民大学出版社, 2018.

[2] 维克多·弗兰克尔. 活出生命的意义 [M]. 吕娜, 译. 北京：华夏出版社, 2019.

[3] 久世浩司. 抗压力 [M]. 贾耀平, 译. 北京：北京联合出版公司, 2016.

[4] 卡伦·霍尼. 我们内心的冲突 [M]. 王作虹, 译. 南京：译林出版社, 2004.

[5] 凯利·麦格尼格尔. 自控力：和压力做朋友 [M]. 王鹏程, 译. 北京：北京联合出版公司, 2016.

[6] 王志敏. 超越挫折心理学大全集 [M]. 北京：中国华侨出版社, 2012.

[7] 周思洁. 我靠挫折来栽培：活出生命的喜悦与自在 [M]. 北京：北京航空航天大学出版社, 2010.

[8] 梅婷. 逆流而上：默克尔送给女人的人生修炼课 [M]. 北京：群言出版社, 2015.

[9] 若木. 凡事正面思考 [M]. 北京：中国商业出版社, 2015.

[10] 张瀚文. 在不如意的人生里改变自己 2：按自己的意愿过一生 [M]. 北京：中国纺织出版社, 2017.

[11] 史密斯, 柯西诺. 欢心喜乐 [M]. 张朝霞, 译. 北京：金城出版社, 2015.

[12] 阿德勒. 自卑与超越 [M]. 马晓娜, 译. 北京：北京联合出版公司, 2016.

[13] 艾伦. 积极思考的力量：人生成败的因与果 [M]. 王荣, 译. 北京：电子工业出版社, 2013.

[14] 童路. 哪有不辛苦的人生 [M]. 北京：北京工艺美术出版社, 2018.

[15] 顾之川. 苏轼文集 [M]. 长沙：岳麓书社出版社, 2000.

[16] 曾枣庄, 舒大刚. 三苏全书 [M]. 北京：语文出版社, 2001.

[17] 王水照, 朱刚. 苏轼评传 [M]. 南京：南京大学出版社, 2003.

[18] 曾枣庄. 苏轼图传 [M]. 石家庄：河北人民出版社, 2006.

[19] 王琳祥. 苏东坡谪居黄州 [M]. 武汉：华中师范大学出版社, 2010.

[20] 康震. 康震讲苏东坡 [M]. 北京：中华书局, 2018.

[21] 刘敬唐. 苏东坡别传 [M]. 北京：中国纺织出版社, 2013.

[22] 何浃虑. 苏东坡人生突围 [M]. 北京：中国城市出版社, 2009.

[23] 宋史 [M]. 北京：中华书局, 2000.

[24] 子金山. 千古风流苏东坡 [M]. 北京：中国社会出版社, 2016.

[25] 林语堂. 苏东坡传 [M]. 张振玉, 译. 长沙：湖南文艺出版

社，2016.

[26] 曾枣庄. 苏轼评传 [M]. 成都：巴蜀书社，2017.

[27] 王春水. 精读王阳明 [M]. 杭州：浙江人民出版社，2019.

[28] 刘国祥. 百世良师：解读一个真实的王阳明 [M]. 杭州：浙江工商大学出版社，2017.

[29] 冯友兰. 知行合一：国学大师讲透阳明心学 [M]. 北京：台海出版社，2016.

[30] 高濑武次郎. 王阳明详传 [M]. 杨田，译. 北京：台海出版社，2017.

[30] 吴新华. 经世致用：王阳明 [M]. 北京：中国铁道出版社，2016.

[31] 罗智. 王阳明神奇的心学 [M]. 杭州：浙江人民出版社，2018.

[32] 冈田武彦. 王阳明与明末儒学 [M]. 吴光，钱明，屠承先，译. 重庆：重庆出版社，2016.

[33] 宗承灏. 心法：传习录中的知与行 [M]. 西安：陕西师范大学出版，2017.

[34] 郭春光. 王阳明的心里策略 [M]. 北京：中国纺织出版社，2016.

[35] 王阳明. 王阳明家书 [M]. 王成强，释读. 北京：台海出版社，2017.

[36] 李克. 心途：王阳明的传奇人生 [M]. 北京：北京燕山出版社，2017.

[37] 王阳明. 名家会评传习录 [M]. 东方治，整理. 北京：国家行政学院出版社，2016.

附　录

贵州大学附属中学 2022 年在校学生逆商测试数据

考号	总分	1题选项	2题选项	3题选项	4题选项	5题选项	6题得分	7题得分	8题得分	9题得分	10题得分	11题得分	12题得分	13题得分	14题得分	15题得分	16题得分	17题得分	18题得分	19题得分	20题得分	21题得分	22题得分	23题得分	24题得分	25题得分
106120	200	C	A	A	A	ABC	10	10	10	10	10	10	10	10	10	10	10	10	10	10	10	10	10	10	10	10
303101	200	C	A	A	A	AE	10	10	10	10	10	10	10	10	10	10	10	10	10	10	10	10	10	10	10	10
308101	200	C	A	A	A	AD	10	10	10	10	10	10	10	10	10	10	10	10	10	10	10	10	10	10	10	10
210120	200	C	A	B	A	A	10	10	10	10	10	10	10	10	10	10	10	10	10	10	10	10	10	10	10	10
106106	195	C	A	A	A	AB	10	10	10	10	10	5	10	10	10	10	10	10	10	10	10	10	10	10	10	10
306101	185	A	A	A	B	A	5	5	10	10	10	10	10	10	10	10	10	10	10	10	10	10	10	10	10	5
105101	180	B	A	A	A	AB	10	5	10	10	10	10	10	10	10	10	10	10	10	10	10	10	10	10	0	5
210110	175	C	A	A	A	ACE	10	10	10	10	10	10	10	10	10	10	10	10	10	10	10	10	5	5	5	5
108102	170	B	A	A	A	A	10	10	10	10	5	5	10	10	10	10	10	10	10	10	10	5	10	10	5	10
302105	170	C	A	A	A	AEF	10	10	10	10	10	10	10	10	10	10	10	10	10	10	10	10	10	0	0	0
305114	170	B	A	C	B	ABCEF	10	10	5	10	10	10	10	10	10	10	10	10	10	10	10	5	5	5	10	10
108110	165	A	A	A	A	AE	10	10	10	10	10	10	10	10	10	10	10	10	10	10	10	5	5	5	5	5
208108	165	A	A	A	B	ABCE	10	10	5	10	5	10	10	10	10	10	10	10	10	10	10	10	10	10	5	5
301103	160	A	A	A	A	AF	5	5	10	0	10	10	10	5	10	5	10	10	10	10	10	10	10	10	10	5
305112	160	A	A	A	A	A	5	5	10	10	10	10	10	10	10	10	5	10	10	10	10	5	10	10	10	5
109107	160	A	A	B	A	AC	10	10	10	5	10	5	10	10	10	10	10	10	10	10	5	10	10	5	0	5
306105	160	A	A	A	A	A	10	10	10	10	10	10	10	10	10	10	10	10	10	10	10	10	5	5	5	5
309228	160	C	A	A	A	AE	5	10	10	10	10	10	10	10	10	10	10	10	10	10	10	5	5	5	5	10
207225	160	F	D	C	E	BC	5	5	5	5	5	5	5	10	10	10	10	10	10	10	10	10	10	10	10	10
105209	155	A	A	A	A	A	5	5	10	10	10	10	10	10	10	10	10	10	10	10	10	5	5	5	5	5
203212	155	A	A	A	A	A	0	10	5	10	10	10	10	10	10	10	5	10	10	10	10	5	10	5	5	5
208109	155	A	A	A	A	A	10	10	10	10	10	10	10	10	10	10	10	10	10	10	0	0	5	5	5	5

续表

考号	总分	1题选项	2题选项	3题选项	4题选项	5题选项	6题得分	7题得分	8题得分	9题得分	10题得分	11题得分	12题得分	13题得分	14题得分	15题得分	16题得分	17题得分	18题得分	19题得分	20题得分	21题得分	22题得分	23题得分	24题得分	25题得分
210116	155	A	A	A	A	A	10	10	5	10	10	5	10	10	10	5	0	10	10	10	5	5	5	5	10
105213	155	B	A	A	A	B	5	10	5	10	10	10	10	10	10	5	10	5	10	10	5	5	5	5	5
109205	155	B	A	A	A	ABD	5	10	5	10	5	5	10	5	10	5	10	10	10	10	5	10	5	5	5
201111	155	A	B	A	A	AF	5	5	5	10	10	10	10	5	10	10	10	10	10	10	0	10	5	5	5
208216	155	A	B	A	A	A	5	5	0	10	5	10	10	10	10	10	10	10	10	10	10	10	5	5	5
209105	155	B	A	A	A	AC	10	5	10	10	5	10	10	0	10	5	10	5	5	5	10	10	10
210122	155	C	A	A	A	ABCDEF	10	10	10	10	10	10	10	10	10	10	10	10	10	0	0	0	0	5
301211	155	A	A	B	A	CD	10	5	10	10	10	10	10	10	10	0	10	10	10	5	10	5	5
302209	155	B	A	A	A	AD	5	5	5	10	10	5	10	10	10	10	7	10	10	10	10	10	5	5
303107	155	A	A	B	A	B	5	5	5	10	5	5	10	5	5	10	10	10	10	10	5	5	10	10
108123	155	C	A	C	A	AB	10	10	5	10	5	5	5	5	10	5	10	10	10	10	10	10	5	5
302123	155	B	A	B	A	ACD	5	5	10	10	10	5	10	10	10	5	10	10	10	10	10	10	10	5
208115	155	B	B	B	B	F	5	5	10	10	5	10	5	10	5	10	10	10	10	10	10	10	10	5
104121	150	A	A	A	A	AC	10	5	10	10	5	5	10	10	5	10	10	10	10	0	0	10	10	5
202207	150	A	A	A	A	AE	10	5	10	5	10	10	10	10	10	10	10	10	10	0	0	5
208201	150	A	A	A	A	AB	10	10	5	10	10	5	10	10	10	10	10	10	5	5	10	5	5
208215	150	A	A	A	A	E	10	5	10	5	10	10	10	10	10	5	5	10	10	10	5	10	5	5
209213	150	A	A	A	A	AE	10	5	5	5	10	10	10	5	5	10	5	5	10	5	10	5
306201	150	A	A	A	A	A	5	5	0	5	5	5	5	5	10	5	5	5	5	5	5
310109	150	A	A	A	A	ABCDEF	10	5	10	10	5	10	5	5	10	10	10	10	10	5	5	5	5
106122	150	B	A	A	A	AC	10	10	5	10	10	0	10	10	10	0	10	10	0	10	0	5	10	10
108214	150	B	A	A	A	ABC	5	5	5	10	5	5	10	5	10	10	10	10	5	5	5	5	5
302122	150	B	A	A	A	ACD	5	5	10	10	10	5	10	10	0	5	10	10	10	5	10	5	5
302207	150	B	A	A	A	A	5	10	10	10	5	10	5	10	10	10	10	10	10	5	10	5	5
303114	150	C	A	A	A	ABCDEF	10	10	10	10	10	10	10	10	10	10	10	10	10	0	0	0	0
304120	150	C	A	A	A	A	0	10	0	10	10	10	10	10	10	10	10	5	5	5	5
104212	150	B	B	A	A	ABC	5	5	10	10	5	5	5	10	5	10	10	10	5	5	5	5	10
205111	150	B	B	A	A	A	5	5	10	10	5	10	10	10	5	10	10	5	10	5	5	5
303121	150	C	A	A	B	AE	10	10	5	10	10	10	10	10	0	5	0	10	5	10	5	5
304115	150	B	B	A	A	AD	0	5	0	10	10	5	10	10	10	5	10	5	5	5	10	5	10
308105	150	A	*	*	A	-	10	10	10	10	10	10	10	10	10	10	10	10	10	10	0	0	0	0
101107	145	A	A	A	A	F	10	10	10	5	5	5	5	5	0	10	5	10	5	10	5
103218	145	A	A	A	A	ABE	5	5	5	10	5	10	5	5	5	10	5	10	10	5	10	5
105111	145	A	A	A	A	A	10	10	5	10	10	10	5	0	5	0	10	5	10	5	5
107218	145	A	A	A	A	ABCE	5	10	5	10	5	10	5	10	10	5	10	5	10	10	0	5

189

续表

考号	总分	1题选项	2题选项	3题选项	4题选项	5题选项	6题得分	7题得分	8题得分	9题得分	10题得分	11题得分	12题得分	13题得分	14题得分	15题得分	16题得分	17题得分	18题得分	19题得分	20题得分	21题得分	22题得分	23题得分	24题得分	25题得分
109116	145	A	A	A	A	A	5	5	5	10	10	10	10	10	5	5	5	10	5	10	5	5	5	10	5
210125	145	A	A	A	A	AE	5	5	10	10	10	10	5	5	10	5	5	5	5	5	5	5	10	10	10
303212	145	A	A	A	A	ACD	5	5	0	10	10	5	10	5	10	5	10	10	10	10	5	5	10	5	5
304218	145	A	A	A	A	AE	5	5	5	10	10	5	10	5	10	5	10	10	5	5	5	5	10	5	5
306202	145	A	A	A	A	A	5	10	5	5	10	5	10	10	10	5	0	5	10	10	10	10	5	5	5
306212	145	A	A	A	A	ABDE	10	10	5	5	5	10	5	5	10	10	5	5	10	5	10	5	10	0	5
306213	145	A	A	A	A	AB	5	5	5	5	10	10	10	10	10	10	10	10	5	5	5	10	5	5	5
103103	145	A	B	A	A	AE	10	5	5	5	10	0	10	10	10	5	10	5	10	10	5	10	5	5	10	5
103104	145	A	A	A	A	-	10	5	10	5	5	10	5	5	5	5	10	10	5	10	10	10	0	5	10	10	5
103202	145	B	A	A	A	ABCD	5	5	0	10	10	10	5	5	5	5	10	10	5	5	10	10	5	5	10
104215	145	A	B	A	A	AB	5	5	5	10	10	10	5	10	0	5	5	10	10	10	5	5	5	5	5
107217	145	A	A	A	A	AB	10	5	5	10	5	5	10	10	5	10	10	5	0	5	5	5	5	5	5
208101	145	B	A	A	A	A	5	5	5	10	0	10	5	10	5	10	5	0	5	10	10	10	10
208116	145	B	A	A	A	AE	5	0	5	5	5	5	5	5	5	5	5	5	5	5	5	5	5	5	5
301123	145	A	A	A	A	A	5	10	5	10	5	10	5	5	5	5	5	5	5	5	5	5	5	5	5
304210	145	C	A	A	A	B	10	5	10	5	10	10	10	5	10	10	10	5	5	10	10	10	5	5
304219	145	B	A	A	A	E	5	5	5	10	5	5	5	5	5	5	5	5	5	5	5	5	5	5	5
305117	145	B	A	A	A	A	5	10	5	10	5	5	5	10	5	10	5	5	5	5	5	5	5	5	5
307204	145	C	A	A	A	AB	5	5	10	10	5	5	10	10	5	10	10	10	5	10	5	10	5	5	0	5
310202	145	B	A	A	A	EF	0	5	5	10	10	10	10	10	5	10	10	10	10	10	5	5	5	5	5
102221	145	A	B	B	A	A	10	5	0	5	5	10	10	5	5	10	5	5	10	10	0	0	10	5	5
104118	145	B	A	B	A	AE	0	0	10	10	10	5	5	5	10	5	5	5	5	10	10	10	5	5	5
209123	145	A	A	B	B	DE	5	5	5	5	5	5	5	10	10	5	5	5	5	10	10	5	5	5	10
210219	145	B	B	A	A	A	10	5	5	5	5	10	10	5	5	10	10	5	10	10	5	10	5	5	5
304114	145	B	B	A	A	C	0	5	10	5	10	5	10	5	10	10	10	5	5	10	10	10	5
308217	145	C	A	A	B	ABDEF	10	10	10	10	0	5	5	5	5	10	10	10	10	5	10	0	5
310108	145	B	A	B	A	B	0	0	10	10	5	10	10	10	5	10	10	5	5	5	5	5	5	5
303122	145	C	A	B	B	ACE	5	10	5	5	5	10	10	5	5	5	10	5	5	5	5	5	10	5
105120	140	A	A	A	A	AD	10	10	5	5	10	10	5	0	0	5	10	5	5	5	5	5	5	5
107221	140	A	A	A	A	AE	5	5	5	5	5	10	5	5	5	5	5	5	10	5	5	5	5	5
108224	140	A	A	A	A	A	5	5	5	10	5	10	5	10	10	5	5	5	10	5	5	5	5	5
109104	140	A	A	A	A	AF	5	10	5	5	5	10	10	0	5	0	5	10	10	5	5
202108	140	A	A	A	A	A	5	5	5	5	5	10	5	10	10	5	5	5	5	5	5	5	5	5
206219	140	A	A	A	A	E	5	5	5	10	5	10	5	10	10	5	10	5	5	5	5	5
302102	140	A	A	A	A	AE	5	10	5	5	10	10	10	10	5	10	0	5	5	5	5

续表

考号	总分	1题选项	2题选项	3题选项	4题选项	5题选项	6题得分	7题得分	8题得分	9题得分	10题得分	11题得分	12题得分	13题得分	14题得分	15题得分	16题得分	17题得分	18题得分	19题得分	20题得分	21题得分	22题得分	23题得分	24题得分	25题得分
302104	140	A	A	A	A	AE	5	5	10	5	10	10	10	10	10	5	5	10	0	5	5	5	5	5
304102	140	A	A	A	A	A	5	5	5	5	5	10	10	5	10	10	5	10	5	10	10	5	5	5
306107	140	A	A	A	A	A	0	0	5	5	10	10	5	10	10	5	10	5	10	5	10	10	10	5
309205	140	A	A	A	A	A	5	5	5	10	10	5	10	5	5	10	5	5	10	10	10	5	10	5
101102	140	A	A	A	B	A	5	5	5	10	10	0	10	10	5	5	10	10	10	10	5	5	10	5
102105	140	A	A	B	A	ACE	10	5	5	10	10	5	5	10	5	5	10	5	10	5	10	5	5	10
104119	140	A	B	A	A	AEF	5	0	10	10	5	10	5	10	5	10	10	10	5	0	10	5	5	
105113	140	A	A	A	B	AC	5	5	5	10	5	10	5	10	5	10	5	0	5	10	10	5	10	5
108204	140	B	A	A	A		5	5	5	5	10	5	5	10	5	5	5	10	5	5	10	10	10	5
108208	140	B	A	A	A	AB	5	5	5	10	5	5	5	5	5	5	5	10	10	5	10	10	10	5
108226	140	B	A	A	A	AB	5	10	5	10	5	5	10	5	10	0	5	10	5	5	10	10	10	5
109214	140	A	B	A	A	AE	5	10	5	10	5	5	5	10	5	5	5	10	5	5	10	5	10	5
202222	140	A	B	A	A	AE	10	5	0	5	10	5	5	10	10	5	10	10	0	5	10	5	10	5
204101	140	B	A	A	A	A	5	5	0	5	10	10	5	10	10	10	5	10	5	10	5	5	5	5
206103	140	B	A	A	A	CD	5	5	5	5	10	0	10	10	5	10	5	10	10	5	5	5	10	5
208103	140	A	B	A	A	AE	10	5	10	5	5	5	10	0	5	10	5	10	5	10	5	0	10	5
208114	140	A	A	A	A	—	10	10	5	5	5	5	10	5	5	5	10	10	5	10	5	10	0	5
209101	140	B	A	A	A	E	10	5	5	10	10	5	10	5	10	0	5	10	5	10	5	5	5	5
209110	140	A	B	A	A	C	10	5	5	10	0	0	5	10	5	10	10	5	10	10	5	10	0	10
209121	140	A	A	A	B	A	10	10	0	5	10	5	5	10	5	5	5	5	10	10	10	5	5	5
301209	140	A	B	A	A	ABEF	5	5	10	10	10	5	5	5	10	5	5	10	10	5	5	10	0	5
301217	140	A	A	B	A	A	5	5	10	10	10	5	10	5	10	5	5	5	5	5	5	10	10	5
302212	140	B	A	A	A	A	5	5	5	10	5	5	5	10	5	5	5	10	5	5	10	10	10	5
303103	140	B	A	A	A	A	5	5	0	10	5	5	0	10	10	5	5	10	10	10	10	5	5	5
304217	140	C	A	A	A	AE	5	5	5	10	5	10	10	10	5	0	5	10	5	10	5	5	5	5
306114	140	B	A	A	A	AB	5	5	0	10	5	10	5	10	5	5	10	10	5	0	10	5	10	
307101	140	C	A	A	A	A	5	10	5	10	5	5	5	10	5	5	10	10	5	5	10	5	0	5
309203	140	C	A	A	A	AE	5	5	5	10	5	10	5	5	5	10	10	10	5	10	5	5	5	5
309207	140	A	B	A	A	ABCDEF	10	5	10	5	5	5	10	10	5	10	5	0	5	0	5			
309211	140	B	A	A	A	AE	10	5	10	5	5	5	5	5	5	10	5	10	5	5	5	5		
103111	140	B	B	A	A	A	5	10	5	5	5	5	0	5	10	5	10	10	5	5	5	5	5	5
103118	140	C	A	B	A	A	5	5	0	5	5	10	5	10	10	5	10	5	5	5	5	5	5	
103212	140	B	B	A	A	A	5	5	5	5	5	5	10	10	5	0	5	10	10	5	10	5	5	
105104	140	A	A	B	B	C	10	10	5	10	5	5	10	5	10	10	0	5	5	5	5	5		
106102	140	A	A	B	B	ABCDEF	0	10	5	10	5	0	5	10	5	10	5	10	10	5	10	10		

续表

考号	总分	1题选项	2题选项	3题选项	4题选项	5题选项	6题得分	7题得分	8题得分	9题得分	10题得分	11题得分	12题得分	13题得分	14题得分	15题得分	16题得分	17题得分	18题得分	19题得分	20题得分	21题得分	22题得分	23题得分	24题得分	25题得分
107213	140	B	B	A	A	AB	10	5	5	10	10	5	10	5	10	5	10	5	10	10	5	5	5	5	5	5
108202	140	B	B	A	A	A	10	5	5	5	5	5	10	5	0	5	5	5	10	10	5	10	10	10	10	10
210201	140	B	A	A	A	A	10	5	5	10	10	5	10	5	5	10	5	10	10	5	10	5	0	5	10	5
210215	140	B	A	A	A	A	10	5	5	5	10	5	10	5	5	0	10	10	10	10	10	10	5	10	5	5
304208	140	B	B	A	A	ABF	10	5	5	5	10	5	10	5	10	5	5	10	10	10	10	10	10	5	5	5
101211	135	A	A	A	A	A	5	5	5	10	5	5	5	5	10	10	10	10	10	10	5	5	5	5	5	5
102115	135	A	A	A	A	AC	5	10	10	10	10	0	5	5	10	5	5	5	10	5	5	5	5	5	5	10
104223	135	A	A	A	A	AF	5	5	10	5	10	5	10	5	5	10	10	5	5	10	10	10	5	5	5	5
104224	135	A	A	A	A	ADF	5	5	5	0	5	5	5	5	5	5	5	5	10	10	10	10	10	10	10	5
105208	135	A	A	A	A	AB	5	5	5	10	5	10	10	5	5	5	5	5	5	10	10	10	5	5	5	5
105226	135	A	A	A	A	ACEF	0	5	5	10	5	5	5	5	5	5	10	5	10	10	10	10	10	10	5	5
108105	135	A	A	A	A	ABCDEF	5	5	5	5	10	5	5	5	5	5	5	5	10	10	10	10	10	10	10	5
210222	135	A	A	A	A	ABF	5	0	5	10	5	10	5	10	5	10	5	10	5	10	10	5	10	5	0	5
303120	135	A	A	A	A	ABCDEF	5	5	5	5	10	10	10	0	0	10	10	10	5	5	10	10	5	5	10	5
303215	135	A	A	A	A	A	5	10	0	5	5	5	5	5	5	5	10	5	5	10	10	10	5	0	10	5
306121	135	A	A	A	A	A	5	5	5	5	10	5	5	5	5	10	5	5	10	10	10	10	10	5	10	5
306208	135	A	A	A	A	AB	5	0	10	10	5	5	10	5	5	5	10	10	5	10	10	10	10	0	10	0	5
310201	135	A	A	A	A	AB	5	5	10	10	5	5	10	5	10	5	5	5	5	5	10	10	5	5	5	5
103116	135	B	A	A	A	AE	5	5	10	5	10	5	5	5	10	5	10	10	10	5	5	5	5	5	5	5
103206	135	B	A	A	A	AE	5	5	10	5	10	0	5	5	10	5	10	10	10	5	5	5	5	5	5	5
103221	135	B	A	A	A	ABC	5	5	5	5	10	10	5	10	5	10	0	5	5	5	5	10	0	5	5	5
104218	135	C	A	A	A	ABE	5	10	5	10	5	10	5	5	10	10	5	5	5	5	5	5	5	5	5	5
105219	135	A	B	A	A	AD	5	5	0	10	5	5	5	5	10	10	10	10	5	10	10	5	5	5	5	5
106117	135	B	A	A	A	A	0	5	5	0	5	5	5	5	5	5	5	5	10	10	10	5	10	10	10	10
106203	135	A	B	A	A	A	10	5	5	5	10	0	5	5	5	10	5	5	5	10	5	5	5	5	5	5
107216	135	A	B	A	A	AE	5	10	5	10	5	10	5	0	5	10	5	5	5	5	5	5	5	5	5	5
108223	135	B	A	A	A	A	5	5	0	10	5	10	10	5	5	5	10	5	5	5	10	5	5	5	5	5
109215	135	B	A	A	A	A	5	5	5	5	5	10	5	5	5	5	5	10	5	5	5	5	10	5	10	5
204108	135	B	A	A	A	A	5	0	0	5	10	10	5	10	5	10	0	5	10	5	5	5	5	5	5	5
206206	135	B	A	A	A	A	0	10	5	5	5	0	5	5	10	5	10	5	5	5	5	5	5	5	5	5
208217	135	A	A	A	B	EF	10	10	10	5	5	10	5	5	10	0	5	10	5	5	0	0	5	0	5	5
301124	135	A	B	A	A	ABCDEF	5	5	5	5	0	5	5	5	5	5	5	10	5	5	10	10	10	10	10	10
302120	135	B	A	A	A	A	5	5	0	5	10	0	10	5	5	5	5	5	5	10	10	10	10	10	10	5
302221	135	B	A	A	A	AB	5	10	0	5	10	5	5	5	5	5	10	5	10	5	10	5	5	5
302226	135	C	A	A	A	A	5	5	10	5	5	10	5	5	10	5	5	10	5	10	5	5	5	5

续表

考号	总分	1题选项	2题选项	3题选项	4题选项	5题选项	6题得分	7题得分	8题得分	9题得分	10题得分	11题得分	12题得分	13题得分	14题得分	15题得分	16题得分	17题得分	18题得分	19题得分	20题得分	21题得分	22题得分	23题得分	24题得分	25题得分
305116	135	A	A	A	-	BDE	5	0	0	10	10	5	10	5	10	10	10	5	5	5	5	10	10	10	5	5
306106	135	A	B	A	A	A	0	5	10	10	10	5	5	5	5	10	10	10	10	10	5	0	5	5	5
307102	135	C	A	A	A	AD	5	10	0	10	10	10	5	5	5	10	10	5	10	5	10	0	10	5	5	5
307108	135	B	A	A	A	ABE	10	5	10	10	10	5	0	10	5	10	5	5	10	10	5	5	5	5	5
309220	135	B	A	A	A	A	5	10	10	10	5	10	5	5	10	5	10	5	5	10	5	5	5	5	5
103119	135	A	A	B	B	ABCE	10	5	5	10	10	5	10	0	5	5	10	10	10	10	5	5	0	5
301204	135	B	B	A	A	A	5	5	5	5	5	10	5	5	10	5	10	10	10	10	10	5	5	5	5
302118	135	C	B	A	A	ABCDE	10	5	5	10	5	0	5	5	5	10	5	10	10	5	5	5	10	10	5
302215	135	B	B	A	A	B	0	10	10	5	5	10	5	5	5	10	5	10	5	10	5	5	5	10	5
304119	135	B	B	A	A	AE	5	5	0	5	5	5	10	5	10	10	5	5	10	10	5	0	10	5	5
307232	135	C	B	A	A	B	5	5	5	10	5	10	5	10	10	10	5	10	5	10	0	0	5	5	10
309108	135	B	B	A	A	ACD	5	5	5	10	5	5	10	5	5	10	5	10	10	5	5	10	0	5
301213	135	A	B	B	B	AE	10	10	10	5	10	5	5	5	10	5	10	5	10	5	5	5	5
102103	130	A	A	A	A	AE	10	10	10	5	5	5	5	5	5	5	10	0	10	10	5	5	5	5
102215	130	A	A	A	A	ABEF	0	5	5	5	10	5	10	10	5	10	5	10	10	5	5	5	5	5
103115	130	A	A	A	A	AE	5	5	5	5	5	5	10	5	5	5	5	5	10	5	0	0	5	5
103204	130	A	A	A	A	AE	0	0	5	10	10	0	5	10	5	10	10	5	10	5	5	10
105122	130	A	A	A	A	AD	5	5	0	5	10	5	5	10	5	10	5	10	5	10	5	10	0	5
106220	130	A	A	A	A	AE	5	5	5	10	5	10	5	10	10	5	10	5	5	5	5
108116	130	A	A	A	A	A	5	5	5	10	5	10	5	5	5	5	10	5	5	5	10	5	5	5
109119	130	A	A	A	A	ABC	5	10	0	5	5	5	5	5	10	5	10	5	10	5	5	10	10	5
109203	130	A	A	A	A	AE	5	5	0	5	10	5	5	5	5	0	10	5	5	10	5	5	5	5
109220	130	A	A	A	A	AE	5	5	0	10	5	5	5	5	5	5	10	10	5	5	5	5	5	5
206108	130	A	A	A	A	C	5	5	10	10	10	0	0	10	5	10	10	10	0	5	5	10	10
209112	130	A	A	A	A	AD	5	5	5	5	10	5	5	5	5	10	5	5	10	5	10	5	5
306204	130	A	A	A	A	ABCDE	0	5	5	5	5	5	5	10	5	10	10	10	5	5	5	5
101105	130	A	B	A	A	AEF	0	5	5	10	5	5	5	5	10	10	10	10	5	5	10	5
101226	130	B	A	A	A	AE	5	5	5	10	5	0	10	5	10	5	10	5	5	10	5	5	5
103114	130	B	A	A	A	A	10	5	5	10	5	0	5	5	10	0	10	10	0	10	5	10	5
103225	130	B	A	A	A	ABEF	5	5	0	10	5	10	5	10	5	5	0	5	10	5	5	5	5
104101	130	A	B	A	A	AD	5	5	5	10	5	10	5	10	5	10	5	10	5	10	5	5	5
106111	130	B	A	A	A	ADE	5	5	5	10	5	0	5	10	5	10	5	10	5	10	5	10	5
106221	130	B	A	A	A	ADE	5	5	5	10	5	0	5	10	10	5	10	5	10	5	10	5	5
106225	130	A	A	A	*	AE	5	5	0	10	10	5	10	5	5	10	5	0	5	5	10	5
107112	130	B	A	A	A	A	10	5	5	5	10	5	10	5	0	5	5	0	10	5	10	5	10	5

续表

考号	总分	1题选项	2题选项	3题选项	4题选项	5题选项	6题得分	7题得分	8题得分	9题得分	10题得分	11题得分	12题得分	13题得分	14题得分	15题得分	16题得分	17题得分	18题得分	19题得分	20题得分	21题得分	22题得分	23题得分	24题得分	25题得分
108118	130	B	A	A	A	F	10	10	10	10	10	5	10	5	5	5	5	5	5	0	5	5	5	5
109222	130	B	A	A	A	ABEF	0	0	5	10	5	5	10	10	0	5	10	10	5	5	5	10	10	5
203202	130	A	B	A	A	ABCE	0	0	10	10	5	10	10	0	5	10	10	10	0	10	10	5	5
208119	130	B	A	A	A	AE	5	5	5	5	10	5	10	5	10	10	10	10	5	5	5	0	5
208219	130	A	B	A	A	ADEF	5	0	5	5	5	5	10	0	5	10	10	10	10	0	10	10	5
210203	130	A	B	A	A	A	5	0	0	5	5	10	5	5	5	10	5	10	10	10	5	10	5
210210	130	A	B	A	A	A	10	5	5	10	5	5	10	5	5	10	5	5	10	5	5	5	5
301108	130	B	A	A	A	A	5	5	0	10	5	5	10	5	5	10	5	5	5	0	10	5	5
301112	130	A	B	A	A	AC	5	5	0	5	10	5	10	5	5	10	10	5	10	10	5	10	5
301121	130	A	B	A	A	ABCDEF	5	5	5	5	0	5	5	10	0	10	10	10	10	5	5	5	10
301202	130	C	A	A	A	AE	5	5	5	10	5	5	10	10	5	5	5	5	5	5	5	5	10
302117	130	B	A	A	A	AE	5	5	5	10	10	5	5	5	5	10	5	0	5	5	5	5	5
302204	130	B	A	A	A	ABE	5	5	5	5	5	10	5	5	0	5	10	5	10	10	5	5	5
302219	130	B	A	A	A	A	5	5	5	5	5	10	0	5	5	10	10	10	5	5	5	5	5
303113	130	C	A	A	A	AE	0	10	10	10	5	0	5	5	0	5	0	10	10	10	5	5	5
303208	130	A	B	A	A	AB	5	5	5	10	5	5	10	5	5	5	5	10	5	5	5	5	5
303217	130	C	A	A	A	AB	5	5	5	5	5	10	5	5	5	10	5	5	5	10	5	5	5
303219	130	A	B	A	A	A	10	5	0	5	10	5	5	5	5	5	10	10	5	10	5	5	5
305202	130	C	A	A	A	AE	10	5	10	5	10	5	10	5	5	5	0	5	10	10	5	5	5
305206	130	A	B	A	A	A	10	5	10	5	10	5	5	5	10	5	5	10	10	5	5	5	5
305212	130	A	B	A	A	AE	5	0	5	10	5	5	0	10	10	5	5	10	5	10	5	10	5
306214	130	B	A	A	A	A	5	5	5	5	5	5	5	5	5	10	0	10	10	10	5	5	5
308215	130	A	B	A	A	AE	0	5	5	10	5	5	10	5	5	5	5	10	5	5	5	5	5
309103	130	B	A	A	A	AD	10	5	5	10	5	5	5	5	5	10	5	5	10	5	0	10	5
310205	130	C	A	A	A	AEF	5	5	5	10	5	10	10	10	0	10	10	10	0	5	5	5	0	5
310224	130	B	A	A	A	A	5	5	5	5	10	5	5	5	5	5	10	5	10	5	10	5
101103	130	B	B	A	A	A	5	5	5	10	5	10	5	5	5	5	5	5	0	5	10	5	0	10	5
102110	130	A	B	B	A	AE	5	5	0	10	5	10	10	5	5	5	0	5	10	5	10	5	10
108108	130	B	B	A	A	ACD	10	5	5	10	5	10	5	10	5	10	10	10	10	5	0	5	0	5
108201	130	C	B	A	A	AB	0	5	0	10	0	5	10	5	10	5	10	5	10	10	5	5	5
108220	130	B	B	A	A	A	5	5	5	5	10	5	10	5	10	10	10	5	5	5	5	5
210117	130	A	A	B	A	-	5	5	5	10	5	10	0	5	10	5	10	10	5	5	10	5
302201	130	B	A	B	A	AB	10	5	5	5	0	5	10	5	10	5	5	5	10	5	10	5
302211	130	B	B	A	A	AE	5	5	5	5	5	5	10	5	10	5	10	5	10	10	5	5	5
309109	130	B	B	A	A	A	5	5	5	10	5	10	5	5	10	5	10	5	5	5	5	5

194

<<< 附 录

续表

考号	总分	1题选项	2题选项	3题选项	4题选项	5题选项	6题得分	7题得分	8题得分	9题得分	10题得分	11题得分	12题得分	13题得分	14题得分	15题得分	16题得分	17题得分	18题得分	19题得分	20题得分	21题得分	22题得分	23题得分	24题得分	25题得分
108206	130	C	B	B	A	ABDF	5	5	0	5	10	5	5	0	10	10	5	10	10	5	10	5	10	5	5
202221	130	B	A	B	B	ABCD	5	5	5	10	10	0	5	10	5	10	5	10	10	10	0	5	5	5	5
305107	130	B	A	B	B	-	10	5	0	10	10	10	5	10	10	10	0	0	10	0	10	0	10	5	5
101212	125	A	A	A	A	A	5	5	5	5	5	5	5	10	5	10	10	10	5	5	5	5	5	5	5
101220	125	A	A	A	A	AE	5	0	0	5	5	5	10	5	10	10	10	10	10	5	5	5	10	5	5
102114	125	A	A	A	A	BDE	5	10	0	5	10	5	5	5	5	10	10	10	10	5	5	0	5	0	5
102203	125	A	A	A	A	AE	5	5	5	5	5	10	10	10	5	10	5	5	5	5	0	5	10	5	5
103106	125	A	A	A	A	ACEF	5	10	10	10	5	5	5	5	5	5	0	10	5	5	5	10	0	0	5
103109	125	A	A	A	A	AEF	5	0	5	10	5	5	10	5	5	10	10	5	5	5	5	5	5	5	5
103213	125	A	A	A	A	AE	5	10	5	5	5	5	5	5	5	10	5	5	5	10	5	5	10	5	5
104201	125	A	A	A	A	AE	5	5	5	5	5	0	10	5	5	5	10	5	10	5	5	5	5	5	5
104214	125	A	A	A	A	AE	10	5	10	5	5	5	5	10	5	5	5	5	10	5	0	5	5	5	10
104222	125	A	A	A	A	A	5	5	5	5	5	5	5	5	10	5	0	5	5	5	10	5	5	5	5
105223	125	A	A	A	A	AEF	5	5	5	5	5	5	10	5	5	10	5	10	5	5	5	10	0	5	5
108101	125	A	A	A	A	AC	5	5	0	10	5	10	5	5	5	5	10	10	10	5	10	5	10	0	5
108209	125	A	A	A	A	AEF	5	5	5	5	10	5	10	10	10	0	0	5	0	5	10	5	10	5	5
202115	125	A	A	A	A	A	0	10	0	10	5	0	5	10	5	10	5	10	10	5	5	5	5	5	5
203103	125	A	A	A	A	ABC	5	5	5	5	5	5	10	5	10	5	5	10	5	5	5	5	5	5	5
203227	125	A	A	A	A	AE	0	5	5	5	5	10	5	5	5	5	10	10	5	10	10	5	10	10	5
204202	125	A	A	A	A	EF	5	5	0	5	5	5	5	5	0	5	10	10	5	10	10	5	10	5	5
205107	125	A	A	A	A	A	5	5	10	10	10	5	5	5	10	5	5	5	10	5	5	5	5	5	5
205109	125	A	A	A	A	ABCD	5	5	10	5	0	10	10	10	10	0	5	0	10	0	10	5	5	5	5
205122	125	A	A	A	A	A	5	5	0	5	10	5	5	5	5	5	5	0	10	10	5	5	10	5	10
205123	125	A	A	A	A	AE	5	5	0	5	5	10	5	5	10	5	5	5	10	5	10	5	10	10	10
205214	125	A	A	A	A	AE	5	5	5	5	5	0	10	5	10	10	5	10	10	5	5	5	5	5	5
209124	125	A	A	A	A	AC	0	5	10	5	10	5	10	5	5	0	5	10	10	5	5	5	10	0	5
209214	125	A	A	A	A	AC	5	5	0	0	10	5	5	10	5	10	10	10	5	5	5	5	5	5	5
301119	125	A	A	A	A	A	5	5	5	5	10	5	5	5	5	5	5	10	5	5	5	5	10	5	5
307106	125	A	A	A	A	AE	5	5	5	10	5	5	5	5	10	10	10	5	10	5	5	5	5	0	5
307207	125	A	A	A	A	AE	5	5	0	10	5	10	5	5	5	10	5	10	5	5	10	5	5	5	5
309114	125	A	A	A	A	ADE	0	5	5	10	5	5	5	10	5	5	5	5	5	10	10	5	5	5	5
309202	125	A	A	A	A	ABEF	5	5	0	5	10	5	5	5	5	10	10	10	10	5	5	5	5	5	5
309210	125	A	A	A	A	A	0	5	5	5	10	5	5	10	5	5	5	5	5	5	5	5	10	5	5
309217	125	A	A	A	A	ABC	5	5	5	10	5	0	5	10	5	5	10	5	10	5	10	0	5	5	5
309218	125	A	A	A	A	CE	5	0	5	5	10	5	5	10	5	10	10	10	10	10	5	0	5	10	5

195

续表

考号	总分	1题选项	2题选项	3题选项	4题选项	5题选项	6题得分	7题得分	8题得分	9题得分	10题得分	11题得分	12题得分	13题得分	14题得分	15题得分	16题得分	17题得分	18题得分	19题得分	20题得分	21题得分	22题得分	23题得分	24题得分	25题得分
309227	125	A	A	A	A	AEF	5	5	0	10	10	5	10	5	10	5	5	10	10	5	5	5	5	0	5
309229	125	A	A	A	A	ABEF	5	5	0	5	10	5	5	10	10	5	5	10	5	10	10	5	5	5	5
101101	125	B	A	A	A	AE	5	5	5	5	10	0	10	5	5	5	10	5	10	5	10	5	10	0	5
101210	125	B	A	A	A	AEF	5	10	0	10	5	5	5	5	5	10	5	10	5	10	5	5	5	5	5
102111	125	A	B	A	A	ACF	5	5	0	5	5	0	5	5	10	5	0	10	5	10	10	10	5	5	5
102206	125	B	A	A	A	AB	5	10	5	10	0	5	5	5	5	10	10	10	10	10	0	5	5	5	5
105117	125	B	A	A	A	A	5	10	0	5	10	10	5	5	5	0	10	10	10	5	0	5	10	5	
107124	125	A	A	B	A	A	10	5	5	5	10	5	5	0	0	5	10	5	5	5	10	5	5	5	
108114	125	A	B	A	A	ABD	10	0	5	10	5	10	5	5	10	0	5	10	10	10	5	5	5	5	
109106	125	A	B	A	A	AC	0	5	5	5	10	5	5	10	5	10	10	10	5	5	0	5	10	5	
109111	125	A	A	A	A	—	5	5	5	5	10	0	10	10	5	5	10	10	5	10	10	5	5	10	5
109206	125	A	B	A	A	ACE	5	5	0	5	5	10	0	5	10	10	10	10	10	10	10	5	5	5	5
201218	125	A	B	A	A	ABE	5	5	5	10	5	5	5	10	5	5	5	10	5	10	5	5	5	5	5
202102	125	B	A	A	A	AC	5	5	5	10	10	5	10	5	10	5	5	10	10	10	5	5	0	5	0	5
202103	125	B	A	A	A	AF	5	5	0	5	10	5	5	10	10	10	10	10	10	5	5	5	5	10	5
203222	125	A	B	A	A	ABCEF	5	5	5	10	5	10	5	5	5	5	5	10	5	10	10	10	5	5	5
205103	125	B	A	A	A	AE	5	5	0	5	10	5	5	5	5	10	10	10	5	0	10	10	5	10	10
205222	125	A	B	A	A	ABC	0	5	5	10	5	10	5	5	10	5	10	5	5	5	10	5	5	5	5
206118	125	B	A	A	A	AE	5	10	5	5	5	10	10	10	10	10	10	10	10	5	5	5	5	5	5
208117	125	B	A	A	A	A	10	10	10	10	5	5	5	5	5	10	5	5	5	5	5	5	5	5	5
209106	125	A	A	B	A	BC	0	0	0	10	0	10	5	10	10	5	5	10	10	5	10	5	5	5	
301219	125	A	A	B	A	A	10	10	5	10	0	5	10	5	5	0	10	10	5	5	0	0	5	5	10
302218	125	B	A	A	A	AB	0	0	0	5	10	10	10	10	5	10	5	5	10	5	10	5	10	5	5
302224	125	B	A	A	A	E	5	5	5	5	5	10	5	10	10	5	10	10	5	10	5	10	5	5	5
303202	125	A	B	A	A	AB	5	5	0	5	10	5	10	5	5	0	5	10	10	10	5	10	10	0	5
303221	125	B	A	A	A	AB	5	5	0	10	5	10	5	10	5	5	0	10	5	5	5	5	5	10	5
303224	125	A	B	A	A	AEF	5	10	0	10	5	10	5	5	10	5	5	10	5	5	5	5	5	5	5
304109	125	A	A	B	A	A	5	10	5	10	10	5	5	5	5	5	10	5	5	5	0	5	5	5	
304209	125	C	A	A	A	ABF	5	5	5	10	5	5	5	0	5	5	5	10	5	10	5	5	5	10	5
305105	125	A	A	B	A	A	10	10	5	10	5	5	5	5	5	5	5	10	10	5	0	5	5	5	
305204	125	B	A	A	A	AE	5	0	0	5	5	10	5	5	10	5	5	5	10	10	5	10	5	5	5
307103	125	A	A	B	A	E	5	5	10	10	10	5	5	10	5	5	10	0	5	5	5	0	5		
307222	125	C	A	A	A	A	5	5	5	5	5	10	10	5	10	0	5	10	10	5	5	5	5	5	
308203	125	B	A	A	A	A	5	5	10	5	10	5	10	5	5	5	10	5	5	10	5	0	5	5	5
308227	125	B	A	A	A	E	5	5	5	10	5	10	5	10	5	5	5	10	5	10	5	0	5		

续表

考号	总分	1题选项	2题选项	3题选项	4题选项	5题选项	6题得分	7题得分	8题得分	9题得分	10题得分	11题得分	12题得分	13题得分	14题得分	15题得分	16题得分	17题得分	18题得分	19题得分	20题得分	21题得分	22题得分	23题得分	24题得分	25题得分
310102	125	B	A	A	A	B	10	5	0	5	10	5	5	5	10	5	5	0	10	10	5	10	0	5
310104	125	B	A	A	A	AD	5	5	5	10	10	0	5	5	10	10	5	10	5	10	5	10	0	5
310206	125	A	A	A	B	A	0	5	0	10	10	5	10	5	5	10	10	10	0	5	5	5	5
105110	125	A	B	B	A	AEF	5	5	5	5	5	10	10	5	5	10	0	10	5	5	10	5	5	5
106123	125	B	A	A	B	BE	0	5	5	10	5	10	10	5	5	10	5	5	5	5	10	5	5
107111	125	B	A	B	A	A	0	10	5	10	10	5	5	5	0	10	5	10	0	5	10	5	5	5
107215	125	A	A	B	B	ABC	0	5	5	5	5	10	5	5	10	5	5	10	5	5	10	5	5
108112	125	A	A	B	B	A	10	10	10	5	5	10	0	5	0	5	10	10	5	10	10	5	0	5
202202	125	B	B	A	A	ABC	5	5	0	5	5	10	5	5	0	10	10	5	5	10	5	5
205104	125	B	B	A	A	ACE	5	5	5	10	5	0	5	0	5	10	5	10	5	10	10	5
206107	125	B	A	A	A	–	5	5	5	5	10	10	10	10	10	10	10	0	0	0	0	0
209119	125	A	B	B	A	E	0	5	5	10	10	10	10	5	10	10	5	10	0	5	5	5	5
210202	125	A	A	B	B	AE	0	5	10	10	5	10	5	0	10	5	10	5	10	5	5
301110	125	B	B	A	A	A	5	5	0	5	5	10	5	5	5	5	5	5	5	5	5
301225	125	A	B	A	B	A	0	10	10	10	5	10	5	5	10	5	5	5	5	5	5
302112	125	C	B	A	A	ABDE	5	5	5	5	5	10	5	5	10	5	5	10	5	5	5	0
303203	125	B	B	A	A	A	0	5	5	5	10	5	5	10	5	10	5	10	5	10	5	5
305109	125	C	A	A	A	A	5	0	0	5	10	5	5	0	5	10	5	10	5	10	5	5
305213	125	A	B	B	A	ABDEF	10	0	5	10	5	5	10	5	10	10	5	10	0	5	10	5
307104	125	B	B	A	A	A	5	5	0	10	5	5	10	5	5	10	5	5	5	10	10	5
307202	125	B	B	A	A	A	5	5	0	5	5	5	5	5	10	10	5	10	5	10	5
310106	125	C	B	A	A	A	5	5	0	10	5	5	10	5	5	10	10	0	0	0	5
310209	125	B	B	A	A	AB	5	5	10	10	5	10	5	5	5	5	10	5	5	5	5
106109	125	B	A	B	B	EF	5	5	10	5	5	10	10	5	10	0	5	5	5	5
106119	125	B	B	B	B	BCDEF	5	0	0	5	10	5	10	0	5	10	10	10	10	10
207216	125	B	C	B	E	D	5	10	0	5	10	5	10	5	10	5	5	10	0	10	5
101114	120	A	A	A	A	ADF	5	10	10	5	5	10	5	5	10	10	10	0	0	5	5
102204	120	A	A	A	A	A	5	5	5	5	10	5	5	5	10	5	0	10	5	5	5
102209	120	A	A	A	A	ABE	10	5	0	10	0	5	5	5	10	5	0	5	5	5
102220	120	A	A	A	A	AC	0	0	0	10	10	10	5	10	5	5	0	5	5	5	5
102227	120	A	A	A	A	A	5	5	0	10	5	10	10	5	10	5	5	5
103201	120	A	A	A	A	ABE	5	0	10	10	10	10	5	0	5	10	5	10	5	5	5
104208	120	A	A	A	A	A	5	5	0	5	5	5	10	5	10	5	5	10	0	5
105106	120	A	A	A	A	ACDE	0	5	5	10	5	10	5	10	5	10	5	0	5	5	5
105112	120	A	A	A	A	A	0	0	0	0	5	10	5	10	5	10	5	10	10	0

续表

考号	总分	1题选项	2题选项	3题选项	4题选项	5题选项	6题得分	7题得分	8题得分	9题得分	10题得分	11题得分	12题得分	13题得分	14题得分	15题得分	16题得分	17题得分	18题得分	19题得分	20题得分	21题得分	22题得分	23题得分	24题得分	25题得分
107114	120	A	A	A	A	A	5	5	5	5	10	5	5	10	5	5	0	10	5	5	10	10	5	5
109117	120	A	A	A	A	ACD	5	5	5	10	10	0	5	5	10	5	5	5	5	0	5	10	5	10	10
201105	120	A	A	A	A	A	5	5	5	5	0	10	5	10	10	10	0	0	5	0	10	10	10	10
202114	120	A	A	A	A	A	0	5	0	5	5	0	5	5	10	5	5	5	10	10	5	5	10	5
202217	120	A	A	A	A	ABE	5	5	5	5	5	5	10	5	5	5	5	5	10	5	5	10	5	5
203217	120	A	A	A	A	AB	5	5	0	5	10	0	10	10	5	10	5	5	10	5	10	10	5	5	5
205210	120	A	A	A	A	A	5	10	5	10	5	5	5	10	5	0	5	10	5	0	5	5	10	0	10
206121	120	A	A	A	A	A	10	5	0	5	5	5	5	5	5	5	5	10	5	5	5	10	5	5
209107	120	A	A	A	A	A	5	5	0	0	10	5	5	10	10	5	5	5	0	5	10	10	10	5	5
209117	120	A	A	A	A	A	0	5	0	10	5	5	5	5	5	10	10	5	10	5	5	5	5	5
301107	120	A	A	A	A	AE	10	5	10	5	10	10	5	5	5	5	10	5	0	10	5	0	5
303112	120	A	A	A	A	E	5	0	5	10	10	10	0	10	5	10	5	5	10	5	5	5
303119	120	A	A	A	A	ABCDEF	5	10	5	10	10	5	10	0	5	10	5	5	5	10	5	10	0	5
303220	120	A	A	A	A	A	5	0	5	10	5	5	10	5	5	5	5	5	5	10	5	10	5	5	5
306109	120	A	A	A	A	A	0	0	0	5	10	10	5	10	5	5	5	5	5	5	5	5	5	5
306118	120	A	A	A	A	ACD	10	5	0	5	10	5	5	5	5	5	10	5	5	5	5	5	5	5
307105	120	A	A	A	A	A	5	5	5	10	5	5	5	5	5	10	5	5	5	5	5	5	5
307234	120	A	A	A	A	AF	0	5	5	10	5	5	10	5	10	5	10	5	10	0	5	5	5
308211	120	A	A	A	A	AB	5	5	5	10	0	10	5	5	10	5	5	10	5	10	5	5	5
308219	120	A	A	A	A	AE	5	5	5	10	5	10	5	5	10	5	5	5	0	5	5	10	5
309113	120	A	A	A	A	ADEF	5	10	0	10	5	5	10	10	0	0	5	5	5	5	5	5	5
309225	120	A	A	A	A	A	5	5	0	5	5	10	5	5	10	5	5	5	5	5	5	0	5
101218	120	A	B	A	A	AE	0	5	0	5	5	10	5	10	5	5	5	10	5	10	5	10	5	5
102120	120	A	B	A	A	A	5	0	0	5	0	5	0	10	10	5	10	10	10	10	5	5	5
102225	120	A	B	A	A	AE	5	5	5	10	5	5	10	5	10	0	5	10	5	5	5	5	5
103203	120	A	B	A	A	A	5	5	5	5	5	10	10	5	5	5	10	0	5	10	0	5
103223	120	A	B	A	A	AC	5	5	0	5	5	5	10	5	5	5	10	5	10	5	10	5	10
105109	120	B	A	A	A	ACEF	5	10	5	5	5	10	5	5	10	0	5	5	5	5	5	5	5
106206	120	B	A	A	A	AC	5	10	0	5	10	5	10	5	5	10	5	5	5	0	10	0	5
106213	120	B	A	A	A	AE	5	5	10	5	0	5	5	5	10	5	10	5	10	5	5	5
107201	120	A	B	A	A	A	5	5	5	5	5	10	5	5	5	5	5	5	5	5
107212	120	A	B	A	A	AB	10	5	10	5	5	5	0	5	5	10	5	5	5	5	5
108203	120	A	B	A	A	ACE	5	5	5	10	0	5	5	5	5	10	5	5	10	0	5
108217	120	B	A	A	A	A	5	5	10	5	10	5	5	5	10	10	5	0	5	0	5
109108	120	A	A	A	B	AE	5	5	5	10	5	5	5	10	5	5	0	5	10	5	5	5	5

续表

考号	总分	1题选项	2题选项	3题选项	4题选项	5题选项	6题得分	7题得分	8题得分	9题得分	10题得分	11题得分	12题得分	13题得分	14题得分	15题得分	16题得分	17题得分	18题得分	19题得分	20题得分	21题得分	22题得分	23题得分	24题得分	25题得分
109118	120	B	A	A	A	AE	5	10	5	10	5	5	5	10	5	5	5	5	5	10	5	5	5	5
109208	120	A	B	A	A	AE	5	5	0	5	10	10	5	5	5	5	10	5	10	5	10	0	10	5	5
202220	120	A	A	B	A	AB	0	5	0	5	5	5	5	10	5	5	10	5	5	10	5	5
203108	120	A	A	B	A	A	5	5	0	5	0	10	5	10	5	10	5	5	10	5	10	5	5	5	5
203203	120	B	A	A	A	AB	5	5	5	5	5	10	5	5	5	10	5	5	10	5	5	5	5	5	5
203215	120	B	A	A	A	A	5	10	10	5	5	10	5	5	5	10	5	5	5	10	0	5	5	5
203229	120	B	A	A	A	AB	5	5	5	5	10	0	5	5	10	5	5	5	10	5	5	5	5
205202	120	A	B	A	A	ABC	0	5	5	5	5	10	10	5	5	10	5	5	5	5	5	5	5
205213	120	A	A	A	B	AE	10	0	5	5	0	5	10	5	10	5	5	10	5	5	5
206124	120	A	B	A	A	ABCDEF	5	5	5	5	5	5	5	5	5	5	5	10	5	10	5	10
206208	120	A	B	A	A	ABCDEF	5	5	5	5	5	5	5	5	5	5	5	10	5	10	5	10
206216	120	A	B	A	A	A	5	5	5	10	5	5	5	5	5	5	5	5	5	5	5	5
207111	120	A	A	C	A	BCD	5	5	5	10	5	5	10	5	5	5	5	5	10	5	10	5
208205	120	A	B	A	A	A	5	5	5	10	5	0	5	10	5	5	10	5	10	5	10	0	10	5
208207	120	A	B	A	A	AEF	10	5	5	5	0	5	5	10	5	0	5	10	10	5	10	5	0	5
210101	120	B	A	A	A	AF	5	5	0	5	5	10	5	5	5	5	5	10	5	10	5	0	5	0	5
210204	120	B	A	A	A	A	5	5	5	5	0	5	10	5	5	5	10	5	5	5	5	5
210205	120	B	A	A	A	AEF	5	0	0	5	5	5	5	10	5	5	5	10	5	5	5	5
301104	120	A	A	A	B	AE	5	5	5	0	5	5	10	0	10	5	10	5	10	5	0
301218	120	B	A	A	A	AEF	5	5	5	5	5	10	5	0	10	5	5	5	5	5	5	5
302202	120	B	A	A	A	AE	5	5	10	5	5	5	5	0	5	5	10	5	5	10	0	10	0	5
302203	120	B	A	A	A	ABC	5	5	5	5	5	5	5	5	10	5	5	10	5	5	5	5
302216	120	B	A	A	A	A	0	5	5	5	10	0	5	10	5	5	10	5	5	5	5	5	5
302217	120	B	A	A	A	A	5	5	0	5	10	5	5	5	5	5	10	5	0	5	5	5
303125	120	A	A	A	B	A	10	5	5	5	10	5	10	0	5	10	0	5	10	0	5	10
304107	120	A	A	B	A	AC	10	10	5	10	0	5	10	0	0	5	10	10	0	10	0	5
304111	120	B	A	A	A	A	5	5	5	5	5	5	5	5	5	5	5	5	5	5	5	5
304214	120	B	A	A	A	AB	5	5	5	5	5	5	5	10	0	5	5	10	5	5	5	5
304215	120	B	A	A	A	AE	10	10	5	10	0	5	5	10	5	0	5	5	10	5	5	5
306210	120	B	A	A	A	AC	5	0	0	5	10	5	0	10	5	5	10	5	10	5	5	5
307206	120	B	A	A	A	AB	5	5	5	5	5	5	5	10	5	5	5	5	5	5	5
307208	120	A	B	A	A	AE	5	5	0	5	10	5	5	5	5	5	5	5	5	5	5	5
307233	120	C	A	A	A	ABF	5	5	5	10	5	5	5	10	5	5	10	5	0	5	5	10	5
309111	120	A	B	A	A	DE	0	5	5	5	5	5	10	5	10	5	10	5	10	0	5	5
101111	120	B	B	A	A	AE	5	0	0	5	10	5	10	5	5	5	0	10	5	10	5	10	0	10	5	5

续表

考号	总分	1题选项	2题选项	3题选项	4题选项	5题选项	6题得分	7题得分	8题得分	9题得分	10题得分	11题得分	12题得分	13题得分	14题得分	15题得分	16题得分	17题得分	18题得分	19题得分	20题得分	21题得分	22题得分	23题得分	24题得分	25题得分
103208	120	B	B	A	A	A	5	0	0	5	5	5	10	5	10	5	5	5	5	10	10	5	5	10	5	10
103211	120	B	B	A	A	AE	5	5	0	5	10	0	5	5	10	5	5	5	10	10	10	5	5	10	5	5
104213	120	A	A	B	B	AD	0	5	5	10	10	5	10	5	5	0	5	5	10	5	5	5	5	5	5	5
105215	120	B	B	A	A	AB	5	5	0	5	10	5	10	5	10	0	5	5	10	5	5	5	5	10	5	5
106224	120	A	A	B	B	AB	10	0	10	10	0	5	5	5	10	5	5	10	10	5	5	5	5	5	5	5
108210	120	B	B	A	A	A	5	0	0	10	10	0	5	5	5	10	5	5	10	10	5	5	5	10	5	10
202203	120	B	B	A	A	AB	5	5	10	10	5	5	10	5	5	0	10	10	5	5	5	0	5	0	5	5
208118	120	A	A	B	B	AE	5	0	10	5	10	5	5	5	5	0	10	5	5	10	5	0	10	5	10	5
210105	120	B	B	A	A	ABC	0	5	5	5	5	10	10	5	10	0	5	5	10	10	5	5	5	5	5	5
302205	120	B	B	A	B	ABE	5	5	5	5	10	0	10	5	5	5	10	5	10	10	5	5	5	5	5	5
303123	120	A	A	B	B	ABCD	10	10	10	10	10	10	10	10	10	0	10	0	0	0	0	0	0	0	0	0
304203	120	A	B	B	A	ABDE	0	5	5	5	5	10	5	10	5	0	10	0	10	5	10	5	10	5	10	5
307224	120	B	B	A	A	ADE	5	5	5	10	10	5	5	10	10	10	10	10	10	5	10	0	5	0	5	5
308104	120	A	A	B	B	ABCDEF	10	10	10	10	10	10	0	10	10	10	10	0	10	0	0	0	0	0	0	0
308213	120	B	B	A	A	AB	10	5	0	5	10	10	10	10	5	10	0	0	5	10	5	0	5	5	5	5
309105	120	B	B	A	A	AD	10	5	0	10	5	10	0	5	5	5	5	5	5	10	10	5	10	5	5	5
309112	120	B	B	A	A	ABF	0	5	0	10	5	5	5	5	10	5	5	5	10	5	10	5	5	10	5	5
203106	120	A	B	B	B	ABC	10	0	0	5	10	0	5	5	5	5	5	5	10	5	10	5	5	5	5	5
205116	120	B	A	B	B	A	5	0	0	5	5	5	10	5	5	5	10	10	10	10	5	5	5	5	5	5
207220	120	B	C	D	A	E	5	10	5	0	0	5	5	5	5	10	10	10	10	5	10	5	10	10	0	0
208218	120	A	B	B	B	A	5	5	5	10	5	10	5	10	5	10	5	10	10	5	0	10	5	0	0	0
101104	120	A	A	A	A	AC	0	5	0	5	5	5	5	5	10	5	5	5	5	10	10	5	5	5	5	10
101116	115	A	A	A	A	A	5	5	5	5	10	0	5	10	5	5	10	5	5	10	5	10	5	5	0	5
101121	115	A	A	A	A	BCEF	5	5	0	5	10	5	5	5	5	0	5	5	10	10	5	5	5	5	5	5
101206	115	A	A	A	A	ABE	5	5	0	5	5	5	5	10	5	10	5	5	10	5	10	5	10	0	10	5	5
101222	115	A	A	A	A	ABD	5	5	5	5	10	0	5	5	0	5	5	10	5	5	10	5	5	5	5	5	5
101225	115	A	A	A	A	AB	5	0	5	5	5	5	10	5	10	5	10	5	10	10	10	5	5	5	5	5
102116	115	A	A	A	A	ABCE	10	5	10	0	5	0	10	0	5	10	5	10	0	5	5	0	10	10
102212	115	A	A	A	A	A	5	0	5	5	0	5	10	0	5	5	10	5	10	5	10	0	5
102217	115	A	A	A	A	A	5	5	5	10	5	5	5	5	5	10	5	5	10	5	5	5	5
104225	115	A	A	A	A	A	0	10	0	10	5	10	5	5	5	5	5	5	10	5	5	5	5
105225	115	A	A	A	A	ABE	5	5	0	0	10	5	5	5	10	5	5	5	10	10	5	5	5
106112	115	A	A	A	A	A	5	5	5	10	5	5	10	5	0	0	5	0	5	10	5	5	5
107211	115	A	A	A	A	ABE	5	0	5	5	10	5	5	10	5	5	5	0	5	5	10	10	5
109122	115	A	A	A	A	ADE	0	5	5	5	5	10	5	10	5	0	10	5	5	5	10	5	5	5

续表

考号	总分	1题选项	2题选项	3题选项	4题选项	5题选项	6题得分	7题得分	8题得分	9题得分	10题得分	11题得分	12题得分	13题得分	14题得分	15题得分	16题得分	17题得分	18题得分	19题得分	20题得分	21题得分	22题得分	23题得分	24题得分	25题得分
202106	115	A	A	A	A	A	5	5	5	10	10	0	0	5	5	10	10	10	0	5	5	5	10	5	5
202107	115	A	A	A	A	ABCEF	0	0	0	5	10	10	10	5	10	10	0	5	10	5	0	10	5	5	5
202213	115	A	A	A	A	A	5	0	0	10	5	5	10	5	5	10	10	10	5	5	0	5	5	5
203104	115	A	A	A	A	ABCE	5	5	5	5	10	5	5	5	5	5	5	5	10	5	5	5	5	5	5
203216	115	A	A	A	A	AB	5	5	5	10	5	0	10	5	5	5	5	5	10	5	5	5	5	5	5
203218	115	A	A	A	A	A	0	10	0	5	5	5	5	5	10	5	5	10	10	5	5	10	5	5	5
203225	115	A	A	A	A	A	0	5	0	10	10	5	5	5	10	0	5	10	10	10	5	5	5	5	5
205114	115	A	A	A	A	AF	5	5	5	5	5	5	5	10	5	5	10	5	10	5	10	5	5	5	5
205218	115	A	A	A	A	A	5	5	5	5	5	5	5	5	10	5	5	5	5	10	5	10	5	5	5
209120	115	A	A	A	A	A	5	5	0	5	5	5	5	10	5	5	0	5	10	5	10	10	5	5	5
209122	115	A	A	A	A	E	5	5	0	5	5	0	5	10	5	5	5	5	10	10	10	5	5	5	5
301201	115	A	A	A	A	A	5	5	0	0	5	10	10	5	5	5	5	10	5	10	5	10	0	5	5
302119	115	A	A	A	A	ADF	5	5	5	5	5	5	0	5	5	10	10	5	5	10	5	5	10	5	5
304103	115	A	A	A	A	A	0	5	0	5	10	0	10	5	10	10	5	10	5	0	5	10	10	10	5
101115	115	A	B	A	A	CF	5	5	5	5	10	0	5	5	10	5	5	5	5	5	5	5	5	5	5
102112	115	B	A	A	A	AE	10	5	5	0	5	10	5	5	5	5	5	5	0	5	10	5	5	5	5
103108	115	A	B	A	A	AE	0	5	5	5	5	5	0	10	5	10	10	0	5	5	5	5	10	10	5
103110	115	A	B	A	A	ACD	0	0	5	5	5	10	10	5	10	5	5	10	0	5	10	5	5	5	5
103120	115	A	B	A	A	AE	5	5	5	5	5	5	5	5	5	5	5	5	5	5	5	5	5	5	5
104219	115	B	A	A	A	ABCD	5	5	0	10	10	5	10	5	5	5	5	10	5	5	5	5	5	0	5
105103	115	A	A	B	A	ABCDEF	5	5	0	10	10	0	5	5	10	10	5	10	0	10	0	5	0	0	5
105206	115	A	B	A	A	ABCF	5	5	0	5	10	0	0	5	5	10	5	10	5	5	5	10	10	5	5
106110	115	B	A	A	A	AF	5	5	0	10	10	5	5	5	5	5	10	10	5	5	0	5	5	5	5
106204	115	B	A	A	A	BF	5	5	5	10	5	5	5	10	0	5	10	10	5	10	0	5	5	0	5
107207	115	A	B	A	A	ABE	5	0	0	5	10	10	5	5	5	0	5	10	5	5	5	10	5	5	5
108106	115	B	A	A	A	A	5	5	5	5	10	10	5	10	5	5	5	10	5	5	0	5	5	5	5
108119	115	B	A	A	A	AB	10	5	0	5	10	5	5	5	0	5	5	10	10	5	5	5	5	5	5
108207	115	B	A	A	A	ABC	5	5	5	5	5	10	10	10	5	5	5	5	5	5	5	5	5	5	5
109209	115	A	B	A	A	AF	10	5	0	5	10	0	5	5	5	10	5	10	5	10	5	5	5	0	5
202113	115	A	A	B	A	ACD	5	5	5	10	5	0	0	5	5	10	5	5	5	5	5	5	5	5	5
202205	115	A	B	A	A	AB	5	0	5	5	5	5	5	5	10	5	5	10	5	5	5	10	5	5	5
202208	115	A	B	A	A	BF	5	5	5	5	10	0	5	5	0	5	5	5	5	5	5	5	5	10	5
205201	115	B	A	A	A	C	5	10	10	10	10	5	5	5	5	5	5	5	5	5	0	5	5	5	5
207108	115	A	B	A	A	ACE	10	5	5	0	5	5	5	10	5	10	5	5	5	5	5	10	0	5
208110	115	A	A	B	A	AC	5	5	0	5	10	10	5	10	5	10	5	5	5	0	5	0	0

201

续表

考号	总分	1题选项	2题选项	3题选项	4题选项	5题选项	6题得分	7题得分	8题得分	9题得分	10题得分	11题得分	12题得分	13题得分	14题得分	15题得分	16题得分	17题得分	18题得分	19题得分	20题得分	21题得分	22题得分	23题得分	24题得分	25题得分
208214	115	B	A	A	A	AB	0	5	0	5	5	0	10	10	5	5	5	10	5	5	10	5	10	10	10
209103	115	A	A	A	B	ABCF	0	5	5	10	10	5	5	5	5	0	10	10	10	5	5	5	5	5
209113	115	B	A	A	A	A	5	0	5	5	5	10	10	5	5	10	0	0	5	5	5	10	5	10
209116	115	A	B	A	A	A	10	5	10	10	10	5	5	5	5	5	5	10	5	5	5	5	0	5
210107	115	B	A	A	A	CE	5	5	5	5	10	5	10	5	0	5	0	10	5	10	5	5	5	5
210123	115	B	A	A	A	A	5	5	5	5	5	5	5	0	10	5	10	5	10	5	5	5	5	5
210209	115	A	B	A	A	B	5	5	5	5	10	10	10	5	10	0	5	5	5	5	0	5	5	5
210223	115	A	A	A	A	A	5	5	5	10	10	5	5	5	0	10	10	0	5	5	5	10	5	5
301206	115	A	B	A	A	ABE	5	5	0	5	0	5	5	10	5	10	5	10	5	5	5	10	5
302114	115	B	A	A	A	A	5	5	5	5	10	0	5	5	10	5	10	10	5	10	5	0	5	5
302115	115	B	A	A	A	A	5	5	5	10	5	0	5	5	5	5	5	10	10	5	5	5	5	5
302210	115	B	A	A	A	AB	0	5	5	5	5	5	5	5	10	5	5	10	0	5	5	10	5	5
302223	115	B	A	A	A	E	5	5	5	5	5	5	5	5	5	10	5	10	5	5	10	5	5	5
303105	115	A	B	A	A	AE	5	5	0	10	10	5	5	10	0	10	5	10	5	0	10	0	5
303118	115	C	A	A	A	B	5	5	5	5	10	5	5	5	5	10	5	10	5	5	5	5	0	5
303206	115	A	B	A	A	A	5	5	0	5	5	5	5	5	10	5	10	5	10	5	5	5	5	5
303216	115	A	B	A	A	AB	5	5	0	10	5	10	5	0	5	5	5	5	5	5	5	10	5
304118	115	A	B	A	A	A	10	10	10	5	10	0	5	5	0	5	10	10	10	10	0	5	0	0
305201	115	B	A	A	A	AE	5	5	0	10	5	5	5	5	5	5	10	5	5	5	5	5	5	5
305211	115	C	A	A	A	ABCD	5	5	0	5	10	0	5	5	0	5	10	5	10	5	10	10	10	5	5
307110	115	A	B	A	A	A	0	5	5	5	5	5	5	10	10	5	10	10	0	5	0	5	10	10
307112	115	B	A	A	A	F	0	5	0	5	5	10	5	10	5	10	0	0	5	10	5	5	5	5
307209	115	A	B	A	A	C	5	5	0	10	5	10	5	10	5	5	5	0	5	5	5	5	5	5
307218	115	B	A	A	A	A	5	5	5	5	10	5	10	5	10	5	10	5	0	5	0	10	5	5
307236	115	B	A	A	A	ABCDF	5	5	0	10	5	0	5	10	5	10	5	10	5	0	5	0	5	5
308108	115	C	A	A	A	A	5	5	5	5	5	5	5	5	5	5	10	10	10	0	10	0	10
308226	115	B	A	A	A	E	5	5	5	10	10	0	5	5	10	10	10	5	5	5	0	5	5	5
309204	115	B	A	A	A	AE	5	5	5	5	5	5	10	5	5	5	5	5	5	5	10	5	10	5	5
310214	115	B	A	A	A	BE	5	5	5	10	10	5	10	0	0	5	5	5	5	5	5	10	5	5
101207	115	A	B	B	A	ABE	5	5	5	5	5	5	5	5	5	5	10	5	10	5	5	5	5
104111	115	A	B	B	A	ABCDE	5	0	5	5	10	5	10	5	5	5	10	5	10	5	5	5	5	5
105201	115	A	B	A	A	-	5	0	5	5	10	5	0	5	10	5	5	10	5	5	5	5	5
107119	115	C	A	A	B	AE	10	5	5	5	10	5	10	5	5	5	5	5	5	5	5	5	5
206114	115	A	B	A	B	AE	0	5	0	5	5	10	5	10	5	0	10	5	5	10	5	0	5	5
208120	115	B	B	A	A	AEF	5	0	0	5	5	10	5	5	5	10	5	5	10	10	5	5	5

续表

考号	总分	1题选项	2题选项	3题选项	4题选项	5题选项	6题得分	7题得分	8题得分	9题得分	10题得分	11题得分	12题得分	13题得分	14题得分	15题得分	16题得分	17题得分	18题得分	19题得分	20题得分	21题得分	22题得分	23题得分	24题得分	25题得分
209102	115	A	B	B	A	ABC	5	5	0	0	10	0	5	5	10	10	0	5	10	0	10	10	10	10	5	5
302121	115	B	B	A	A	ABC	0	5	0	10	5	0	5	10	5	10	5	0	5	5	10	10	5	10	10	5
302225	115	B	B	A	A	A	5	5	5	5	5	5	10	10	5	10	5	5	5	5	5	5	5	5	5	5
304205	115	A	B	B	A	DEF	0	0	0	5	0	10	10	10	5	5	10	0	5	10	10	10	5	10	5	5
305108	115	A	A	B	B	AF	0	5	5	10	5	0	0	5	5	10	10	5	10	10	5	5	5	10	5	5
306211	115	B	B	A	A	ACDE	5	5	0	10	10	5	5	5	5	0	0	5	10	5	10	5	10	10	5	5
307219	115	B	B	A	A	A	10	0	0	5	5	5	10	5	5	10	5	10	5	5	5	10	5	5	5	5
307239	115	B	B	A	A	A	0	5	0	5	5	5	5	5	5	10	10	5	10	10	10	0	5	10	5	5
205108	115	B	A	B	B	CDE	10	10	5	10	10	0	5	5	10	10	10	10	10	10	0	0	0	0	0	0
306115	115	B	B	A	B	A	5	10	0	5	5	0	5	5	10	5	5	5	10	10	5	10	5	10	0	5
102106	110	A	A	A	A	ABC	0	5	5	5	5	0	10	5	5	0	5	10	10	10	10	5	5	5	5	5
102202	110	A	A	A	A	ABF	5	5	5	10	5	5	0	5	10	5	5	5	0	5	10	5	10	0	10	5
102219	110	A	A	A	A	A	0	5	5	5	5	5	10	5	5	10	0	5	10	5	5	10	5	5	5	5
104105	110	A	A	A	A	ADF	0	5	5	5	10	5	10	5	5	10	5	0	10	5	5	5	5	10	0	5
105105	110	A	A	A	A	ABCD	5	5	5	5	10	5	10	5	5	5	5	5	5	5	5	5	5	5	5	5
106205	110	A	A	A	A	AC	5	5	0	5	5	5	5	5	10	5	5	0	10	5	10	5	5	10	5	5
107110	110	A	A	A	A	C	0	5	5	5	10	0	5	5	10	0	0	5	10	10	10	10	5	10	0	5
108109	110	A	A	A	A	AEF	10	5	5	5	10	0	5	5	5	10	10	5	10	10	5	0	0	5	0	5
109212	110	A	A	A	A	ACE	0	5	0	5	10	10	5	10	5	5	5	0	10	10	10	5	5	5	0	5
109225	110	A	A	A	A	A	10	5	0	10	10	0	5	5	5	10	5	5	10	10	5	0	5	5	0	5
201112	110	A	A	A	A	BC	5	0	5	10	10	0	5	5	5	5	5	5	0	5	5	10	10	5	10	5
203221	110	A	A	A	A	ACE	5	5	5	5	10	0	5	5	5	10	5	5	10	10	5	5	5	5	0	5
205106	110	A	A	A	A	AE	0	5	5	5	5	5	10	5	5	5	10	10	10	10	5	0	0	5	5	5
205113	110	A	A	A	A	AE	0	5	5	5	5	5	10	5	5	5	10	10	10	10	5	0	0	5	5	5
205125	110	A	A	A	A	ABCD	5	5	5	5	5	5	5	5	5	5	5	5	10	5	10	5	5	5	5	5
207205	110	A	A	A	A	ACEF	10	5	5	5	5	5	5	5	5	5	5	5	5	5	10	5	5	5	5	5
209215	110	A	A	A	A	A	5	5	0	5	10	5	5	5	5	5	5	5	10	5	10	0	5	10	5	5
209218	110	A	A	A	A	A	5	5	0	5	0	10	10	5	5	5	0	5	10	10	10	5	5	10	0	5
210213	110	A	A	A	A	A	5	5	5	5	5	0	5	5	5	10	5	5	10	10	5	10	5	5	0	5
303102	110	A	A	A	A	ABCDEF	5	5	5	5	5	5	5	5	5	0	10	5	5	10	10	5	0	10	5	5
306207	110	A	A	A	A	AE	5	0	5	10	5	0	5	5	5	10	10	5	5	5	10	5	5	10	0	5
307107	110	A	A	A	A	AC	5	5	5	10	0	5	5	0	5	10	10	0	10	10	10	5	0	5	5	5
308207	110	A	A	A	A	AE	5	0	0	5	0	0	5	10	5	5	5	5	10	10	10	5	10	10	5	5
310213	110	A	A	A	A	AB	5	0	0	5	5	5	5	10	5	10	5	5	10	10	5	5	5	10	0	5
101223	110	B	A	A	A	A	5	5	0	10	5	5	10	5	5	5	5	5	5	10	5	5	5	5	5	5

让高逆商助力高中生健康成长 >>>

续表

考号	总分	1题选项	2题选项	3题选项	4题选项	5题选项	6题得分	7题得分	8题得分	9题得分	10题得分	11题得分	12题得分	13题得分	14题得分	15题得分	16题得分	17题得分	18题得分	19题得分	20题得分	21题得分	22题得分	23题得分	24题得分	25题得分
102218	110	A	B	A	A	A	5	5	5	5	5	5	5	5	5	5	5	5	10	10	5	5	5	5	5	5
104102	110	A	B	A	A	AD	5	5	5	5	5	5	10	5	5	10	0	0	10	5	10	5	5	5	5	5
104203	110	A	B	A	A	ABE	5	5	0	5	5	5	10	5	5	5	5	5	10	5	5	10	5	10	0	5
105224	110	A	B	A	A	AE	10	5	0	0	5	5	10	5	10	5	5	0	5	5	5	10	5	10	5	0
107121	110	B	A	A	A	AE	5	5	5	5	5	10	5	10	5	5	5	5	5	5	5	5	5	5	5	5
108205	110	B	A	A	A	AD	5	5	5	10	5	5	5	5	5	5	5	5	5	5	5	5	5	5	5	5
108211	110	A	B	A	A	AB	5	5	0	10	5	5	5	5	0	0	5	5	10	10	5	5	5	5	5	5
108219	110	A	B	A	A	A	5	0	5	5	5	5	10	5	5	5	5	5	10	5	5	5	5	10	5	5
109114	110	A	B	A	A	AB	5	5	5	5	5	0	5	5	10	5	5	5	10	5	10	5	5	5	5	5
109202	110	A	B	A	A	AD	5	0	5	10	5	5	5	5	5	5	0	5	10	10	5	0	5	5	5	5
201110	110	A	B	A	A	AB	5	5	5	0	10	5	5	5	5	10	5	10	0	5	10	5	10	10	5	0
203101	110	A	B	A	A	ABE	5	5	0	5	5	0	10	5	10	10	5	5	5	5	10	5	5	10	5	0
203112	110	A	B	A	A	ACDE	5	5	0	10	5	5	5	10	0	0	5	0	0	5	5	5	5	5	10	5
205101	110	B	A	A	A	A	5	5	5	5	5	10	5	5	5	10	5	5	10	10	0	0	5	10	5	5
205117	110	A	B	A	A	ACE	0	10	5	5	5	5	5	5	5	10	5	5	5	10	5	5	5	5	5	5
205219	110	A	B	A	A	A	0	5	0	5	5	5	5	5	5	5	5	5	10	5	5	10	5	10	10	5
205220	110	A	B	A	A	AC	5	0	0	5	10	5	5	5	5	0	5	5	10	5	5	5	5	5	5	5
207110	110	A	B	A	A	AE	5	5	0	5	5	5	5	5	5	10	5	10	5	5	5	5	5	5	5	5
207116	110	A	B	A	A	ABCDE	5	0	5	5	10	5	5	5	5	5	5	5	5	5	10	5	0	5	10	5
208111	110	A	A	B	A	A	10	10	0	0	0	10	10	10	10	5	5	5	5	5	5	5	5	5	0	0
208203	110	A	B	A	A	AEF	5	0	0	5	5	5	10	10	0	0	10	10	10	5	5	5	5	5	10	5
208212	110	A	B	A	A	AC	5	5	5	5	5	10	5	5	10	5	5	5	5	5	5	5	0	5	5	5
209108	110	A	B	A	A	A	5	5	5	5	5	5	5	5	5	5	5	5	5	5	10	5	5	5	5	5
209109	110	A	B	A	A	A	5	5	5	5	5	0	5	5	5	5	5	5	10	10	5	5	5	10	0	5
209203	110	A	B	A	A	AE	5	5	5	5	5	5	5	5	5	0	5	10	10	10	5	10	5	5
209205	110	A	B	A	A	ADEF	5	5	5	5	5	5	5	5	10	5	10	5	5	5	5	5	0	5
209216	110	A	B	A	A	ACD	0	5	5	5	5	10	10	5	5	0	5	10	5	5	10	5	5	5	5
210128	110	A	B	A	A	AE	5	5	0	10	10	10	5	5	0	0	10	5	5	5	5	5	5	5	5
301214	110	A	B	A	A	ABE	0	5	5	10	5	5	5	5	10	5	10	5	5	5	5	5	0	5	5
301221	110	A	B	A	A	ACE	0	5	5	5	0	10	5	5	5	5	5	5	10	5	5	5	10	5
301223	110	A	B	A	A	AD	5	0	5	5	5	0	5	5	5	5	5	5	5	5	10	5	10	0	5
302110	110	B	A	A	A	ACE	5	5	5	5	5	5	10	5	5	5	5	10	5	5	0	5	5
303211	110	A	B	A	A	AB	5	0	0	5	5	10	5	5	5	5	10	5	5	10	5	5
304124	110	B	A	A	A	AC	5	10	5	10	5	5	10	5	10	5	0	5	5
304204	110	A	B	A	A	A	5	5	5	5	5	10	5	10	0	5	5	5	5	5	5

续表

考号	总分	1题选项	2题选项	3题选项	4题选项	5题选项	6题得分	7题得分	8题得分	9题得分	10题得分	11题得分	12题得分	13题得分	14题得分	15题得分	16题得分	17题得分	18题得分	19题得分	20题得分	21题得分	22题得分	23题得分	24题得分	25题得分
304211	110	B	A	A	A	AB	0	5	5	10	10	5	10	5	5	5	5	10	5	5	0	5	10	0	5
305208	110	B	A	A	A	A	5	5	0	5	5	10	5	10	5	10	5	5	5	5	5	5	5	5	5
306209	110	B	A	A	A	A	5	5	0	5	5	5	5	5	5	5	5	5	10	10	10	5	5	5	5
306215	110	A	B	A	A	AE	0	0	5	5	5	10	5	5	5	5	5	10	5	5	5	5	5	5	5
307228	110	A	B	A	A	A	5	5	5	5	5	5	10	5	5	5	5	10	5	5	5	5	5	5	5
307229	110	A	B	A	A	A	0	5	5	5	5	10	5	5	5	5	5	5	5	10	5	10	5	5	5
308209	110	C	A	A	A	ABC	0	0	5	10	5	10	5	0	5	5	5	10	5	5	10	5	5	5	5
308223	110	B	A	A	A	A	0	10	5	10	10	0	5	5	10	5	5	5	5	5	10	0	0	0	5
309102	110	B	A	A	A	ACF	5	0	0	5	10	5	5	5	10	5	5	10	5	5	5	5	5	5	5
310207	110	B	A	A	A	ABE	0	5	5	5	10	5	5	5	5	5	10	5	10	10	5	5	0	5	5
101108	110	A	A	B	B	CDEF	10	5	10	10	0	0	5	10	0	0	5	10	10	0	10	0	0	10	10
101215	110	B	B	A	A	AF	0	5	5	5	5	5	5	10	5	5	5	5	5	5	5	5	10	0	5
105114	110	A	B	A	B	CDE	5	10	5	0	5	10	10	5	0	5	5	10	0	10	10	5	0	5	0	5
107115	110	A	B	A	B	CE	0	5	10	10	10	5	5	5	5	0	5	0	10	5	5	5	0	10	5
108117	110	B	A	A	B	ACE	0	5	5	5	10	5	5	5	5	5	5	10	10	5	10	5	5	5	5
108213	110	B	B	A	A	AE	0	5	0	5	5	5	5	5	5	0	10	5	5	5	5	10	5	5
108222	110	B	B	A	A	A	0	5	0	10	5	10	5	5	5	5	10	5	5	10	5	0	5	5	5
202111	110	A	A	B	B	BC	0	0	5	5	10	5	10	5	10	10	5	5	0	5	0	10	10	10	5
205124	110	B	B	A	A	A	5	5	5	5	10	5	5	5	5	5	5	5	5	5	5	5	5	5	5
207105	110	B	A	B	A	AB	5	5	5	5	0	5	5	5	5	5	5	5	5	5	5	5	10	5	5
208104	110	A	B	A	B	AE	0	5	0	10	5	10	5	10	5	10	5	0	5	0	0	10	5	10	5
208206	110	B	B	A	A	A	5	5	5	5	5	5	10	5	5	5	5	5	0	5	5	5	5	5	5
210104	110	B	B	A	A	B	5	0	5	5	5	5	10	5	5	5	5	10	5	10	0	0	5	5	5
210124	110	B	B	A	A	AE	0	5	5	10	5	0	10	5	5	5	10	10	5	5	0	5
301111	110	A	B	B	A	CE	5	5	5	10	0	5	10	5	0	5	5	10	5	10	5	5	0	5
301222	110	B	B	A	A	A	5	0	0	5	10	0	5	10	0	5	5	10	0	5	5	10	5	5
303209	110	B	B	A	A	AB	0	5	5	10	5	5	5	5	5	10	10	10	5	5	5	5	5	5
305210	110	B	B	A	A	AE	5	5	10	5	5	0	5	5	5	5	5	5	10	5	5	5	5	5
307231	110	B	B	A	A	ABE	0	0	5	5	5	10	5	10	5	10	5	5	5	5	5	5	5	5
308110	110	B	B	A	A	AE	5	5	0	5	10	5	10	0	5	10	5	10	5	5	5	5	5	5
310208	110	C	B	A	A	A	5	5	0	5	5	5	5	5	5	5	5	10	5	5	5	5
310217	110	B	A	A	B	A	5	5	0	10	5	10	10	5	10	10	0	5	5	0	5	5
310220	110	B	B	A	A	AB	5	5	5	10	10	5	5	5	5	5	10	5	5	5	0	0	5
310221	110	B	B	A	A	AE	5	5	5	5	5	5	10	5	5	5	5	5	5	5	5	5
101112	110	B	C	A	B	BD	10	5	10	0	5	10	5	0	5	5	10	10	0	0	5	10	5	0

续表

考号	总分	1题选项	2题选项	3题选项	4题选项	5题选项	6题得分	7题得分	8题得分	9题得分	10题得分	11题得分	12题得分	13题得分	14题得分	15题得分	16题得分	17题得分	18题得分	19题得分	20题得分	21题得分	22题得分	23题得分	24题得分	25题得分
101119	110	B	B	A	B	AB	5	5	5	10	5	5	5	5	5	5	5	5	5	5	5	5	5	10	5	5
105118	110	A	B	B	B	ADE	10	10	0	5	10	5	0	0	0	10	10	10	10	5	10	0	5	5	5
207211	110	C	B	C	B	BD	10	5	0	5	10	5	10	5	5	10	5	5	10	0	5	0	10	5
101205	105	A	A	A	A	AB	0	0	0	5	5	5	10	5	5	5	5	10	5	5	10	5	5	5	5
102208	105	A	A	A	A	A	0	5	0	5	10	10	10	5	5	5	5	0	5	0	5	5	10	5	5
103113	105	A	A	A	A	AE	5	0	0	5	10	5	0	10	0	5	5	10	10	5	5	5	0	5
104108	105	A	A	A	A	ACF	5	5	5	5	5	10	0	5	10	10	0	5	5	5	5	5	5	5	5
104209	105	A	A	A	A	A	5	5	5	5	5	5	10	5	5	5	10	5	5	5	5	5
105207	105	A	A	A	A	ABE	5	5	0	5	5	10	10	5	0	5	5	5	5	10	5	5	5
106121	105	A	A	A	A	CD	5	10	5	0	5	10	5	5	0	5	0	5	5	5	5	10	5	5
106219	105	A	A	A	A	AE	5	5	0	10	5	5	5	5	5	0	10	5	5	10	5	5	5
107105	105	A	A	A	A	A	0	5	5	5	0	10	5	0	5	5	5	10	5	10	5	5	5	5
107117	105	A	A	A	A	ABC	5	5	5	10	5	5	10	0	5	5	0	5	10	5	0	10	0	5
107210	105	A	A	A	A	A	5	5	5	5	10	5	5	5	5	5	5	5	5	5	5	5	5	5
201102	105	A	A	A	A	AE	5	0	5	5	5	5	5	5	5	5	5	5	5	5	5	5	5
201106	105	A	A	A	A	A	5	10	5	0	5	5	5	5	5	5	5	10	5	5	5	5	5
202116	105	A	A	A	A	AB	5	5	0	5	5	0	5	5	5	10	5	5	5	5	5	5	5
202212	105	A	A	A	A	A	0	5	0	5	5	5	5	5	10	10	5	10	5	10	0	5	5	5
202215	105	A	A	A	A	ABCDE	0	5	5	5	5	5	5	5	5	5	5	5	5	10	5	5	5
202216	105	A	A	A	A	ABCD	0	5	0	10	5	5	5	10	5	5	5	5	5	0	10	5	5	5
203224	105	A	A	A	A	AB	0	5	0	5	5	5	0	10	10	5	10	10	0	5	5	5	5
207201	105	A	A	A	A	AEF	5	5	5	5	10	5	5	5	5	0	10	5	10	5	0	5	5	5
207204	105	A	A	A	A	BEF	5	10	5	10	5	5	5	0	5	5	5	5	10	10	5	0	0	5
210106	105	A	A	A	A	AE	0	10	5	10	5	10	10	5	10	5	5	5	0	5	0	5	0	5
301101	105	A	A	A	A	AE	0	0	5	10	10	0	5	5	5	10	5	10	5	0	5	5	5	5
303222	105	A	A	A	A	A	5	5	0	0	10	5	10	5	10	0	0	10	5	0	10	5	5
304117	105	A	A	A	A	AC	5	5	0	0	10	0	10	5	5	0	10	10	10	5	5	0	5
306103	105	A	A	A	A	ABC	0	5	5	5	5	5	5	5	5	5	10	5	5	5	10	5	5
306108	105	A	A	A	A	A	0	5	5	10	5	5	5	10	5	5	0	5	5	5	0	5	5
306111	105	A	A	A	A	AE	0	5	0	5	10	5	5	5	5	5	5	10	5	5	5	5
306117	105	A	A	A	A	EF	5	0	5	5	10	5	5	0	10	5	10	5	10	5	5	5
307211	105	A	A	A	A	B	0	0	0	5	5	5	5	5	5	10	5	10	0	10	5	5
308222	105	A	A	A	A	A	0	5	0	10	5	0	10	0	5	5	5	5	10	5	10	5	5
309104	105	A	A	A	A	A	5	10	5	10	5	0	5	5	5	5	10	5	5	0	5	5
310107	105	A	A	A	A	ACE	5	5	5	0	5	0	5	10	5	5	5	5	0	10	5	10	5	10

续表

考号	总分	1题选项	2题选项	3题选项	4题选项	5题选项	6题得分	7题得分	8题得分	9题得分	10题得分	11题得分	12题得分	13题得分	14题得分	15题得分	16题得分	17题得分	18题得分	19题得分	20题得分	21题得分	22题得分	23题得分	24题得分	25题得分
310112	105	A	A	A	A	ABCDEF	10	0	0	5	10	0	5	10	5	10	10	5	0	0	10	5	0	10	5	5
310226	105	A	A	A	A	ABEF	5	0	0	5	5	5	5	0	5	5	5	10	5	10	5	10	10	5
101117	105	B	A	A	A	C	0	0	0	10	5	10	5	10	5	10	0	10	0	10	0	0	5	10	0
102223	105	B	A	A	A	A	5	5	5	5	5	5	5	5	5	0	5	5	10	5	5	5	5	5
102224	105	A	B	A	A	ABDE	0	5	0	10	5	5	5	10	5	5	5	5	10	5	5	5	5	5
103117	105	B	A	A	A	A	0	5	0	5	10	5	10	5	5	5	5	5	0	10	5	5	5	5
103207	105	B	A	A	A	AE	0	5	0	10	10	0	10	5	5	5	5	10	5	5	5	5	5	5
103210	105	A	A	B	A	AF	5	5	5	10	5	0	5	5	0	5	0	10	5	10	5	5	5	5
104205	105	A	B	A	A	ABC	0	5	0	5	5	10	10	5	0	0	5	5	10	5	5	10	5	10
104221	105	B	A	A	A	AE	0	5	0	5	5	5	5	5	0	5	10	5	5	10	5	10	5	5
105203	105	B	A	A	A	AE	0	5	0	5	5	5	5	10	5	5	0	5	5	10	5	10	5
105214	105	A	B	A	A	AE	5	0	5	5	5	5	5	5	5	10	5	5	5	5	5	5	5	5
106217	105	B	A	A	A	AB	0	5	5	5	5	10	5	10	5	5	5	5	5	5	5	10	5	5
107104	105	A	B	A	A	ABCDEF	0	0	5	5	10	10	5	5	5	5	5	5	5	5	5	10	5	5
107107	105	A	B	A	A	AB	5	5	0	5	5	5	5	5	5	10	5	10	5	5	5	5	0	5
107219	105	A	B	A	A	A	5	5	5	5	5	5	5	5	5	5	5	5	0	5	10	10	10	0
107226	105	A	B	A	A	AB	0	5	0	10	5	0	5	5	5	0	5	5	5	5	5	10	5	5
108121	105	B	A	A	A	ABC	5	5	0	5	5	10	5	5	5	0	5	5	5	10	5	0	10	5
108215	105	A	B	A	A	ABD	5	5	0	5	10	5	5	10	0	0	5	10	5	5	5	5	5	5
108221	105	C	A	A	A	AE	0	5	0	5	0	10	5	10	5	10	5	5	5	5	5	10	5	5
108225	105	A	B	A	A	A	5	5	0	5	10	5	5	5	10	0	5	5	5	5	5	0	10	5	5
109120	105	A	B	A	A	ABCE	5	5	0	5	0	0	10	10	5	0	5	10	5	10	5	5	10	0	5
109216	105	B	A	A	A	A	5	5	5	5	5	5	5	5	5	5	5	5	5	5	5	5	5	5
201206	105	B	A	A	A	AB	5	5	0	5	5	5	5	5	5	5	5	5	5	10	5	10	5	5
201209	105	A	B	A	A	AB	5	5	5	5	5	5	5	10	5	5	5	5	5	5	5	5	5	5
204131	105	A	B	A	A	AC	0	0	0	0	5	10	10	10	5	10	10	5	10	0	0	5	5
204205	105	A	B	A	A	AE	5	5	5	5	5	5	5	5	5	5	5	10	5	10	5	5	5	5
204207	105	A	B	A	A	AB	0	5	5	10	10	0	5	5	0	5	5	10	5	10	5	5	5	5
206205	105	A	B	A	A	ABE	5	5	0	5	5	0	5	5	5	10	5	5	10	5	10	5	5	5	5
206218	105	B	A	A	A	AE	5	5	5	5	0	10	5	5	5	5	5	10	5	5	5	5	5	5
207109	105	A	B	A	A	AB	5	5	0	5	5	5	5	5	5	10	5	5	5	5	10	0	5
207120	105	A	A	A	B	CDF	5	5	0	10	5	5	5	5	0	10	5	5	5	5	5	10	0	5
207122	105	A	B	A	A	ABC	5	5	5	10	5	5	0	5	10	5	10	5	0	5	5	5	5	5
208105	105	A	B	A	A	AD	5	10	0	0	5	0	5	10	5	0	5	10	10	5	10	10	0	5
208210	105	A	B	A	A	A	5	5	5	5	10	5	5	10	10	10	5	5	0	0	0	0	0

让高逆商助力高中生健康成长　>>>

续表

考号	总分	1题选项	2题选项	3题选项	4题选项	5题选项	6题得分	7题得分	8题得分	9题得分	10题得分	11题得分	12题得分	13题得分	14题得分	15题得分	16题得分	17题得分	18题得分	19题得分	20题得分	21题得分	22题得分	23题得分	24题得分	25题得分
208213	105	A	A	B	A	A	5	5	5	5	10	5	5	5	5	10	5	5	5	10	10	0	0	5	0	5
209210	105	A	A	B	A	ABE	10	5	0	5	10	0	5	5	5	10	5	5	5	5	0	5	5	10	5	5
209212	105	B	A	A	A	AE	0	5	0	5	10	0	5	5	5	5	5	5	10	5	5	5	5	10	5	5
301203	105	A	B	A	A	A	5	5	0	10	0	0	5	10	0	5	5	5	10	10	10	5	5	5	5	5
301208	105	A	A	A	B	AB	5	10	5	0	5	5	0	0	5	5	10	5	10	5	10	5	5	5	5	5
302107	105	B	A	A	A	AE	5	5	5	10	10	0	0	5	5	0	5	5	10	5	5	10	5	5	5	5
302108	105	B	A	A	A	ABC	0	5	5	5	0	10	5	5	10	5	5	5	5	10	5	5	5	5	0	5
303106	105	A	B	A	A	ACEF	5	5	5	5	5	10	5	5	5	0	0	5	5	5	10	5	5	10	5	5
303205	105	B	A	A	A	A	5	5	5	0	5	5	5	5	5	5	5	5	5	5	5	10	5	5	10	5
303218	105	B	A	A	A	AB	10	10	5	0	0	5	10	10	5	5	5	5	10	0	10	0	0	5	5	5
304101	105	B	A	A	A	A	5	5	0	10	5	5	10	5	5	5	5	5	5	5	5	5	5	5	5	5
304113	105	A	A	A	A	-	5	5	10	10	10	0	5	5	5	5	5	5	5	5	5	10	5	5	5	5
304122	105	B	A	A	A	ACE	0	5	0	10	5	0	0	5	5	10	5	5	10	5	10	5	0	5	10	5
304207	105	B	A	A	A	ABCD	5	5	5	5	0	5	5	5	5	5	0	5	10	5	5	5	5	10	5	5
305217	105	A	B	A	A	ABF	0	0	5	5	10	5	5	5	0	5	5	5	10	5	10	10	5	5	5	10
306113	105	A	A	A	A	ABCE	0	0	5	5	10	5	5	5	10	5	5	5	5	10	5	10	0	5	5	5
306216	105	B	A	A	A	AE	5	0	0	5	10	5	5	5	0	5	5	5	5	10	5	5	5	5	5	5
309107	105	B	A	A	A	A	5	5	5	5	5	5	5	5	5	5	10	5	5	5	5	5	5	5	5	5
309115	105	A	B	A	A	A	5	0	5	10	5	5	5	5	5	5	5	0	5	5	5	5	5	5	5	5
309212	105	B	A	A	A	ACE	5	5	5	10	10	5	5	5	0	5	5	5	5	5	5	5	5	5	0	5
310212	105	B	A	A	A	AD	0	5	0	0	5	5	5	5	5	10	10	5	10	5	10	5	0	10	5	5
310219	105	B	A	A	A	AF	5	10	10	5	10	5	5	5	5	10	5	5	10	5	0	0	5	0	5	5
101214	105	A	B	B	B	A	0	5	5	5	5	10	5	5	5	5	5	5	10	5	5	5	5	5	0	5
101221	105	A	B	A	B	ABE	5	5	5	5	10	5	5	5	10	5	5	0	5	5	5	5	5	5	5	10
102107	105	B	B	A	A	AEF	0	5	0	5	10	5	10	5	5	5	5	5	0	5	0	5	10	5	5	5
102207	105	B	B	A	A	AC	10	5	0	10	5	0	5	5	5	5	5	10	5	5	5	5	5	5	5	5
106215	105	B	A	A	A	AEF	5	10	5	0	5	5	5	5	5	0	10	5	5	10	5	0	10	0	5	5
107120	105	B	A	A	A	AE	5	5	5	5	10	5	5	5	5	5	5	5	5	5	5	5	5	5	5	5
107206	105	B	B	A	A	B	0	5	5	10	5	5	10	0	5	5	0	5	5	5	10	5	10	5	5	5
108120	105	B	B	A	A	ABC	5	5	5	5	5	10	5	10	5	10	0	0	10	0	5	5	5	5	5	5
201104	105	A	A	B	B	A	0	5	5	5	10	5	5	10	5	10	0	5	0	10	5	5	5	5	5	5
202109	105	A	B	A	C	C	5	5	0	5	10	0	5	5	5	5	0	10	5	10	5	5	5	5	5	5
205203	105	B	B	A	A	A	5	5	0	5	5	5	5	5	5	0	5	5	10	5	5	5	10	5	5	5
207118	105	C	B	A	A	ACD	5	5	5	5	0	5	0	5	5	10	5	5	10	5	5	5	5	5	10	5
302113	105	B	A	A	B	E	5	5	5	5	10	5	5	5	0	10	10	5	5	5	5	0	10	0	5	5

续表

考号	总分	1题选项	2题选项	3题选项	4题选项	5题选项	6题得分	7题得分	8题得分	9题得分	10题得分	11题得分	12题得分	13题得分	14题得分	15题得分	16题得分	17题得分	18题得分	19题得分	20题得分	21题得分	22题得分	23题得分	24题得分	25题得分
302116	105	B	B	A	A	D	5	5	5	10	10	0	10	5	5	0	0	5	5	10	5	5	0	10	5	5
303108	105	A	B	B	A	A	5	0	5	5	5	5	5	10	5	5	5	5	10	10	5	5	5	0	5
303207	105	B	B	A	A	ABE	0	0	0	5	5	5	5	5	5	5	10	10	5	5	5	10	5	5
303223	105	B	B	A	A	A	5	5	0	5	5	0	5	5	5	5	5	10	10	5	5	10	5	5	5
305209	105	B	B	A	A	AEF	5	5	5	0	5	10	5	5	5	10	0	5	10	5	10	5	0	5	5
307217	105	B	B	A	A	B	0	5	0	5	5	5	5	5	10	5	5	0	5	5	10	5	5	5
309219	105	B	B	A	A	AB	5	5	5	5	5	0	5	5	5	5	5	10	5	5	5	5	5	5
310225	105	B	B	A	A	A	5	5	0	10	10	5	0	5	5	10	5	5	10	0	5	0	5	5	5
207213	105	C	B	A	C	CD	5	10	5	5	10	5	0	5	0	10	5	10	5	5	10	5	0	5	0	5
109105	105	B	B	B	B	AC	5	5	5	5	5	0	0	5	5	10	5	0	10	0	10	5	5	5	10
102117	100	A	A	A	A	A	5	5	5	5	5	5	5	5	5	5	5	5	5	0	5	5	5	5	5
102119	100	A	A	A	A	A	5	5	5	5	5	5	5	5	5	5	5	5	5	5	5	5	5	5	5
102213	100	A	A	A	A	ABEF	0	5	0	10	5	0	5	5	10	5	5	5	5	5	5	5	5	5
102226	100	A	A	A	A	AB	10	5	5	5	5	5	5	5	5	0	0	10	10	5	0	5	0	5	5
103121	100	A	A	A	A	ABCDEF	10	5	5	10	5	5	0	5	5	10	10	0	5	0	0	5	5	5	5
103215	100	A	A	A	A	A	5	5	0	0	10	5	5	5	0	5	0	10	5	5	0	5	5	5
104207	100	A	A	A	A	AB	5	0	5	5	5	5	10	5	5	5	5	5	5	5	5	5	10	5	0	5
104220	100	A	A	A	A	ABE	0	5	5	0	0	0	5	5	10	5	0	5	10	5	10	5	5	5
106126	100	A	A	A	A	A	5	5	5	5	5	5	5	5	5	5	5	5	5	5	5	5	5	5	5
106216	100	A	A	A	A	A	5	0	5	5	5	5	10	5	5	5	10	5	5	5	5	5	5	10	5	5
106223	100	A	A	A	A	AB	5	5	5	5	5	5	5	5	5	5	5	5	5	5	5	5	5	5	5
107203	100	A	A	A	A	ABCDF	10	5	5	10	5	5	5	5	5	5	5	0	0	5	5	5	5	5	5
107204	100	A	A	A	A	AE	0	0	5	10	5	0	5	5	0	5	0	5	10	5	5	10	5	10	5
108103	100	A	A	A	A	ABCDEF	5	0	0	5	5	5	5	10	5	5	5	5	5	5	10	5	10	5
109112	100	A	A	A	A	A	5	5	0	10	10	5	5	5	5	0	0	5	0	5	10	5	5	5	5
109226	100	A	A	A	A	E	5	0	5	5	5	10	5	5	0	5	5	0	5	5	5	10	10	0	5
201117	100	A	A	A	A	A	10	10	10	10	10	0	0	0	0	10	10	10	10	0	0	0	0	0
201201	100	A	A	A	A	A	5	5	5	5	5	5	5	5	5	5	5	5	5	5	5	5	5	5	5
202105	100	A	A	A	A	ABCDEF	0	0	5	10	5	10	0	5	10	5	5	10	5	5	5	5	5
202218	100	A	A	A	A	ABE	0	5	5	10	5	0	5	10	5	5	5	0	5	5	5	5	5
203201	100	A	A	A	A	AE	5	5	5	10	5	10	5	0	5	10	0	5	5	5	5	5	5
203204	100	A	A	A	A	AD	5	0	0	5	5	0	10	5	5	5	5	5	5	10	5	10	5	5
204103	100	A	A	A	A	AE	0	5	0	10	0	5	10	5	5	10	5	5	0	5	5
204109	100	A	A	A	A	ABE	5	0	0	5	5	5	5	10	5	10	5	5	5	5	5	5	5
207202	100	A	A	A	A	ACEF	5	5	10	5	5	5	0	5	5	5	5	10	5	0	5	5

续表

考号	总分	1题选项	2题选项	3题选项	4题选项	5题选项	6题得分	7题得分	8题得分	9题得分	10题得分	11题得分	12题得分	13题得分	14题得分	15题得分	16题得分	17题得分	18题得分	19题得分	20题得分	21题得分	22题得分	23题得分	24题得分	25题得分
207207	100	A	A	A	A	ABCF	5	5	5	5	5	5	5	5	0	5	5	10	5	5	5	5	5	5	5
207208	100	A	A	A	A	AEF	10	5	5	5	5	0	5	0	5	5	5	5	5	10	5	5	5	5	5
208106	100	A	A	A	A	ACF	0	0	10	5	5	0	5	5	5	5	10	5	5	5	5	10	5	5	5
301113	100	A	A	A	A	AC	10	10	10	10	10	0	0	0	0	0	10	10	10	10	0	0	0	0	0
301207	100	A	A	A	A	AB	5	5	5	5	5	5	5	5	5	5	5	5	5	5	5	5	5	5	5
301224	100	A	A	A	A	A	5	5	5	5	5	5	10	5	5	5	5	5	10	0	5	5	5	5	0	5
303111	100	A	A	A	A	A	0	5	0	5	5	5	10	10	5	0	0	5	5	10	5	10	5	10	5	5
308205	100	A	A	A	A	ABEF	5	5	0	5	5	5	5	5	5	10	5	5	10	5	5	5	5	5	0	5
309206	100	A	A	A	A	ABE	5	0	0	5	5	5	5	5	5	5	5	5	5	5	0	10	5	10	5	5
309226	100	A	A	A	A	A	5	5	5	5	5	5	5	5	5	5	5	5	5	5	5	5	5	5	5	5
310105	100	A	A	A	A	A	0	5	5	5	0	5	5	5	10	5	5	5	5	5	5	5	5	10	10	5
101109	100	A	A	A	B	AC	10	10	10	10	10	0	0	0	0	0	10	10	10	10	0	0	0	0	0	0
101204	100	A	B	A	A	ABEF	0	5	5	5	10	0	5	5	5	10	5	0	5	0	0	10	10	5	5	5
101209	100	A	B	A	A	ABE	10	0	0	5	5	0	5	5	5	5	10	5	10	5	5	5	5	5	5	5
101217	100	A	B	A	A	ABCD	5	5	0	5	5	5	5	10	5	5	5	5	5	5	5	5	5	5	5	5
103107	100	A	B	A	A	AC	5	5	5	5	5	5	5	5	5	5	5	5	0	10	5	5	0	5	5	5
103219	100	A	B	A	A	ABE	0	0	5	5	10	0	5	10	5	10	5	0	5	0	5	10	5	5	5	5
103224	100	A	B	A	A	E	5	5	5	5	5	0	10	5	5	5	5	10	5	10	5	5	0	5	0	5
104104	100	A	A	A	B	EF	10	0	0	5	0	0	5	5	5	10	0	5	0	5	10	10	10	10	10	10
104107	100	B	A	A	A	AC	5	10	5	5	10	5	10	0	5	5	5	5	5	5	5	5	5	5	0	5
104110	100	A	B	A	A	ABCD	0	0	0	5	5	5	10	5	5	5	5	5	5	5	5	5	5	5	10	5
104211	100	A	B	A	A	AB	0	5	0	0	5	5	5	10	5	5	5	10	5	5	5	5	5	5	5	5
104217	100	B	A	A	A	AB	0	5	0	5	5	5	5	5	5	5	5	5	10	5	5	5	5	5	5	5
105107	100	B	A	A	A	ABCDE	5	5	0	5	5	0	10	10	10	5	5	5	0	5	5	5	5	5	5	5
105115	100	B	A	A	A	CD	5	0	0	5	5	10	5	5	0	5	5	5	10	5	5	5	5	5	5	5
105202	100	A	B	A	A	AC	5	5	0	5	5	5	0	5	5	5	0	5	10	5	10	5	5	10	5	5
105218	100	A	B	A	A	AD	0	5	0	0	5	5	5	5	5	5	5	5	5	10	5	5	5	5	5	5
106118	100	A	A	A	B	ABCDEF	0	0	0	0	0	10	10	10	10	10	0	0	0	0	10	10	10	10	10	10
106209	100	B	A	A	A	AB	5	0	10	5	0	5	5	5	5	10	5	10	5	0	5	10	0
106214	100	A	B	A	A	A	5	5	0	5	10	5	10	10	0	5	5	5	5	5	5	5	5	5	5	5
107122	100	A	A	A	-	AE	5	5	0	5	10	5	5	10	10	5	5	5	5	5	5	5	5	5	5	5
109109	100	A	B	A	A	AF	5	0	0	5	0	5	5	10	5	0	5	10	5	10	5	5	5	5	5	5
109110	100	A	B	A	A	AB	5	5	0	5	0	5	5	5	5	5	0	5	10	5	10	5	10	0	5
109113	100	C	A	A	A	A	10	5	0	5	0	5	10	5	10	0	5	10	10	5	0	5	5	0	5
109210	100	A	B	A	A	ACF	5	0	0	5	5	5	5	5	10	5	5	5	0	10	10	5	5	5

续表

考号	总分	1题选项	2题选项	3题选项	4题选项	5题选项	6题得分	7题得分	8题得分	9题得分	10题得分	11题得分	12题得分	13题得分	14题得分	15题得分	16题得分	17题得分	18题得分	19题得分	20题得分	21题得分	22题得分	23题得分	24题得分	25题得分
109217	100	A	B	A	A	AE	5	5	0	5	0	0	5	5	5	5	10	10	5	10	5	5	5	5
109219	100	A	B	A	A	AB	0	5	0	5	0	0	10	5	5	10	5	10	5	5	0	10	5	5
201116	100	A	A	A	B	B	10	10	10	10	10	5	5	5	5	5	5	5	5	5	0	0	0	0
201205	100	B	A	A	A	AB	5	5	0	5	5	0	10	10	5	0	5	5	5	5	10	5	5	5
201215	100	A	B	A	A	AEF	0	5	0	5	0	0	5	5	10	10	5	10	5	5	5	5	5	5
202112	100	A	B	A	A	E	0	0	0	10	0	5	10	5	5	5	10	10	0	10	5	10	5	5
202209	100	A	B	A	A	AB	5	5	0	5	5	0	5	0	10	5	5	5	5	5	5	5	5	5
202225	100	A	B	A	A	ABE	5	0	0	5	5	5	5	5	5	5	5	5	5	5	5	5	5	5
204209	100	A	B	A	A	ABCDE	5	0	5	5	10	0	5	10	5	10	5	5	5	0	0	5	10	5
205102	100	B	A	A	A	ABCDEF	5	5	0	5	5	0	5	0	0	5	5	10	0	10	5	10	10	5
205118	100	B	A	A	A	ACE	10	5	0	5	10	0	0	5	5	10	5	0	0	10	5	5	0	10
205119	100	A	B	A	A	ABCDEF	5	5	0	5	5	5	5	5	5	5	5	5	5	5	5	5	5	5
205206	100	A	B	A	A	AE	0	0	0	5	0	5	10	5	10	0	0	5	10	5	5	5	5	5
207121	100	A	B	A	A	BCF	5	5	0	5	5	5	5	5	5	5	10	5	10	5	5	5	5	5
209114	100	A	B	A	A	AE	10	5	0	5	10	5	0	5	10	5	10	5	5	10	5	5	0	5
209118	100	A	A	B	A	BCEF	5	5	0	5	10	5	5	0	5	5	5	10	5	10	5	10	10	5
209126	100	A	B	A	A	AE	5	5	5	5	5	0	5	0	5	5	10	5	5	5	10	5	5	5
209201	100	A	B	A	A	ABC	5	5	0	5	5	5	10	5	5	5	5	5	5	5	5	5	5	5
209219	100	A	B	A	A	AD	5	5	0	5	5	5	5	5	5	5	5	5	5	5	5	5	5	5
209221	100	A	B	A	A	AD	5	5	0	5	5	10	0	5	0	5	5	5	5	10	5	0	5	5
210218	100	A	B	A	A	A	0	5	5	5	5	5	5	5	5	10	10	10	0	0	5	5	5	5
301118	100	A	B	A	A	A	10	10	10	10	10	0	0	0	0	10	10	10	10	0	0	0	0	0
303204	100	A	B	A	A	ABE	5	5	5	5	5	10	5	5	5	5	10	5	0	5	5	5	5	5
303214	100	B	A	A	A	AE	5	0	0	5	0	5	10	5	5	5	5	5	5	10	5	5	5	5
304201	100	A	B	A	A	A	10	5	5	5	5	0	5	5	5	5	5	5	5	10	5	5	5	5
306102	100	A	B	A	A	ACDEF	5	0	0	5	5	5	5	5	10	5	5	10	5	5	5	5	5	0
307237	100	C	A	A	A	A	0	5	5	5	5	5	5	5	5	5	5	5	5	5	5	5	5	5
308102	100	A	B	A	A	AC	0	0	5	5	10	0	5	5	0	5	0	10	5	10	10	5	5	5
308106	100	A	A	B	A	ABCDE	5	0	0	5	0	0	5	10	5	10	0	10	5	10	10	10	0	5
308113	100	B	A	A	A	AE	5	5	5	5	5	5	5	5	5	5	5	5	5	5	5	5	5	5
308225	100	B	A	A	A	ABE	5	5	5	5	5	5	5	5	5	5	10	5	5	5	0	5	5	5
309208	100	A	A	*	A	AD	10	10	10	10	0	0	0	0	10	0	10	0	0	10	0	0	0	0
309224	100	B	A	A	A	AF	0	5	5	5	10	5	10	5	5	5	0	5	10	5	5	5	5	5
310204	100	A	B	A	A	ADF	5	5	5	5	5	5	5	5	0	10	0	0	5	5	10	5	10	5
101203	100	A	A	B	B	ABC	5	5	5	10	0	5	5	5	5	5	5	5	5	5	5	5	5	5

211

续表

考号	总分	1题选项	2题选项	3题选项	4题选项	5题选项	6题得分	7题得分	8题得分	9题得分	10题得分	11题得分	12题得分	13题得分	14题得分	15题得分	16题得分	17题得分	18题得分	19题得分	20题得分	21题得分	22题得分	23题得分	24题得分	25题得分
106207	100	B	B	A	A	AE	5	5	5	5	10	0	0	5	5	10	10	0	5	5	0	5	10	5	5	5
107227	100	A	B	A	B	AE	5	5	0	5	5	5	5	5	5	5	5	5	10	5	5	5	5	5	5	5
108212	100	B	B	A	A	A	0	0	0	5	0	5	5	10	0	10	0	5	5	5	10	10	10	10	10	5
203107	100	A	B	B	A	A	0	5	0	10	10	5	5	5	5	5	5	5	5	5	5	5	5	5	5	5
203223	100	A	A	B	B	A	5	5	0	5	5	5	5	5	5	10	5	10	5	0	5	5	10	5	5	5
204201	100	B	B	B	A	A	5	5	5	5	5	5	5	5	5	10	5	10	5	5	5	5	5	5	5	5
205205	100	B	B	A	A	AE	5	5	5	5	5	5	0	5	5	5	10	10	5	10	10	5	0	0	0	0
205209	100	B	B	A	A	A	0	5	5	5	5	5	5	5	5	5	5	5	10	10	5	5	5	5	5	5
207101	100	B	B	A	A	A	5	5	5	5	5	5	5	0	5	10	5	5	5	5	5	5	5	5	5	5
209204	100	A	A	D	B	ABC	5	5	5	5	5	5	5	5	10	5	5	0	5	5	5	5	5	5	5	5
209223	100	B	B	A	A	AEF	0	0	0	5	5	5	5	5	5	5	10	5	10	5	5	10	10	5	10	0	5
210121	100	B	B	A	A	A	5	5	5	5	5	5	5	5	5	5	5	5	5	5	5	5	5	5	5	5
302206	100	C	A	B	A	AE	5	5	5	5	5	5	5	0	5	10	5	5	5	5	5	5	5	5	5	5
302213	100	B	B	A	A	ABCE	5	0	5	10	5	5	0	5	5	0	5	5	10	5	10	5	10	5	0	5
303115	100	A	A	B	B	E	0	5	5	10	5	5	5	5	5	5	5	10	5	5	5	5	5	5	5	5
304112	100	B	A	A	A	—	10	5	0	0	10	0	0	5	5	5	5	5	5	5	5	5	5	5	5	5
305115	100	B	A	A	B	ABF	5	5	5	5	5	5	5	0	5	5	5	10	10	5	0	5	10	5	0	5
308228	100	B	B	A	A	B	5	5	5	5	10	0	10	10	5	10	5	5	5	5	0	0	5	0	5	5
101110	100	A	C	B	B	ABCE	5	5	5	5	5	5	5	5	5	5	5	5	5	5	5	5	5	5	5	5
106101	100	A	B	B	B	A	5	5	5	5	5	5	5	5	5	5	5	5	5	5	5	5	5	5	5	5
106105	100	A	B	B	B	A	5	0	0	5	10	5	5	5	5	5	0	5	10	5	5	5	0	10	5	5
108218	100	A	B	A	*	—	5	5	0	5	10	0	0	5	5	5	10	5	10	5	10	5	5	5	0	5
109218	100	A	B	B	B	ABCDE	10	0	10	5	10	0	5	10	0	0	5	5	10	10	5	5	5	0	0	5
207223	100	B	B	A	D	EF	10	10	5	10	5	0	0	5	0	10	0	10	5	10	5	10	0	0	0	0
209111	100	A	B	B	B	C	5	5	5	5	5	5	5	5	5	5	5	5	5	5	5	5	5	5	5	5
301109	100	A	B	B	B	E	5	5	5	5	5	5	5	5	5	5	5	5	5	5	5	5	5	5	5	5
304104	100	C	A	B	B	A	0	5	5	5	5	5	10	5	10	5	10	5	10	5	5	5	5	0	0	5
104112	100	B	B	B	B	ADEF	5	0	0	5	10	0	5	5	10	0	10	5	10	5	5	10	5	0	5	5
207210	100	B	C	B	D	B	5	5	10	5	0	5	0	5	10	5	10	5	10	0	5	5	0	10	5	0
207217	100	E	F	E	D	E	5	5	10	5	5	0	5	5	10	5	5	5	5	5	0	5	10	5	5	5
207222	100	B	C	D	E	A	0	5	5	5	5	5	5	5	5	5	5	5	5	5	5	5	10	5	10	5
303104	100	B	B	B	B	B	5	5	5	5	5	5	5	5	5	5	5	5	5	5	5	5	5	5	5	5
101219	95	A	A	A	A	AEF	5	5	0	5	5	5	5	5	0	5	5	5	5	5	5	5	5	10	5	5
102104	95	A	A	A	A	ACD	10	0	0	5	10	0	5	5	5	5	5	5	10	5	0	5	5	5	5	5
103217	95	A	A	A	A	AB	5	5	5	0	5	5	5	10	5	10	5	0	5	5	10	5	5	5

212

续表

考号	总分	1题选项	2题选项	3题选项	4题选项	5题选项	6题得分	7题得分	8题得分	9题得分	10题得分	11题得分	12题得分	13题得分	14题得分	15题得分	16题得分	17题得分	18题得分	19题得分	20题得分	21题得分	22题得分	23题得分	24题得分	25题得分
104116	95	A	A	A	A	AE	0	5	0	0	5	5	10	10	10	5	5	0	5	5	5	5	5	5	5	5
202214	95	A	A	A	A	A	0	5	0	5	5	0	10	5	0	10	5	5	5	5	5	5	5	10	5	5
207203	95	A	A	A	A	ACE	5	5	10	5	5	5	5	0	5	0	10	5	5	5	5	5	0	5	5	5
207206	95	A	A	A	A	ABDE	5	5	5	5	5	5	0	5	0	5	5	5	5	5	10	5	5	5	5	5
301116	95	A	A	A	A	A	5	5	5	5	0	5	5	5	5	5	5	5	5	5	5	5	5	5	5	5
301117	95	A	A	A	A	A	10	5	5	5	10	0	5	5	0	0	5	10	5	10	5	0	5	0	5	5
301220	95	A	A	A	A	ABC	0	0	5	5	0	5	10	5	5	5	5	5	5	10	5	5	5	5	5	5
304206	95	A	A	A	A	ABCE	0	5	0	5	5	0	5	10	5	5	5	5	10	5	5	5	5	5	5	5
304213	95	A	A	A	A	AB	5	5	0	0	0	10	10	5	5	10	0	0	10	0	10	5	0	10	5	5
307226	95	A	A	A	A	ABD	5	0	5	5	5	5	5	5	5	10	0	5	5	10	5	5	0	5	5	5
309110	95	A	A	A	A	ABCDEF	5	5	0	5	10	0	0	5	0	0	5	5	10	10	10	0	0	10	10	5
309222	95	A	A	A	A	AD	5	5	5	10	5	5	10	0	0	10	0	10	0	10	5	5	0	5	0	5
310103	95	A	A	A	A	A	5	5	0	5	5	0	5	5	5	10	5	0	0	5	10	5	5	10	5	5
102102	95	A	B	A	A	ABE	5	5	0	5	5	5	5	5	5	5	5	5	5	5	5	5	5	5	5	5
102121	95	A	B	A	A	AF	5	5	0	5	0	10	10	10	5	10	10	5	0	0	10	5	0	0	5	0
103214	95	A	B	A	A	ABDF	5	5	5	5	0	0	5	5	0	5	0	5	5	5	5	10	5	5	10	10
104103	95	B	A	A	A	E	5	5	5	0	5	5	5	5	5	5	5	5	5	0	5	5	10	5	5	5
104109	95	A	B	A	A	ABCD	0	5	0	0	5	5	10	5	0	10	10	5	5	5	0	5	5	10	5	5
104206	95	A	B	A	A	AB	5	5	0	5	5	0	5	10	5	10	0	5	5	5	5	5	5	5	5	5
105212	95	A	B	A	A	E	0	5	0	5	0	0	5	5	5	10	5	5	5	10	5	5	5	5	10	5
106103	95	B	A	A	A	A	0	0	0	0	0	10	10	10	10	10	0	0	0	0	0	10	10	10	10	5
106116	95	B	A	A	A	ABCDE	0	5	0	5	5	5	10	5	5	5	0	0	5	5	0	10	5	5	10	10
106125	95	B	A	A	A	AF	0	5	5	5	5	0	10	5	5	5	0	5	5	5	5	5	5	10	5	5
106202	95	A	B	A	A	AE	0	5	5	5	5	5	5	5	5	0	5	5	10	10	5	5	5	5	0	5
106222	95	A	A	B	A	AC	0	0	5	5	0	5	10	10	5	5	0	5	5	5	5	5	5	10	5	5
107108	95	A	A	B	A	ABCDEF	5	5	5	5	5	5	5	5	5	5	5	5	5	5	10	0	0	5	5	5
107205	95	B	A	A	A	A	0	5	0	0	0	10	10	10	10	5	0	0	5	5	5	5	5	10	5	5
107209	95	A	B	A	A	AE	5	5	0	5	0	0	5	5	5	0	5	0	10	5	5	10	5	10	10	5
107223	95	B	A	A	A	A	0	5	5	5	10	0	5	5	0	5	5	5	5	10	5	5	5	5	5	5
109101	95	A	A	B	A	CE	0	0	0	0	5	5	5	5	5	0	10	0	10	5	10	10	5	10	5	5
109102	95	A	B	A	A	CDE	5	0	0	10	5	0	5	5	5	10	5	10	5	5	5	5	0	10	5	0
109103	95	A	B	A	A	ABC	5	5	5	5	5	5	5	5	0	0	5	5	10	5	10	5	5	5	0	5
109207	95	A	B	A	A	A	5	5	0	5	5	5	5	5	5	5	0	0	10	10	10	5	5	5	0	5
201204	95	A	B	A	A	ABEF	0	0	0	5	0	0	10	5	5	10	5	5	5	5	10	10	5	5	5	5
202201	95	A	B	A	A	AB	5	5	0	5	5	0	5	5	5	5	5	5	5	5	5	10	0	10	5	5

续表

考号	总分	1题选项	2题选项	3题选项	4题选项	5题选项	6题得分	7题得分	8题得分	9题得分	10题得分	11题得分	12题得分	13题得分	14题得分	15题得分	16题得分	17题得分	18题得分	19题得分	20题得分	21题得分	22题得分	23题得分	24题得分	25题得分
205204	95	A	B	A	A	AE	5	0	0	0	0	5	5	5	10	0	5	5	10	5	10	5	10	10	5
206214	95	A	B	A	A	A	5	5	0	0	5	0	10	5	5	5	5	5	5	5	5	5	5	10	5	5
207103	95	C	A	A	A	AC	0	0	5	5	10	0	5	10	5	10	5	5	5	0	0	5	10	5	5
208107	95	B	A	A	A	AC	5	0	0	5	5	5	10	5	5	5	5	5	5	5	5	5	5	5	5	5
208122	95	A	B	A	A	AC	5	5	0	5	10	0	0	5	10	10	0	10	5	10	5	5	5	5	5
208123	95	A	B	A	A	ACE	5	5	5	5	10	0	5	5	0	5	10	5	10	5	0	0	5	0	5
209208	95	A	B	A	A	ABE	5	0	5	0	0	5	0	5	0	10	5	5	5	5	10	10	10	0	5
209209	95	A	B	A	A	AE	5	5	0	5	0	5	5	5	5	0	5	5	10	5	5	10	5	10	0	5
209220	95	A	B	A	A	ADE	5	5	0	5	5	5	5	5	5	5	10	5	5	5	5	5	5	5	5	5
210118	95	B	A	A	A	ABCDEF	0	0	5	5	0	0	10	5	10	5	10	5	10	5	10	5	0	0	10
210211	95	B	A	A	A	A	5	10	5	5	5	5	5	10	5	10	5	0	5	0	0	5	10	5	5
210216	95	A	A	B	A	AE	0	0	5	5	0	5	10	5	5	5	10	5	0	0	0	10	5	5	10	5
301102	95	A	B	A	A	ACEF	5	5	5	0	5	0	5	5	5	5	5	10	0	5	5	5	5	5	5
305113	95	A	B	A	A	AC	5	5	0	5	0	5	0	0	5	5	10	5	0	10	5	5	10	0	5	0
305214	95	A	B	A	A	ABCD	0	0	5	0	0	0	10	5	5	5	5	10	5	10	5	10	5	5	5
306112	95	A	B	A	A	A	5	5	5	5	0	5	5	5	5	5	5	5	5	0	5	10	5	5	5
307111	95	A	A	B	A	BCEF	5	5	0	5	0	10	5	5	5	10	5	0	0	5	5	5	5	0	5	10
307216	95	B	A	A	A	ABF	5	5	0	10	10	5	0	5	5	0	5	10	5	10	5	0	0	5	0	5
307220	95	A	B	A	A	ABD	5	0	0	5	5	5	5	5	10	5	5	5	5	5	5	5	5	5	5
307221	95	A	B	A	A	ABD	5	5	0	5	5	5	5	5	5	5	5	5	5	5	5	5	5	5	5	5
307235	95	A	B	A	A	AB	5	5	5	5	5	0	5	5	5	5	0	5	10	5	5	5	10	0	5
308221	95	A	B	A	A	ABE	5	5	5	5	5	5	0	5	5	0	5	5	5	5	5	5	5	5	5
309106	95	A	B	A	A	AB	5	0	0	5	5	5	5	5	5	10	10	10	5	5	5	0	5	5	5
309201	95	A	B	A	A	AF	5	5	0	0	5	5	5	5	5	5	5	5	5	5	5	0	10	5	5
310203	95	A	B	A	A	AE	5	5	5	5	5	5	0	0	5	5	5	5	10	5	5	5	10	0	5
310210	95	A	B	A	A	A	0	5	0	5	5	0	5	10	5	10	5	5	0	5	5	5	10	0	5
310216	95	A	B	A	A	AEF	5	5	0	0	5	5	5	5	5	10	5	5	5	5	5	5	5	5	5	5
101208	95	B	A	A	B	AB	10	0	5	5	0	5	0	0	10	5	10	5	5	5	5	5	5	5	5
101216	95	B	B	A	A	ABE	5	5	5	0	0	5	10	0	5	0	10	0	5	5	5	5	5	5	5
103102	95	A	B	B	A	ABCDEF	0	5	0	5	0	0	5	5	5	0	5	10	5	10	5	10	5
103205	95	B	B	A	A	ADE	5	5	0	0	0	5	5	5	5	5	5	10	5	5	5	5	5	5	5
103209	95	C	B	A	A	AE	0	5	5	10	5	5	0	5	5	5	10	10	5	5	5	5	5
103220	95	B	B	A	A	AC	0	0	5	5	10	5	5	5	0	5	5	10	5	10	5	5
106210	95	B	B	A	A	ABCD	0	0	5	0	5	0	10	5	10	0	5	10	0	10	5	10	5	5	5
106218	95	B	B	A	A	A	0	5	0	5	5	5	5	5	5	5	5	5	10	5	5	5	5

续表

考号	总分	1题选项	2题选项	3题选项	4题选项	5题选项	6题得分	7题得分	8题得分	9题得分	10题得分	11题得分	12题得分	13题得分	14题得分	15题得分	16题得分	17题得分	18题得分	19题得分	20题得分	21题得分	22题得分	23题得分	24题得分	25题得分
107113	95	B	B	A	A	ABD	0	5	0	10	0	5	10	0	10	0	5	10	0	0	5	5	10	0	10
109121	95	B	B	A	A	ABE	5	5	5	5	0	0	5	5	0	10	5	10	0	5	5	10	5	5	5
109213	95	A	B	A	B	ABCE	5	5	0	10	5	0	5	5	10	5	0	10	0	10	5	5	0	5	0	5
201114	95	B	B	A	A	A	5	5	5	5	5	5	5	0	5	5	5	5	5	5	5	5	5	5	5
208202	95	A	B	A	B	ABCE	5	5	0	5	5	5	5	10	0	10	5	5	5	10	0	5	5	5	5
210119	95	A	B	A	B	ABCE	0	5	0	0	10	0	5	5	10	0	5	10	0	10	0	10	0	10
301215	95	B	B	A	A	ABCDEF	10	5	0	5	0	5	5	5	5	5	5	5	5	5	5	5	5	5
301226	95	A	B	A	B	AC	0	5	5	5	0	10	10	5	0	0	5	5	10	5	5	5	5	5
302214	95	B	B	A	A	AB	5	0	5	5	5	5	5	5	10	5	10	5	5	5	5	5	5	5
302220	95	B	B	A	A	A	5	5	5	0	5	5	5	0	5	5	5	5	5	10	5	10	5	5
304202	95	*	A	B	A	A	0	5	5	10	0	5	5	5	5	5	5	10	5	0	0	10	0	5
308109	95	C	B	A	A	A	5	0	5	5	5	5	5	5	5	5	10	5	10	0	0	5
109115	95	A	B	B	B	A	0	10	0	5	0	10	10	10	0	10	0	0	0	5	10	10	0	0	5
202210	95	B	B	A	B	ABF	5	0	0	5	0	0	10	5	5	0	5	0	5	10	5	0	10	5	10
205217	95	A	B	B	B	ABEF	0	0	0	5	0	0	0	5	5	5	10	0	10	5	5	5
302109	95	B	B	B	A	A	0	0	0	5	10	10	5	5	5	10	5	5	5	5	5	5
303117	95	B	B	B	B	AC	0	5	0	5	5	10	5	0	10	0	5	5	5	5	10	5	5
206105	95	B	D	C	D	F	5	5	10	5	0	5	5	5	10	5	0	10	0	0	0	5	10	5
102113	95	A	A	A	A	A	5	5	0	0	10	5	5	5	5	5	10	5	0	0	5	5	10
102214	95	A	A	A	A	AB	0	5	0	5	5	0	10	5	10	5	0	5	5	5	10	5	5
102216	95	A	A	A	A	A	5	5	5	5	0	0	5	0	5	0	5	10	5	10	5	5	5
104113	95	A	A	A	A	ABCDEF	5	5	0	0	5	10	5	5	5	5	5	5	0	10	5	5
104204	95	A	A	A	A	AB	5	5	0	0	5	5	10	0	10	5	0	5	5	10	5	5
105116	95	A	A	A	A	ABCD	5	5	0	0	0	5	10	10	0	10	5	0	5	5	10	5	5
105121	95	A	A	A	A	ACE	5	0	5	5	5	5	5	5	5	5	5	0	5	5	5	5
105205	95	A	A	A	A	AB	5	0	5	5	5	5	5	5	0	5	5	5	5	5
106108	95	A	A	A	A	A	0	0	0	5	10	5	5	10	5	10	0	5	0	10	0	5	5
106201	95	A	A	A	A	ABCDEF	5	0	0	5	0	10	5	10	5	10	5	5	5	5
108122	95	A	A	A	A	AC	10	5	0	5	0	5	10	5	10	0	10	5	0	5	0	0	5	0	10	5
109201	95	A	A	A	A	A	5	0	0	5	0	10	5	5	5	5	5	10	5	10	5	5
201113	95	A	A	A	A	ABCD	5	5	5	0	5	0	5	5	5	5	5	0	5	5
201120	95	A	A	A	A	A	0	5	0	10	5	5	5	5	10	5	5	10	0	0	5	0	5
203206	95	A	A	A	A	AE	0	0	5	0	5	0	5	5	10	5	5	5	10	5	10	5	5
203208	95	A	A	A	A	AB	0	0	0	0	5	10	10	5	5	0	5	10	5	5	5	10	5	5
203210	95	A	A	A	A	ABDF	5	5	0	5	0	5	5	5	5	0	10	10	5	5	5	0	5

续表

考号	总分	1题选项	2题选项	3题选项	4题选项	5题选项	6题得分	7题得分	8题得分	9题得分	10题得分	11题得分	12题得分	13题得分	14题得分	15题得分	16题得分	17题得分	18题得分	19题得分	20题得分	21题得分	22题得分	23题得分	24题得分	25题得分
206117	95	A	A	A	A	AE	5	5	5	5	5	5	5	10	5	5	5	5	5	0	0	5	0	5
302101	95	A	A	A	A	A	5	0	5	5	5	5	5	5	5	5	5	0	5	5	5	5	5	5
304108	95	A	A	A	A	ABE	0	5	5	5	5	5	5	5	5	0	0	0	5	0	10	10	5	10	5	5
304110	95	A	A	A	A	AE	5	0	0	0	5	5	5	5	5	5	5	5	5	5	5	10	10	0	5
305215	95	A	A	A	A	AB	5	5	5	5	0	5	5	5	5	5	0	5	5	5	5	5	5	5	5
306119	95	A	A	A	A	AE	0	5	5	5	5	5	10	5	5	5	5	5	10	0	10	0	5	5
308224	95	A	A	A	A	A	5	0	0	5	0	5	10	0	5	10	0	0	5	0	5	5	5	10	10	10
101202	95	A	B	A	A	ABE	5	5	0	0	5	5	5	10	5	5	5	0	0	0	5	10	5	10	5	5
102101	95	A	B	A	A	ABE	5	5	5	5	5	0	5	0	5	10	10	5	5	5	5	5	5	5
102108	95	A	B	A	A	AB	5	0	0	5	0	5	5	5	5	5	0	5	5	5	5	10	5	10	5
102109	95	B	A	A	A	DF	5	5	5	0	5	0	5	0	5	5	5	10	0	10	5	5	5	5
102210	95	A	B	A	A	AB	5	5	5	5	0	5	5	5	5	5	5	5	10	5	5	5	5	0	5
102222	95	A	B	A	A	A	5	0	0	5	5	5	5	5	5	5	5	5	5	5	5	10	5	10	5
103101	95	A	B	A	A	ABDE	0	5	0	10	5	0	5	5	5	10	0	5	0	5	0	10	5	10	5
104106	95	A	B	A	A	ADEF	5	0	0	5	5	5	5	5	10	5	5	0	0	5	10	5	5	5	5
104115	95	A	B	B	A	A	5	5	5	10	5	5	5	5	5	5	5	10	5	5	0	0	5	5	5
104210	95	A	B	A	A	AD	0	0	5	5	5	5	5	5	5	5	5	5	5	5	5	5	5	5	5
105217	95	A	B	A	A	ABF	5	0	5	0	0	5	5	5	5	5	10	5	10	5	5	5	5	5
105222	95	A	B	A	A	ABDE	0	5	5	5	5	5	10	10	0	5	5	5	5	5	5	5	5	5
106208	95	B	A	A	A	AE	5	0	5	5	5	5	5	5	5	5	5	5	5	10	5	10	5	5
106211	95	A	B	A	A	AD	5	0	0	5	10	10	5	5	5	5	0	0	5	5	0	5	5	10	5
107102	95	A	B	A	A	AE	5	0	5	5	5	5	5	5	5	5	5	5	5	5	5	5	5	5
109221	95	B	A	A	A	ABCDEF	0	5	5	5	5	5	5	5	5	5	10	5	5	5	5	5	5
109224	95	A	B	A	A	A	5	5	5	5	0	5	10	5	10	5	5	5	5	5	5	0	5	5
201101	95	A	B	A	A	A	0	5	5	0	5	0	5	10	10	0	0	10	5	5	5	10	5	5
201213	95	A	B	A	A	AF	5	5	0	5	0	0	5	5	5	5	5	0	5	10	5	10	5	5
202104	95	A	B	A	A	AF	0	5	5	5	5	5	5	5	5	5	5	0	5	5	0	10	5	5
203219	95	A	B	A	A	ABCDEF	0	0	5	5	5	0	5	0	5	0	5	5	10	5	5	5	5	10
205216	95	A	B	A	A	ABE	5	5	0	5	0	5	5	5	5	5	10	5	5	5	0	5	5	5
207104	95	A	B	A	A	ABCE	5	0	0	5	5	5	5	5	5	5	5	5	5	5	5	5	5	5
208220	95	A	B	A	A	ADEF	0	5	0	10	0	5	5	5	5	5	5	10	10	0	5	0	5	5
209115	95	A	B	A	A	ABCDE	5	5	5	10	0	5	0	5	5	5	5	5	0	5	10	5
209125	95	A	A	A	B	ABCF	5	5	0	5	0	0	5	0	5	10	5	5	10	5	5	5	5
301227	95	A	B	A	A	ACE	5	5	0	5	0	0	10	5	0	5	0	10	5	10	5	5	5	5
304125	95	A	B	A	A	D	0	10	5	5	0	5	5	5	5	10	0	5	10	0	0	5	10	0	5

续表

考号	总分	1题选项	2题选项	3题选项	4题选项	5题选项	6题得分	7题得分	8题得分	9题得分	10题得分	11题得分	12题得分	13题得分	14题得分	15题得分	16题得分	17题得分	18题得分	19题得分	20题得分	21题得分	22题得分	23题得分	24题得分	25题得分
304216	95	B	A	A	A	A	5	5	5	5	5	0	5	5	5	5	5	5	5	5	5	5	5	5	0	5
305101	95	A	B	A	A	ABCDEF	0	0	0	5	0	10	0	0	0	0	0	5	5	10	5	10	10	10	10	10
305102	95	A	B	A	A	A	5	0	0	5	0	0	5	5	0	10	10	0	5	10	10	5	10	0	0	0
306120	95	A	B	A	A	ABF	5	0	0	5	5	5	5	5	5	5	5	10	5	5	0	0	5	5	10
307212	95	A	B	A	A	AC	0	0	0	0	0	5	5	10	5	10	0	5	10	0	10	10	10	5	5
307223	95	A	B	A	A	AD	5	5	5	5	5	5	5	5	5	5	5	5	5	5	5	5	5	5	0	5
308103	95	A	B	A	A	ABCDEF	5	0	5	10	10	5	0	10	5	10	0	0	5	0	5	0	5	0	10	0	5
308107	95	A	B	A	A	AC	5	5	5	5	5	5	5	5	5	5	5	5	5	5	5	0	5	0	5	5
309209	95	A	B	A	A	AE	5	0	0	5	5	0	5	5	5	5	5	5	10	5	5	5	5	5	5	5
309213	95	A	B	A	A	AB	0	0	0	0	10	0	10	5	5	5	5	5	5	5	5	5	5	5	5
310101	95	B	A	A	A	ABD	5	5	5	10	0	5	5	5	5	0	5	5	10	10	0	0	5	0	5
310223	95	B	A	A	A	AE	5	5	5	5	5	0	5	5	10	5	5	10	5	0	0	5	0	5	5
104216	95	B	A	A	A	A	5	5	5	5	5	5	5	5	5	5	5	5	5	5	5	5	5	5	0	5
203105	95	B	A	A	B	BC	10	5	0	0	5	5	5	5	5	5	5	5	5	0	5	5	0	5
204105	95	A	A	B	B	AB	5	5	0	10	0	10	10	5	10	10	5	0	5	0	0	0	0	0
207123	95	A	B	A	B	BCE	0	5	5	5	5	5	10	10	5	5	10	5	0	5	5	0	5	0	5
207214	95	B	A	B	A	AD	5	5	5	10	5	0	10	5	0	10	5	5	10	5	0	5	0	5
208113	95	B	B	A	A	AC	0	5	0	5	10	5	0	10	5	0	10	0	5	5	10	5	5
301122	95	A	A	B	B	ACE	5	10	5	10	10	0	5	10	0	0	10	0	0	0	10	0	5	5
301212	95	B	B	A	A	A	0	0	0	5	5	5	5	10	0	0	5	5	10	5	5	5
303116	95	B	B	A	A	BC	0	5	0	5	5	5	5	5	0	5	0	10	10	5	5	5	5	5
108113	95	A	*	*	*	BCD	5	5	0	0	10	10	5	0	5	0	5	0	10	5	5	5	5
202211	95	A	B	B	B	A	5	5	5	0	0	0	0	10	10	5	10	5	10	5	0	5
209127	95	B	B	B	B	E	5	5	5	10	0	5	0	0	5	0	10	5	10	5	0	10
210127	95	B	A	B	B	AC	5	0	5	5	10	5	5	0	10	10	10	0	0	0	5	5
310218	95	B	B	A	B	ABE	5	5	0	5	0	5	0	5	10	5	5	10	0	5	0	5	5
207212	95	B	D	B	D	C	5	10	5	0	5	5	5	0	10	5	10	5	0	5	5	10	0	5	0
104117	95	A	A	A	A	ABCD	5	5	0	5	5	5	5	5	5	5	5	5	5	0	5	5	0	5
109204	95	A	A	A	A	ABCE	0	5	5	5	0	5	5	5	0	10	5	10	5	10	5	0	5
205127	95	A	A	A	A	A	5	0	0	5	0	5	5	5	10	5	5	10	0	5	0	10	0	5
207102	95	A	A	A	A	A	0	5	5	5	5	10	10	5	0	5	5	10	5	5	5	5	5	5
301115	95	A	A	A	A	ABCD	5	0	10	0	0	10	5	0	5	0	5	5	5	5	5	0	5	5
101224	95	A	B	A	A	ABC	0	0	0	5	0	10	0	0	0	10	5	10	0	10	10	5
102205	95	A	B	A	A	ABF	5	5	0	5	0	5	0	5	0	10	5	5	5	5	10	5	5
105119	95	B	A	A	A	ABCD	0	10	0	0	0	10	0	10	0	0	0	0	5	0	5	0	5	0	10

217

续表

考号	总分	1题选项	2题选项	3题选项	4题选项	5题选项	6题得分	7题得分	8题得分	9题得分	10题得分	11题得分	12题得分	13题得分	14题得分	15题得分	16题得分	17题得分	18题得分	19题得分	20题得分	21题得分	22题得分	23题得分	24题得分	25题得分
105221	95	A	B	A	A	ABE	0	5	0	5	5	5	10	5	5	10	5	0	0	5	0	5	5	5	5	5
106113	95	A	A	B	A	AE	5	5	5	10	10	0	5	5	0	5	10	0	5	5	0	5	0	5	0	5
106115	95	A	A	A	A	A	10	10	5	5	10	0	0	0	0	10	10	0	5	5	0	5	0	5	0	5
107109	95	A	A	A	B	CDE	10	5	10	10	5	10	5	0	0	10	0	5	5	0	5	0	0	5	0	0
107220	95	A	B	A	A	A	5	5	0	5	5	5	5	5	5	5	5	0	0	5	5	5	5	5	5	5
108107	95	B	A	A	A	ABCDEF	5	0	0	5	5	5	10	5	5	5	0	0	10	5	5	5	0	5	5	5
201211	95	B	A	A	A	ABE	0	5	0	0	5	5	10	5	5	5	5	0	5	0	0	10	5	10	5	5
203207	95	A	B	A	A	AC	0	0	0	5	5	5	10	5	10	10	5	5	0	5	0	0	5	0	5	5
203209	95	A	B	A	A	ACEF	5	5	5	5	5	0	5	5	5	5	5	0	5	10	5	5	5	10	0	5
204106	95	A	B	A	A	ABCD	0	5	0	5	5	0	0	5	0	10	5	5	10	10	5	0	5	0	10	5
207106	95	A	B	A	A	AE	5	5	5	5	0	5	5	0	5	5	5	5	5	10	5	5	5	5	5	5
207117	95	A	B	A	A	ABDE	5	0	5	5	5	5	5	5	5	5	5	5	5	5	5	5	5	5	10	5
207119	95	A	B	A	A	AE	5	5	5	5	5	5	5	5	5	5	5	5	10	5	0	5	10	5	5	5
209206	95	A	B	A	A	AB	0	5	5	5	5	5	5	5	5	5	0	10	10	0	5	5	5	5	5	5
210220	95	A	A	B	A	AE	5	0	0	10	10	5	5	10	10	0	5	0	5	0	0	5	5	5	5	5
301120	95	A	A	A	A	A	0	5	0	5	5	5	5	5	5	5	5	10	5	10	0	0	5	5	5	5
303213	95	B	A	A	A	AB	5	5	5	5	5	5	5	5	5	10	5	5	0	5	5	0	5	5	5	5
304116	95	A	B	A	A	ABCDE	5	5	5	5	0	5	5	5	5	5	5	5	5	5	5	5	5	10	0	0
304121	95	A	B	A	A	AE	5	5	5	5	5	5	5	5	5	5	5	5	5	5	5	5	5	5	5	5
304123	95	A	A	A	A	A	10	5	10	5	5	0	0	0	0	10	10	10	5	0	5	0	0	5	0	0
305104	95	A	A	B	A	AD	5	0	5	10	5	0	10	5	5	0	0	5	0	0	5	5	5	10	5	5
307227	95	A	B	A	A	ABDF	5	0	0	5	5	5	5	5	5	5	5	5	0	5	5	5	10	5	5	5
307230	95	A	B	A	A	AEF	5	5	5	5	0	5	5	5	5	5	5	5	10	5	5	5	10	5	5	5
309101	95	A	A	A	B	ADEF	0	0	5	10	5	5	0	5	5	5	10	0	5	5	5	5	5	0	10	5
310110	95	A	B	A	A	ABCDEF	5	5	0	5	0	5	0	5	0	5	0	5	5	5	0	5	5	10	5	5
310215	95	A	B	A	A	ADE	5	0	5	5	0	0	5	5	5	5	5	5	10	0	5	10	5	0	5	5
101113	95	B	A	A	A	ACE	5	0	0	5	5	0	10	5	10	10	0	0	5	0	5	10	0	5	5	5
103112	95	B	A	A	A	A	5	5	0	5	10	5	5	5	5	5	5	5	5	5	5	5	10	5	5	5
103222	95	B	B	A	A	AF	5	5	0	0	0	5	5	5	5	5	5	0	5	5	5	5	5	10	5	5
108104	95	B	B	A	A	ABCDEF	0	0	0	5	5	5	5	5	5	5	5	5	5	5	5	5	5	5	5	5
204206	95	B	A	A	A	A	0	0	5	5	5	5	5	10	5	0	5	0	10	5	0	5	5	5	5	5
208209	95	A	B	A	B	AB	5	0	5	5	0	5	5	10	5	10	5	5	5	5	0	0	10	0	5	5
209202	95	A	B	B	A	ABCDE	0	5	0	5	0	0	10	5	5	0	5	10	0	5	5	0	5	5	0	10
210114	95	A	B	A	B	A	5	5	5	10	5	5	0	5	0	5	5	5	10	5	5	0	5	0	5	0
301105	95	B	B	A	A	ABCDEF	5	0	0	5	5	5	5	5	5	5	0	5	0	10	0	5	5	5	5	5

续表

考号	总分	1题选项	2题选项	3题选项	4题选项	5题选项	6题得分	7题得分	8题得分	9题得分	10题得分	11题得分	12题得分	13题得分	14题得分	15题得分	16题得分	17题得分	18题得分	19题得分	20题得分	21题得分	22题得分	23题得分	24题得分	25题得分
304212	95	B	B	A	A	BE	0	5	0	10	5	10	5	10	5	5	5	0	5	0	0	5	0	5	5	5
305111	95	A	B	A	B	ACDF	0	5	0	0	5	5	5	5	5	10	0	5	10	5	5	10	0	5	0	5
307210	95	A	B	B	A	AB	0	5	10	5	0	0	5	5	0	10	0	10	5	5	0	5	10	0	0	0
307225	95	B	B	A	A	ABD	5	0	5	5	0	5	5	5	5	5	5	5	5	5	5	5	5	5	5	5
207218	95	A	B	C	D	C	0	0	0	5	10	10	5	0	0	5	5	0	0	10	5	10	10	0	5	0
207215	95	B	C	B	C	E	5	10	10	5	0	0	5	10	5	0	10	5	5	5	0	0	0	0	0	5
102201	95	A	A	A	A	A	5	5	0	0	5	5	5	5	0	5	5	10	0	5	10	5	0	5	0	5
104202	95	A	A	A	A	A	5	5	0	5	0	0	10	5	5	10	0	5	5	5	5	5	5	0	5	5
201115	95	A	A	A	A	ABE	0	5	5	5	5	5	5	5	5	5	10	0	5	0	0	5	0	5	0	5
204208	95	A	A	A	A	AEF	0	0	5	5	5	5	10	5	5	5	5	5	0	5	5	5	0	5	5	5
102211	95	A	B	A	A	AE	0	5	5	5	0	5	5	5	5	5	10	5	10	0	5	10	0	5	0	5
103105	95	A	B	A	A	A	0	0	5	5	0	5	10	5	5	0	0	0	5	10	5	5	10	10	5	5
105211	95	A	B	A	A	E	0	5	0	5	0	10	5	5	5	5	0	5	10	5	5	5	5	0	5	5
105216	95	B	A	A	A	ABCDEF	5	5	5	5	5	0	5	5	5	0	5	5	5	5	5	5	0	5	5	0
106124	95	A	B	A	A	AE	5	0	0	5	5	0	10	5	0	0	5	5	5	5	0	5	5	10	5	10
106212	95	A	B	A	A	ABCDEF	5	5	5	5	5	5	0	5	5	5	5	5	5	0	5	5	0	5	5	5
107123	95	A	B	A	A	ABF	0	5	0	10	5	0	5	5	5	10	5	0	5	0	5	10	5	0	0	0
107202	95	A	B	A	A	ABCD	0	0	0	5	0	0	5	10	5	0	5	0	5	5	5	10	5	10	5	5
107222	95	A	B	A	A	ABC	5	5	5	5	5	5	5	5	0	5	5	5	5	5	5	5	5	10	5	5
109211	95	A	B	A	A	A	5	0	5	0	5	5	5	5	0	5	5	5	0	5	5	5	5	5	0	5
201202	95	A	B	A	A	ABE	5	0	0	5	0	10	5	0	0	5	10	5	10	5	0	0	10	0	0	5
209222	95	A	B	A	A	AEF	5	5	5	5	5	5	5	5	0	0	5	5	5	5	5	5	10	5	5	5
301205	95	A	B	A	A	ABE	5	5	5	0	5	5	5	0	5	10	0	5	0	5	5	0	0	10	0	5
303210	95	A	B	A	A	AB	0	5	5	5	5	5	0	5	5	0	5	5	5	5	5	5	5	10	5	5
305207	95	A	B	A	A	ABEF	0	0	0	5	5	5	0	5	0	5	0	5	5	10	5	5	5	5	0	5
305216	95	A	B	A	A	ABCE	0	5	0	5	5	0	0	0	0	10	5	10	5	5	5	10	0	5	5	5
306124	95	A	A	B	A	AB	5	5	5	5	0	10	5	0	0	5	0	0	5	5	5	5	10	5	0	5
307213	95	A	B	A	A	ABCDEF	0	0	0	5	5	0	5	5	5	5	5	5	5	5	5	5	5	0	5	5
309215	95	A	B	A	A	ADE	5	5	0	5	0	5	0	5	0	10	0	0	5	0	5	10	5	10	5	0
109223	95	B	A	B	A	AE	5	0	5	10	0	5	5	5	5	0	0	5	0	5	5	5	5	5	0	5
203211	95	A	B	A	-	AB	0	0	5	5	5	0	5	5	5	5	10	5	5	5	0	5	5	5	0	5
205212	95	B	A	A	*	ABE	0	0	5	5	5	5	5	5	10	5	0	5	0	5	5	5	5	5	5	5
208102	95	A	A	B	B	A	10	5	0	10	5	10	0	10	0	0	5	0	0	5	0	10	0	5	0	5
208208	95	B	A	B	A	ABDE	0	0	5	10	5	0	5	5	0	10	5	5	10	5	0	5	0	5	0	5
210206	95	B	B	A	A	ACE	0	0	0	5	0	5	10	5	5	5	0	5	5	5	5	10	5	0	5	5

续表

考号	总分	1题选项	2题选项	3题选项	4题选项	5题选项	6题得分	7题得分	8题得分	9题得分	10题得分	11题得分	12题得分	13题得分	14题得分	15题得分	16题得分	17题得分	18题得分	19题得分	20题得分	21题得分	22题得分	23题得分	24题得分	25题得分
304106	95	A	B	B	A	AEF	5	0	0	5	5	0	0	0	5	10	5	5	5	10	5	10	0	5
305106	95	A	B	B	A	ABF	5	0	0	5	0	0	5	0	0	5	5	5	10	10	5	5	5	5	5
305110	95	A	B	A	B	ABCDE	0	5	0	0	10	5	5	5	5	5	0	5	0	0	10	10	5	5
307238	95	C	B	A	A	ABC	0	0	0	5	5	5	0	0	0	10	5	5	5	5	5	5	10	5	5
101201	75	A	A	A	A	BCE	5	0	0	5	5	0	0	5	5	5	0	5	0	5	10	5	10	0	0
202219	75	A	A	A	A	ABE	5	0	5	5	0	0	10	5	5	5	0	5	5	0	0	5	5	5	5
203109	75	A	A	A	A	AC	0	5	0	5	0	5	5	5	5	5	0	5	0	5	5	5	5	5	5
307109	75	A	A	A	A	D	0	0	0	5	5	10	5	5	5	5	0	5	0	10	5	5	5	5	5
102118	75	A	B	A	A	ADE	0	5	0	5	0	5	0	5	10	5	0	5	0	10	0	5	5
104114	75	A	B	A	A	AC	0	5	0	5	5	10	0	10	5	0	0	5	0	10	10	0	0	0	5	5
106104	75	A	B	A	A	ABDE	0	0	0	0	5	0	5	0	5	5	0	5	0	5	5	5	10	10
107225	75	A	B	A	A	AB	5	5	5	5	5	0	0	0	0	10	10	10	0	0	0	0	0	0
108115	75	C	A	A	A	A	5	5	5	5	5	0	0	0	0	10	10	10	0	0	0	0	0	0
201217	75	A	B	A	A	AE	0	5	5	5	5	0	5	5	5	5	0	5	0	5	5	0	5	5	5
202224	75	A	B	A	A	ABE	0	0	5	5	5	0	0	5	5	5	0	5	0	10	5	5	5	5	5
203205	75	A	B	A	A	ABCDEF	0	0	5	5	5	5	0	5	5	10	5	5	0	5	5	5	0	5
204203	75	A	B	A	A	CE	0	0	0	5	5	5	10	5	0	10	5	0	5	0	5	0	5	0	5
210113	75	A	A	B	A	ABCDEF	5	0	0	5	0	5	0	10	5	10	5	0	5	10	0	0	0	0	5
304105	75	B	B	A	A	A	5	0	0	5	0	5	0	5	5	5	0	5	5	5	10	5	5	5
307214	75	A	B	A	A	ABCDEF	0	5	0	5	0	5	5	5	5	5	5	5	5	10	5	5	5	5
310211	75	A	A	B	A	ADE	0	5	0	5	5	0	5	5	10	10	0	5	0	0	0	10	5	0	5
106107	75	A	B	A	*	F	0	5	0	0	10	0	5	10	5	0	5	0	5	10	5	0	5	10	5	0
108111	75	C	A	A	B	A	0	10	5	10	10	5	10	0	10	0	0	0	0	0	0	0	0	0
202101	75	A	B	B	A	ABCE	0	5	0	5	0	0	0	0	0	10	0	10	5	10	10	0	0	10	5
205126	75	A	B	B	A	ABCE	0	0	0	0	5	5	5	5	5	5	10	5	0	0	5	5	5
208222	75	A	B	B	A	ABCDEF	0	5	0	5	10	5	5	0	0	10	5	10	5	5	0	5	5	0
302208	75	B	B	B	A	ABDE	0	5	0	10	5	0	5	5	5	5	10	0	5	5	5	5	5
306116	75	B	B	A	A	AE	5	0	0	10	5	0	5	5	10	0	0	0	0	5	5	5	5
107208	75	A	B	B	B	AD	5	5	0	10	0	0	0	0	10	0	0	10	10	5	5	5	5
105220	70	A	A	A	A	ADEF	0	5	0	5	0	5	5	5	0	5	10	5	5	0	5	0	0
107214	70	A	B	A	A	ABCDEF	0	5	0	5	0	5	0	0	5	5	0	5	5	0	5	5	5
107224	70	A	B	A	A	ABCDE	0	5	5	5	5	0	5	0	0	5	5	0	5	5	10	5	5
201221	70	A	B	A	A	AF	0	0	5	0	5	5	5	0	0	5	0	5	0	10	10	5	0
204102	70	A	B	A	A	ACE	5	0	0	0	0	10	5	0	5	0	5	10	0	10	0	5
205121	70	A	B	A	A	ABCE	5	0	5	5	5	5	0	5	0	0	5	10	5	5

续表

考号	总分	1题选项	2题选项	3题选项	4题选项	5题选项	6题得分	7题得分	8题得分	9题得分	10题得分	11题得分	12题得分	13题得分	14题得分	15题得分	16题得分	17题得分	18题得分	19题得分	20题得分	21题得分	22题得分	23题得分	24题得分	25题得分
210207	70	B	A	A	A	BCD	5	0	0	5	0	0	10	5	5	0	0	5	10	10	5	0	0	5	0	5
302103	70	B	A	A	A	ADEF	0	0	0	0	5	5	0	0	5	0	10	5	5	10	0	0	10	10	5	0
303124	70	C	A	A	A	AC	0	0	0	5	5	10	10	5	5	0	5	0	5	5	0	5	5	5	0	0
206210	70	B	B	A	A	A	5	0	0	0	5	0	5	5	5	5	0	5	5	5	0	5	5	5	5	5
209207	70	A	A	B	B	ABCDEF	0	0	0	10	0	0	0	5	0	5	0	0	0	5	0	0	10	5	5	10
309214	70	B	B	A	A	AF	0	0	0	5	0	0	5	5	5	0	5	5	5	5	5	5	5	5	5	5
309223	70	B	B	A	A	A	0	0	5	5	0	5	5	5	5	10	0	0	5	5	5	5	0	5	0	5
310111	70	A	B	A	A	AC	0	5	0	0	5	10	0	0	10	0	0	5	0	5	0	5	5	10	0	5
310222	70	B	B	A	A	AB	5	0	0	5	0	0	5	0	0	5	0	5	10	5	5	5	0	10	0	5
105102	70	B	B	B	B	B	5	0	5	5	0	0	0	0	10	10	5	0	10	10	0	0	0	5	0	0
105210	70	A	B	B	*	-	0	0	5	0	5	0	0	0	10	0	10	5	10	5	10	5	0	5	5	0
207219	70	D	E	F	B	A	5	5	5	5	5	5	5	0	0	0	10	0	0	0	0	5	5	5	5	5
202110	65	A	B	A	A	AE	0	0	0	5	0	0	5	0	5	0	5	5	5	10	5	5	5	10
206209	65	A	B	A	A	ABC	0	0	0	0	0	0	5	0	0	0	10	5	0	10	5	10	10	5
303201	65	B	A	A	A	AB	5	0	0	5	0	5	5	0	10	0	0	5	5	5	5	0	0	5	0	5
307215	65	A	B	A	A	ABEF	0	0	0	0	5	0	5	0	5	0	5	5	5	10	0	5	0	10	5	5
309216	65	A	B	A	A	AF	5	5	0	0	0	5	0	0	5	10	5	5	0	5	0	5	10	0	5	0
301114	65	A	B	A	B	ABCDEF	0	5	5	10	5	0	10	5	0	5	5	0	0	5	0	0	5	0	0	0
301216	65	A	B	A	*	-	5	5	5	0	0	0	5	0	0	0	5	5	5	5	5	0	5	10	0	5
207221	65	E	C	B	D	F	0	0	0	0	0	10	10	10	10	0	0	0	0	0	5	5	5	0	0
302106	65	*	*	*	*	BC	0	0	10	0	10	5	5	5	0	0	5	0	10	5	0	5	0	0
202223	60	A	B	A	A	A	5	0	0	10	0	5	10	0	10	0	0	10	0	10	0	0	0	0	0	0
208112	60	A	B	A	A	ABD	5	0	5	10	0	0	5	0	0	0	0	5	5	0	0	0	0	5	5	5
204107	60	A	B	B	B	D	0	0	0	5	0	5	0	0	10	0	5	0	10	0	0	0	0	10	5	5
105108	55	A	A	A	A	CE	0	0	0	5	0	5	5	5	5	0	5	0	5	0	5	0	5	0	0	5
107103	55	A	B	B	B	ABCDEF	0	0	0	5	0	0	0	0	0	0	0	10	0	0	0	10	5	10	5	10
108216	50	B	B	A	B	AC	0	0	0	0	0	5	5	0	0	0	10	5	0	5	5	0	5	5	5	5
209211	45	A	B	A	A	ABDE	0	0	0	0	0	0	0	0	0	5	0	0	0	0	0	0	10	5	10	5
208221	40	C	A	B	A	E	5	10	5	10	10	0	0	0	0	0	0	0	0	0	0	0	0	0	0	0
210103	40	A	B	B	A	ABCDEF	0	0	0	0	0	0	5	5	0	10	10	0	0	0	0	5	0	0	0	5
206111	25	A	A	A	A	AE	5	5	5	5	0	5	0	0	0	0	0	0	0	0	0	0	0	0	0	0
206213	25	A	B	A	A	AC	5	5	5	5	0	0	0	0	0	0	0	0	0	0	0	0	0	0	0	0
206215	25	A	B	A	A	AB	5	5	5	5	5	0	0	0	0	0	0	0	0	0	0	0	0	0	0	0
205115	0	-	-	-	-	-	0	0	0	0	0	0	0	0	0	0	0	0	0	0	0	0	0	0	0	0
207209	0	-	-	-	-	-	0	0	0	0	0	0	0	0	0	0	0	0	0	0	0	0	0	0	0	0

后　记

　　文章的结尾，我用一篇自己的教育心得和一篇学生的习作来代替本书的后记。

　　物质世界和精神世界是相通的。任何人都无法给予别人自己没有的东西：你有一块钱时你才有可能借给别人一块钱；你拥有了智慧，你才有可能给予别人智慧；你内心有爱，你才有可能给予别人爱；老师有了高逆商，你才有可能提高学生的逆商。

——题记

一、看，我玫瑰园里的花儿开啦！

作者贵州大学附属中学黄世清

用智慧去启迪智慧

　　2010年秋季开学报名工作结束后的当晚，我就召开了本班的第一次班会。深知下马威含义的我的第一项议程就是全班同学集体学习班规并逐一在班规上签字。也许是学生第一次遇到这样的阵势，学生一个个微露不愿之色却乖乖地按照要求有序地进行着，随着签字程序走到最后一排最里边的一个同学时，心中正窃喜的我发现最后那个身高一米八左右的男性王同学站了起来，说："老师，这个班规没有经过我们全班讨论,扣分条款那么多,加分条款那么少,这是霸王条约,我不会签的!"他一言既出,四座皆惊!刚才还安安静静的教室里顿时炸开了锅,大家七嘴八舌的不满之声此起彼伏。此时心中已有些乱但表情仍很淡定的我不紧不慢地说:"我是刚到这个学校的老师,这个学校的工作条例也没有征求我的意见,但我必须遵守。你实在不愿意签,我现在也尊重你。但我会抽空请你的家长到校沟通这件事。"我的话音刚落,只见那个同学愣了几秒钟,大声说:"你要请我家长!?"同时抬起右腿双手撑着桌面,准备跨过他的桌面跳向中间的走道!当我意识到他的肢体动作是冲着我来的时候,我一时之间竟然没有任何应对之策。突然,我发现王同学座位右边的同学一下子拉住了他。这时,被拉住的王同学的脸上仍有怒色,但没有再起身。正当我再次面对全班同学的注目礼时,内心有些慌乱的我一时之间还不知该怎样很好地处理这件事,但我敏锐地感觉到这是一个极好的教育资源,我神色平静地说:"我需要思考怎么处理这件事。"第一节晚自习的下课铃声恰好就在这时响了,我顺势说完下课就走进了办公室。

走进办公室的我来不及喝水,就再次捧起了学校的《德育手册》,希望能从中找到解决上节课出现的突发事件的方法。我还没翻到相关的章节,就听见有人敲门,我开门一看,敲门的是李同学,我疑惑地把他让进了办公室。这时,李同学说:"老师,王同学叫我进来问问你,你会怎么处理他刚才的行为。"听到这话,我立马意识到王同学的情绪已经缓和了下来,他已经意识到自己刚才的行为的不妥当,而且他的内心已经开始有些害怕了。这时,我意识到教育王同学和全班同学的机会来了,我没有急于正面回答李同学的问题,而是和他交流了处理矛盾的主要方法:克制自己的情绪、宽容、多沟通、多站在对方的角度思考问题……说着说着,第二节晚自习的铃声又响了,我微笑着走上了讲台说:"人与人之间难免发生矛盾,发生了矛盾并不可怕,可怕的是没有掌握正确处理矛盾的方法。"我边说边拿起粉笔在黑板上写下了"主题班会：正确处理矛盾的方法"几个字,并安排本次主题的主持者是李同学,请同学们自由地组成5个小组自由讨论、各抒己见,然后由李同学做最后总结。我欣喜地发现李同学总结的要点基本上是我在办公室对他说的话！我知道处理王同学问题的最佳时期还没到来,但我希望我处理自己和李同学的矛盾的方式成为同学们今后处理矛盾的现身说法课。用智慧启迪智慧的方法初现成效！

用爱去唤醒爱

这件突发事件总算暂时平息了,但第二天上午上完课后,我一直在思考该如何处理李同学的问题,总觉得轻重的分寸不太好拿捏。我知道处理这件事最省事的方法是把王同学推向校门之外。只要我如实把他昨晚的行为告知学校思政处,就可以名正言顺地把他逼出这个班甚至让学校开除他！这样的处理在整个班级里肯定还能收到很好的杀一儆百的效果。可转念一想,什么样的孩子都应该是班主任关注的对象,如果轻易地把他推向社会,他成长为对社会有危害的人的概率极高。可真要把他留下来,我的班级管理可能要耗费太多的心血,还极有可能因他而功亏一篑！正两难时,李同学走进了我的办公室说:"老师,王同学在刚才的体育课上受伤了,他的脚肿得很严重,已经被同学们送回了寝室。"

这时我确定我最好的教育机会来了！我赶紧回到校园里面的宿舍里,从冰箱里拿出排骨炖了一大碗排骨汤。当我端着热气腾腾的汤出现在王同学的面前时,王同学先是吃惊,然后是哭得比在赛场上摔倒时还厉害！接下来的沟通非常顺畅,临走时,王同学主动地说:"老师,我明天当着全班同学的面向你道歉！希望你给我最后一次机会,我不想离开这个班。"我轻轻地拍了拍他的肩膀说:"等你的脚伤好了再说吧！"

三天后，当王同学趔趔着走上讲台向我道歉时，教室里又响起了雷鸣般的掌声！我也微笑着走上讲台接受了他的道歉。顿时，教室里又响起了雷鸣般的掌声！看呀，爱唤醒了爱！

我玫瑰园的花儿次第开放！

每个班级都是班主任精心打理的一个玫瑰园，每个孩子的成长就是一朵玫瑰花在绽放！

接下来的日子，王同学成了班级的纪律委员，为班级管理出了很多力，他在班上的口头禅是：谁跟班主任过不去就是跟我过不去！

在2012年的元旦晚会上，王同学神神秘秘地走到我身边，他叫我闭上眼睛伸出双手，我照做了，等我睁开眼睛时，我手上是一大把剥了壳的瓜子仁！这可是我恋爱时都没有享受过的待遇呀！

2013年高考，全班没有一个同学辍学，高考成绩出来后，这个进班中考平均成绩只有300多分的班级在高考指标为零的情况下，10人文化课二本上线，艺体生一本、二本上线8人，38人文化课上三本线，王同学也考上了三本！

2013年的12月30日（我的生日）的上午，王同学和李同学奇迹般地出现在我面前，他们变戏法一般从包里拿出一本画册，里面是高一（1）班60个同学在不同大学校园里的照片，每张照片旁边写满了送给我的生日祝福！这次轮到我在王同学面前哭得稀里哗啦！身为人师，夫复何求？真情足矣！

2020年的教师节，王同学从国外发给我的问候短信中的最后一句话是：老黄，特别再想喝一次你炖的排骨汤！看到短信的那一刻瞬间泪水模糊了我的双眼——园丁和玫瑰用真情丰富了彼此的生命！

用智慧去启迪智慧，用爱去唤醒爱，教育最美的风景就是老师和学生用真情丰富了彼此的生命！

二、手中有戒尺，心中更有爱！

贵州大学附属中学：王思宇迪、曾佳、喻智丞、邱麟媛

那是夏末的一天，踏着悠长的蝉鸣，携着温柔的夏风，我和我的语文老师兼班主任黄世清老师好像有约一般相遇在贵州大学附属中学。

初见

犹记初见的一幕，隔着熙攘的人群，我一眼就看见了你，班级牌后的你，脸上挂着淡淡的笑容，深紫色的旗袍更为你添了一份温婉。我一边排队一边悄悄地打量着你；你笑起来给人一种无比温暖慈祥的感觉，散发着一种古代淑女又不失严厉的气质，步态沉稳而端庄，正是应了那句"腹有诗书气自华"，举手投足间满是时间沉淀下来的静柔。终于排到了我，你一手替我装着资料，一边对我流露出期许的目光，同时脸上绽放着恬静的微笑。

初见时你如春风拂面，无声地吹进了我的心里。

庐山真面目

没过多久，你就打破了我心里对你的印象，你那超级严格的校纪班规，让我不得不丢掉初中懒散的习惯，只能跟着你的节奏前进，你的惩戒内容小到上课讲话、大到私藏手机，都有非常丰富的"套餐"等待着我们，这往往使我们哭笑不得。你不定时地出现在教室里的身影让班上每个人心惊胆战，当您"凶，真凶，超级凶"的大名响彻整个年级的时候，你也成了让整个班级瑟瑟发抖的存在，而您脸上淡淡的微笑也常常被严肃取代："最后一排的那个同学，给我站起来！"正在讲课的你会突然双手插于腰间，怒目圆睁，那个昨晚不知因何事耽误了瞌睡，此刻挺直了后背也能睡着且自以为睡姿超酷的男生被你抓个现行！宝贵

的历史教训告诉我们,"作案者"往往仅受你一声怒喝,就立马被震得找不着北,乖乖就范并对你"俯首称臣",更为恐怖的是,你这位"独裁者"不会满足于他这小小的低头,下课后你一定会把他叫到你的办公室,经由你刨根问底地询问并让他达到由内而外的臣服后你才罢休!

其实,你的课幽默风趣,这完全打破了我印象中传统语文老师讲课如"吐安眠药"的观念,我上你的课会打起十二分的精神,这不光归功于你独特有趣的教学模式,还归功于你富有感染力的语调和那伶俐无比的口才。你为了让我们更好地理解不同诗歌的韵律,竟然当堂给我们唱起了"生产队里养了一群小鸭子"和李清照的"大雁回时月满西楼",同学们在开心的笑声里明白了不同韵律表达着不同的情感。你的语速很快但又吐字清晰,每当你讲较长一点的句子时,你的嘴巴宛如一挺机关枪,不断地"哒哒哒,哒哒哒",而且每个字都正击我的瞌睡,因此我上你的课时,想睡觉的念头就会全部被你"杀光"!

是良师也是益友

相处久了,我们发现你严厉的外表下满是温柔。

当班上有同学感冒时,你总是轻轻地用手摸摸同学额头的温度,再用手摸摸自己的额头,以初步判断生病的同学是否发烧。你这不经意的动作表现了你内心无尽的温柔,有些调皮的同学甚至在自己没有感冒的情况下也撒谎说自己感冒,就是为了体验一下你如母亲般的温柔,这是我们大家共同的秘密呢!

课堂上你除了讲述课本知识以外,也偶尔提及自己的家庭,每每此时,你脸上总泛着幸福的微笑,你不经意的表情让我明白,好好经营自己的生活,爱自己的家人,这是很幸福的一件事。你爱自己,也爱你的家人和学生,你更要求我们要把班级黑板报中央那个"祖国在心中"的图案一直保留好!

你说过你要出国看看，也想拾起自己丢弃多年的英语，你对世界充满了好奇，也好奇自己能把一件事情做到什么程度，你说自己只是个如同尘埃的普通人，可我们觉得，像你这样因热爱生活而对人生充满好奇的人，都不算平凡。

我们年级的教育主题是"明德，雅行"，你给我们解释何为"明德"，何为"雅行"，你说穿着得体的旗袍，踩着尖细的高跟鞋，端着高脚杯，对着落地窗晃动着杯中的红酒，这不算真正的优雅，你理解的骨子里的优雅是"用心底的千疮百孔去滋养脸上如花的笑靥"！你说这是你原创的句子，我们不是很理解，但我们很喜欢。

你看，你总在不知不觉间告诉我们做事的秘诀和做人的道理，你重言传更重身教。无论你是如初见的和煦春风，还是识得庐山真面目的超级严厉，还是最终成了我们的良师益友，我始终坚信你一定会挺直身板带领我们前进，也愿用你的温柔包裹我们的每一个棱角，以后的路必定不会太简单，但只要我想到有你，也就不会太难。

老师，你没有纳兰性德般"今夜灯前形共影，枕函虚置翠衾单"的无尽忧思，也没有林黛玉"今日我葬花，明日谁葬我"的哀愁，也不及毛泽东"山舞银蛇，原驰蜡象，欲与天公试比高"的豪情，但你却有一颗热爱生活的心，你说你喜欢自己的工作，你喜欢看孩子们纯真的眼睛，你也喜欢跟孩子们在一起的感觉。你还说，这么多年来你和你的学生在精神上始终相互滋养，如同辛勤的园丁和绽放的玫瑰那般相互成就彼此的美好！

亲爱的黄老师，我们很庆幸与您相遇并成为您的学生，我们祝您一生有爱、一生被爱、一生可爱！

（本书所有案例中同学的姓名均为化名，如有雷同，纯属巧合。）